6149.

# LE
# FÉDÉRALISTE.

Tome I.

# LE FÉDÉRALISTE;

OU

Collection de quelques Écrits en faveur de la Constitution proposée aux États-Unis de l'Amérique, par la Convention convoquée en 1787;

Publiés dans les États-Unis de l'Amérique par MM. HAMILTON, MADISSON et GAY, Citoyens de l'État de New-York.

## TOME PREMIER.

*A PARIS*,

Chez BUISSON, Libraire, rue Hautefeuille, n°. 20.

1792.

# AVERTISSEMENT.

Les États-Unis de l'Amérique, reconnoissant l'imperfection de la Constitution qu'ils s'étoient donnée pendant le cours de la guerre qui assura leur indépendance, convoquèrent en 1787, une Convention chargée de la revoir. La Convention leur proposa un nouveau plan de Constitution. Tandis qu'elle étoit soumise à l'examen de la Nation & que les opinions étoient encore divisées à cet égard, MM. Hamilton, Madisson & Gay, Citoyens de l'Etat de New-York, publièrent les réflexions que l'on va lire & qui contribuèrent à décider l'admission de la Constitution à laquelle l'Amérique doit en grande partie sa prospérité actuelle. Elles parurent dans le temps sous la forme de journal & ont été depuis recueillies en un corps d'ouvrage. Peut-être lui trouvera-t-on des défauts d'ordre & de méthode, des longueurs qui tiennent à sa première forme ; je n'ai pas cru pouvoir corriger ces défauts que le lecteur pardonnera, j'espère, en faveur de quelques vérités utiles.

# CONSTITUTION

## Des Etats-Unis de l'Amérique.

Nous, le Peuple des Etats-Unis, dans la vue de former une plus parfaite union, d'établir la justice, d'assurer la tranquillité domestique, de pourvoir à la défense commune, de faire le bien général, & de fixer notre liberté & celle de notre postérité, nous avons ordonné & établi cette Constitution pour les Etats-Unis de l'Amérique :

### ARTICLE PREMIER.

*Section I.* Toute l'autorité législative accordée par la présente Constitution, sera confiée au Congrès des Etats-Unis, qui sera composé d'un Sénat & d'une chambre de Représentans.

*Section II.* La chambre des Représentans sera composée de membres élus tous les deux ans par le Peuple de chaque État, & les Electeurs, dans chaque Etat, devront avoir les qualités requises pour les Electeurs de la branche la plus nombreuse du Corps législatif dudit Etat.

Personne ne pourra être représentant, qu'il n'ait atteint l'âge de vingt-cinq ans, qu'il n'ait été sept ans Citoyen des Etats-Unis, & qu'il ne soit, au moment de son élection, habitant de l'Etat pour lequel il sera élu.

Le nombre des Représentans & la quotité des impôts directs, seront fixés pour chacun des Etats qui pourront être compris dans cette Union, selon le nombre respectif de leurs habitans, qui sera déterminé en ajoutant au nombre des personnes libres ( y compris les engagés à un service pour un certain nombre d'années, & en exceptant les Indiens non taxés ), trois cinquièmes des habitans de toutes les autres classes ( 1 ). Ce dénombrement sera fait avant le terme de trois ans, à compter de la première assemblée du Congrès, ensuite tous les dix ans, & ce, de la manière qui sera ordonnée par la loi. Il ne pourra y avoir qu'un Représentant pour trente mille personnes ; mais chaque Etat aura au moins un Représentant; & jusqu'à l'époque dudit dénombrement, l'Etat de *New-Hampshire* aura droit d'en élire.......... trois.

Celui de *Massachusets*, .......... huit.

---

( 1 ) On entend ici les esclaves ; l'horreur que les rédacteurs de ce projet ont pour un état si contraire au droit naturel, les ont empêchés de faire usage même du mot. C'est ce qui se verra encore plus bas dans le même acte. *Note du traducteur.*

Celui de *Rode-Island*, ............ un.
Celui de *Connecticut*, ............ cinq.
Celui de *New-York*, ............ six.
Celui de *New-Jersey*, ............ quatre.
Celui de *Pensylvanie*, ............ huit.
Celui de *Delaware*, ............ un.
Celui de *Maryland*, ............ six.
Celui de *Virginie*, ............ dix.
Celui de la *Caroline septentrionale*, .. cinq.
Celui de la *Caroline méridionale*, ... cinq.
Et celui de *Géorgie*, ............ trois.

Lorsqu'il viendra à vaquer des places de Représentans dans un Etat, le pouvoir exécutif de cet Etat donnera des lettres d'élection pour remplir les vacances.

La chambre des Représentans choisira un orateur & ses autres Officiers, & aura seule le droit d'*impéachment* ( I ).

Section *III*. Le Sénat des Etats-Unis sera composé de deux Sénateurs de chaque Etat, élus par le pouvoir législatif dudit Etat, pour six ans, & chaque Sénateur aura une voix.

Aussi-tôt qu'ils auront été assemblés en conséquence de la première élection, ils seront divisés

---

( I ) On appelle *impeachment* l'accusation d'un crime d'état. *Note du traducteur.*

le plus exactement possible, en trois classes. Les sièges de Sénateurs de la première classe deviendront vacans au bout de la seconde année, ceux de la seconde classe, au bout de la quatrième année, & ceux de la troisième classe, au bout de la sixième; de sorte qu'un tiers pourra être élu tous les deux ans; & s'il vient à vaquer des places de Sénateurs, par résignation ou autrement, pendant les vacances du pouvoir législatif de chaque Etat, le pouvoir exécutif de cet Etat pourra nommer par *interim*, jusqu'à la prochaine assemblée du pouvoir législatif, qui alors remplira lesdites vacances.

Personne ne sera Sénateur qu'il n'ait atteint l'âge de trente ans, qu'il n'ait été neuf ans citoyen des Etats-Unis, & qu'il ne soit au moment de son élection, habitant de l'Etat pour lequel il sera élu.

Le Vice-Président des Etats-Unis présidera le Sénat, mais il n'y aura pas de voix, à moins que les suffrages n'y fussent divisés également.

Le Sénat élira ses autres Officiers, ainsi qu'un Président *pro tempore*, en l'absence du Vice-Président, ou lorsqu'il remplira l'office du Président des Etats-Unis.

Le Sénat aura seul le pouvoir de juger tous les *impeachmens*. Lorsqu'il s'assemblera à cet effet, les membres ne procéderont qu'après avoir prêté serment, ou fait leur *affirmation* ( 1 ). Si le Président des Etats-Unis vient à être mis en jugement, le grand Juge présidera.

Nulle personne ne sera condamnée que d'après le vœu des deux tiers des membres présens.

Le jugement dans les cas d'*impeachment* ne pourra au plus que déposséder l'accusé de son office, & le déclarer incapable de remplir aucun emploi honorifique, lucratif ou de confiance sous l'autorité des Etats-Unis; mais l'accusé convaincu sera néanmoins sujet à être poursuivi, jugé, condamné & puni selon la loi.

*Section IV*. Les temps, lieux & formes des Elections des Sénateurs ou Représentans seront prescrits dans chaque Etat par le pouvoir législatif d'icelui; mais le Congrès pourra toujours, par une loi, changer ces réglemens ou en faire de nouveaux, excepté qu'il ne pourra changer les lieux d'élection pour les Sénateurs.

Le Congrès s'assemblera au moins une fois l'an, & la première séance de la session sera le premier lundi de décembre, à moins que par une loi ce corps ne fixe un autre jour.

———

( 1 ) Ce mot veut dire en anglois *déclaration pure & simple*. Il est particulier aux Quakers, à qui leur religion défend le serment. *Note du traducteur.*

*Section V.* Chaque chambre fera juge des élections, de leurs procès-verbaux, & des qualités de fes propres membres ; & la majorité dans chacune d'icelles fixera le *Quorum* ( 1 ) pour vaquer aux affaires; mais un plus petit nombre pourra s'ajourner de jour en jour, & fera autorifé à forcer les membres abfens d'affifter aux féances, & ce, fous telle forme & fous telle peine qu'il plaira à chaque chambre d'établir.

Chaque chambre pourra déterminer les règles de fes procédures, punir ceux de fes membres qui feront coupables de conduite irrégulière, & même, avec la concurrence des deux tiers de fes membres, en expulfer ceux qui l'auront mérité.

Chaque chambre tiendra un journal de fes *tranfactions*, & le publiera de temps à autre, à l'exception des chofes qui, felon fon opinion, demanderont de refter fecrettes; & la fpécification des fuffrages des membres de chaque chambre fur toute motion quelconque, pourra être portée fur le journal, à la requifition d'un cinquième des membres préfens.

Aucune des chambres ne pourra, pendant la feffion du Congrès, s'ajourner, fans le confentement de l'autre, pour plus de trois jours, ni s'a-

---

( 1 ) On entend par *Quorum* le nombre d'individus néceffaire pour agir. *Note du traducteur.*

journer dans un autre endroit que celui où siégeront les deux chambres.

*Section VI.* Les Sénateurs & les Représentans recevront pour leurs services des émolumens qui seront fixés par la loi, & payés sur le tréfor des Etats-Unis. Dans tous les cas, excepté ceux de trahison, félonie & perturbation de la paix publique, ils feront privilégiés & exempts de prise-de-corps, pendant le temps qu'ils assisteront à la session de leur chambre respective, ainsi que pour le temps qu'ils mettront à y aller & à en revenir; & ils ne pourront être comptables d'aucun discours ou débat dans aucun autre endroit, que dans celle des chambres où ils les auront tenus.

Aucun Sénateur ou Représentant ne pourra pendant le terme pour lequel il aura été élu, être nommé à aucun emploi civil sous l'autorité des Etats-Unis, qui ait été créé, ou dont les émolumens auroient été augmentés pendant ledit terme; & aucune personne tenant un emploi sous l'autorité des Etats-Unis, ne pourra être membre d'aucune des chambres, tant qu'elle restera dans cet emploi.

*Section VII.* Tous les bills de subsides devront avoir leur initiative dans la chambre des Représentans; mais le Sénat pourra proposer des changemens ou y concourir, de même que pour tout autre bill.

Tout bill qui aura paſſé dans la chambre des Repréſentans & dans le Sénat, devra être préſenté au Préſident des Etats-Unis avant d'avoir force de loi. S'il l'approuve, il le ſignera ; dans le cas contraire, il le renverra avec ſes objections, à la chambre dans laquelle ce bill aura pris naiſſance, & cette chambre enregiſtrera ces objections en entier ſur ſon journal, & procédera à un ſecond examen. Si après ce ſecond examen, les deux tiers de la chambre agréent le bill, il ſera envoyé avec les objections à l'autre chambre, qui l'examinera auſſi de nouveau ; & s'il eſt approuvé par les deux tiers de cette chambre, il aura alors force de loi. Mais dans tous les cas de cette eſpèce, les voix des deux chambres feront déterminées par oui & non, & les noms des membres qui auront voté pour & contre le bill, feront enregiſtrés dans le journal de chaque chambre reſpectivement. Tout bill qui ne ſera point renvoyé par le Préſident dans le terme de dix jours, non compris les dimanches, après qu'on le lui aura fait paſſer, aura force de loi de même que s'il l'avoit ſigné, à moins que le Congrès, par ſon ajournement, n'en prévienne le renvoi, & dans ce cas le bill n'aura point force de loi.

Tout ordre, vote ou réſolution, pour lequel la concurrence du Sénat & de la chambre des

Représentans sera nécessaire, excepté cependant sur la question des ajournemens, sera communiqué au Président des Etats-Unis, & sera approuvé par lui avant de sortir son effet; & dans le cas où ledit Président ne l'approuveroit pas, il faudra pour l'exécuter, qu'il soit confirmé par le suffrage des deux tiers du Sénat & de la chambre des Représentans, dans les mêmes formes & limitations prescrites pour un bill.

*Section VIII.* Le Congrès aura le pouvoir d'imposer & de percevoir toutes taxes, droits, impôts & accises, pour payer les dettes, & pourvoir à la défense & au bien général des Etats-Unis; mais lesdits droits, impôts & accises seront uniformes dans toute l'étendue de la Confédération;

D'emprunter de l'argent sur le crédit des Etats-Unis;

De régler le commerce avec les Nations étrangères, entre les différens Etats de l'Union, & avec les Nations sauvages;

D'établir une formule permanente de naturalisation, & des loix uniformes sur les faillites, dans toute l'étendue des Etats-Unis;

De battre monnoie, de fixer la valeur d'icelle & des monnoies étrangères, & de fixer l'étalon des poids & mesures;

De pourvoir à ce que l'on puniffe ceux qui contreferont les effets publics, & la monnoie courante des Etats-Unis;

D'établir des bureaux de poftes & des grands chemins;

D'encourager les progrès des fciences & des arts utiles, en affurant pour un temps limité, aux auteurs & inventeurs le droit exclufif de difpofer de leurs écrits ou de leurs découvertes refpectives;

De conftituer des tribunaux inférieurs, fous la jurifdiction du tribunal fuprême;

De juger & de punir les pirateries & les félonies commifes en mer, & les offenfes contre le droit des gens;

De déclarer la guerre, d'accorder des lettres de marque & de repréfailles, & d'établir des réglemens pour les prifes fur terre & fur mer;

De lever & d'entretenir des armées; mais on ne pourra deftiner une fomme d'argent à cet ufage pour plus de deux ans;

De former & d'entretenir une marine;

De faire des réglemens pour le régime & l'adminiftration des forces de terre & de mer;

De faire affembler la milice, d'exécuter les loix de l'Union, d'éteindre les infurrections, & de repouffer les invafions;

De pourvoir à l'organisation, à l'armement & à la discipline de la milice, & à l'administration de la partie de ces milices qui sera employée au service des Etats-Unis; réservant aux Etats respectifs, la nomination des Officiers, & le pouvoir de dresser la milice à la discipline ordonnée par le Congrès;

D'exercer un droit de Législation exclusif dans tous les cas possibles, sur tout District (n'excédant pas dix mille carrés) qui deviendra, par la cession de quelques Etats particuliers & le consentement du Congrès, la résidence du Gouvernement des Etats-Unis, & d'exercer la même autorité sur toutes les places achetées avec le consentement de la Législature de l'Etat où elles seront situées, à l'effet d'y construire des forts, magasins, arsenaux, chantiers, & autres édifices essentiels;

Enfin de porter toutes les loix qui seront nécessaires & propres à mettre à exécution les pouvoirs ci-dessus, & tous autres pouvoirs confiés par cette Constitution au Gouvernement des Etats-Unis, ou à aucun de ses départemens ou bureaux.

*Section* IX. L'émigration ou l'introduction de telles personnes (1) qu'aucun des Etats actuelle-

---

(1) Ceci se rapporte aux nègres d'Afrique, *Note du traducteur.*

ment exiſtans jugera à propos d'admettre, ne ſera point prohibée par le Congrès avant l'an 1808; mais il pourra être impoſé ſur une ſemblable importation une taxe ou impôt qui n'excédera point dix piaſtres par perſonne.

Le privilége attaché aux lettres d'*Habeas corpus* (\*) ne ſera point ſuſpendu, excepté dans les cas de rébellion & d'invaſion, où la ſûreté publique le demandera.

Il ne ſera point paſſé de *bill d'attainder* (\*\*), ni de loi *ex poſt facto*.

Il ne ſera point impoſé de capitation ou autre impôt direct, qu'en proportion du cens ou dénombrement, qui doit être fait comme il a été dit ci-deſſus.

---

(\*) Ordre écrit qu'un homme mis en priſon a droit d'exiger du magiſtrat, pour être mené devant lui & lui faire examiner le ſujet de ſa détention, en ſorte que ſi le magiſtrat ne le trouve pas ſuffiſant, il eſt obligé de lui faire rendre la liberté ; autrement il ſeroit reſponſable des ſuites. *Note du traducteur*.

(\*\*) Condamnation émanée de la puiſſance légiſlatrice, en vertu d'un jugement qui, en Angleterre, eſt rendu par la chambre des Pairs. En Amérique, le *bill d'attainder* ne pourroit avoir lieu ſans ériger un tribunal extraordinaire pour juger le crime. *Note du traducteur*.

*Tome I.* c

Il ne fera point établi de droits ou de taxes fur les articles exportés d'aucun des Etats de l'Union. Il ne fera donné de préférence, par aucun réglement de commerce ou de finance, aux ports d'un Etat fur ceux d'un autre; les vaiffeaux en allant dans un Etat, ou en en revenant, ne feront point tenus de faire leur rapport, de prendre un congé, ni de payer aucun droit dans un autre.

Il ne fera tiré d'argent du tréfor qu'en conféquence des appropriations ordonnées par la loi, & il fera publié de temps à autre un état & un compte réguliers de recettes & dépenfes des fonds publics.

Il ne fera accordé aucun titre de nobleffe par les Etats-Unis; & aucune perfonne ayant un emploi de confiance ou d'honneur fous leur autorité ne pourra, fans le confentement du Congrès, accepter aucun préfent, émolument ou titre d'aucune efpèce quelconque, d'aucun Roi, Prince ou Etat étranger.

*Section X.* Aucun des Etats de l'Union ne pourra conclure aucun traité, alliance ou confédération, accorder des lettres de marque & de repréfailles, battre monnoie, créer des billets de crédit, créer d'autre figne numéraire pour le paiement des dettes, que ceux en or & en argent, paffer aucun *bill d'attainder*, aucune loi d'*ex poft facto*, ou aucune loi portant atteinte aux obligations des contrats, ni accorder aucun titre de nobleſſe.

Aucun Etat ne pourra, ſans le conſentement du Congrès, établir aucun impôt ou droit ſur les importations ou les exportations, excepté ceux qui feront abſolument néceſſaires pour exécuter ſes loix d'inſpection; & le produit net de tous droits & impôts établis par aucun des Etats ſur les importations & les exportations, devra être verſé dans le tréſor des Etats-Unis: enfin toute loi ſemblable ſera ſujette à la réviſion & à la négative du Congrès. Aucun Etat ne pourra, ſans le conſentement du Congrès, établir aucun droit de tonnage, entretenir des troupes ou des vaiſſeaux de guerre en temps de paix, conclure aucune convention ou concordat avec un autre Etat ou avec une puiſſance étrangère, ou s'engager dans une guerre, à moins qu'il ne ſoit envahi, ou dans un danger éminent qui n'admette aucun délai.

## A r t. II.

*Section* I. Le pouvoir exécutif ſera confié au Préſident des Etats-Unis de l'Amérique. Il conſervera ſon emploi pendant le terme de quatre ans, ainſi que le Vice-Préſident, & ils ſeront tous deux élus de la manière ſuivante :

Chaque Etat nommera, ſelon la forme preſcrite par le pouvoir légiſlatif dudit Etat, un nombre d'Electeurs égal au nombre total de Sénateurs & de Repréſentans que l'Etat aura le droit d'avoir au Congrès; mais aucun Sénateur, ni Repréſentant, ni aucune perſonne ayant un emploi lucratif ou de confiance, ſous l'autorité des Etats-Unis, ne pourra être nommé Electeur.

Les Electeurs s'aſſembleront dans leur état reſpectif, & nommeront au ſcrutin deux perſonnes, l'une deſquelles, au moins, devra n'être pas habitante de l'Etat d'où ils feront eux-mêmes, & ils feront une liſte de toutes les perſonnes élues, & du nombre de voix que chacune aura, laquelle liſte ils ſigneront, certifieront, & feront paſſer cachetée au Préſident du Sénat, à la réſidence du Gouvernement des Etats-Unis. Le Préſident du Sénat ouvrira, en préſence du Sénat & de la chambre des Repréſentans, tous les certificats, & les voix ſeront alors comptées. La perſonne ayant le plus grand nombre de voix ſera Préſident, ſi ledit nombre forme la majorité du nombre total des Electeurs nommés; & s'il y a plus d'une perſonne qui ait la majorité, & qui ait un égal nombre de voix, alors la chambre des Repréſentans élira au ſcrutin l'une d'elles pour Préſident; ſi perſonne n'a de majorité, ladite chambre élira également le Préſident ſur les cinq qui auront le plus grand nombre de voix. Mais en choisissant le Président les voix seront prises par Etats, chaque Etat n'ayant qu'une voix; le *Quorum* n'existera, qu'il n'y ait des membres, au moins des deux tiers des Etats, & il faudra la majorité de tous les Etats pour faire un choix. Dans tous les cas la personne qui, après l'Election du Président, aura le plus grand nombre de voix parmi les Electeurs, sera nommée Vice-Président. Mais s'il en reste deux, ou davantage, qui aient un nombre de voix égal, le Sénat choisira au scrutin, parmi elles, le Vice-Président.

Le Congrès déterminera l'époque où l'on choisira les Electeurs, & le jour où ceux-ci donneront leur voix, lequel jour sera le même dans toute l'étendue des Etats-Unis.

Personne, à moins d'être Citoyen né, ou d'avoir été Citoyen des Etats-Unis, au moment où la présente Constitution aura été adopée, ne pourra remplir l'emploi de Président : il faudra en outre avoir atteint l'âge de trente-cinq ans, & avoir résidé quatorze années dans les Etats-Unis.

Dans le cas où le Président seroit destitué de son emploi, s'il venoit à mourir, à résigner, ou s'il devenoit incapable de remplir les devoirs dudit emploi, cet emploi appartiendra au Vice-Président, & le Congrès pourra par une loi pourvoir au cas de caſſation, mort, réſignation ou incapacité de tous deux en déclarant quel Officier, à leur défaut, remplira l'emploi de Préſident, & en conſéquence cet Officier l'exercera juſqu'à ce que ladite incapacité ceſſe, ou qu'un Préſident ſoit élu.

Le Préſident recevra pour ſes ſervices, à des époques déterminées, des émolumens qui ne ſeront ni augmentés, ni diminués, pendant le terme de ſon exercice, & durant lequel il ne recevra aucuns autres émolumens des Etats-Unis, ni d'aucun d'eux en particulier.

Avant d'entrer dans les fonctions de ſa charge, il prêtera ſerment ou fera *l'affirmation* dans les termes ſuivans :

« Je jure (ou j'*affirme*) ſolemnellement de rem-
» plir fidèlement la charge de Préſident des Etats-
» Unis, & de maintenir, défendre & préſerver
» leur Conſtitution le mieux qu'il me ſera poſ-
» ſible ».

*Section II.* Le Préſident ſera commandant en chef de l'armée & de la marine des Etats-Unis, & de la milice des différens Etats, lorſqu'elle ſera appelée au ſervice des Etats-Unis ; il pourra demander au principal Officier, dans chacun des départemens exécutifs, ſon opinion par écrit ſur tout ſujet quelconque relatif aux devoirs deſdits emplois respectifs. Il aura le pouvoir d'accorder des surséances & des pardons pour les offenses commises envers les Etats-Unis, excepté dans les cas d'*impeachment*.

Il aura le pouvoir de conclure des traités, d'après le conseil & avec le consentement du Sénat, pourvu qu'il ait le suffrage des deux tiers des Sénateurs présens. Il nommera, d'après le conseil & avec le consentement du Sénat, les Ambassadeurs, les autres Ministres publics & les Consuls, les Juges de la Cour supérieure & tous les autres Officiers des Etats-Unis, dont la nomination n'est point fixée par la présente Constitution, & qui seront établis par la loi. Mais le Congrès pourra par une loi confier la nomination de ces Officiers subalternes, comme il le jugera à propos, soit au Président seul, aux Cours de justice, ou aux chefs de départemens.

Le Président aura le pouvoir de remplir toutes les places qui viendront à vaquer pendant les vacances du Sénat, en accordant des commissions qui expireront à la fin de la session suivante.

*Section III.* Il rendra compte de temps en temps au Congrès de l'état de l'union, & lui recommandera de prendre les mesures qu'il croira utiles & nécessaires. Il pourra dans les occasions extraordinaires convoquer les deux chambres ou seulement l'une d'elles, & en cas de différend entr'elles, relativement à l'époque de leur ajournement, il pourra les ajourner au terme qu'il jugera bon. Il recevra les Ambassadeurs & autres ministres publics, veillera à ce que les loix soient fidèlement exécutées, & donnera des commissions à tous les Officiers des Etats-Unis.

*Section IV.* Le Président, le Vice-Président, & tous les Officiers civils des Etats-Unis seront destitués de leur emploi, dès le moment qu'on les poursuivra par *impeachment*, & qu'ils seront convaincus de trahison, de corruption, ou autres crimes capitaux.

## ART. III.

*Section I.* Le pouvoir judiciaire des Etats-Unis sera confié à une Cour supérieure, & à autant de Cours inférieures que le Congrès voudra de temps à autre en ordonner & en établir. Les Juges tant de la Cour supérieure que des Cours inférieures, conserveront leurs emplois tant qu'ils n'auront point démérité, & recevront pour leurs services, à des époques fixes, des appointemens qui ne diminueront point tant qu'ils resteront en place.

*Section II.* Le pouvoir judiciaire s'étendra à tous les cas de la loi & de l'équité qui pourront être liés à cette Constitution, aux loix des Etats-

Unis, aux traités conclus ou à ceux qui le feront par la suite sous leur autorité, à tous les cas qui concerneront les Ambassadeurs, les autres Ministres publics & les Consuls, à tous les cas qui ressortiront de la jurisdiction maritime & de l'amirauté; à toutes les controverses auxquelles les Etats-Unis auront part, à toutes les controverses qui auront lieu entre deux ou plus d'Etats, entre un Etat & les Citoyens d'un autre Etat, entre les Citoyens de différens Etats, entre ceux du même Etat réclamant des terres accordées par différens Etats, & entre un Etat ou les Citoyens d'icelui, & des Etats étrangers ou leurs sujets & Citoyens.

La Cour supérieure exercera sa jurisdiction exclusive dans tous les cas qui concerneront les Ambassadeurs, d'autres Ministres publics ou Consuls, & ceux dans lesquels un Etat sera intéressé. Dans tous les autres cas ci-dessus mentionnés, la Cour supérieure exercera sa jurisdiction sur appel, tant pour le fait que pour la loi, sous telles exceptions & tels réglemens que le Congrès voudra établir.

Les procédures criminelles, excepté les cas d'*impeachment*, se feront par *Jurés*, & lesdites procédures seront instruites dans l'état où les crimes auront été commis; mais lorsqu'ils n'auront été commis dans aucun Etat particulier, la procédure fera inftruite dans tel lieu ou lieux que le Congrès aura défignés par une loi.

*Section III.* La trahifon envers les Etats-Unis ne confiftera qu'à leur faire la guerre, ou à s'affocier à leurs ennemis en leur donnant du fecours. Perfonne ne fera convaincu de haute trahifon, que fur le témoignage de deux perfonnes, ou par confeffion en cour à huis ouverts.

Le Congrès aura le pouvoir de déclarer la peine de la trahifon ; mais aucun *bill d'attainder* pour trahifon, n'emportera ni infamie, ni confifcation que pour la vie de la perfonne condamnée.

## Art. IV.

*Section I.* Il fera donné dans chaque Etat une entière foi & crédit aux actes publics, titres & procédures d'aucun autre Etat. Le Congrès pourra par des loix générales, prefcrire la manière dans laquelle lefdits actes, titres & procédures feront légalifés, & les effets d'iceux.

*Section II.* Les Citoyens de chaque Etat auront droit à tous les priviléges & immunités des Citoyens dans les différens Etats.

Une perfonne accufée dans un état de trahifon, de félonie ou d'autre crime, qui échappera à la juftice & fera trouvée dans un autre Etat, fera délivrée à la demande du pouvoir exécutif de l'Etat d'où elle s'eſt enfuie, pour être transférée dans l'Etat qui devra prendre connoiſſance du crime.

Toute perſonne qui étant engagée en ſervice ou travail dans un Etat, ſous la ſanction des loix, s'enfuira dans un autre, ne pourra être par aucune loi ou réglement de ce dernier Etat exemptée dudit ſervice ou travail, mais ſera délivrée à la demande de la partie à qui ledit ſervice ou travail ſera dû.

*Section III.* Le Congrès pourra admettre de nouveaux Etats dans l'Union, mais aucun nouvel Etat ne pourra être formé ou établi dans la juriſdiction d'un autre Etat, ni aucun Etat ne pourra être formé par la réunion de deux ou plus d'Etats, ou de parties d'Etat, ſans le conſentement des pouvoirs légiſlatifs des Etats intéreſſés, auſſi-bien que du Congrès.

Le Congrès aura le pouvoir de diſpoſer du territoire ou autre propriété appartenant aux Etats-Unis, & de faire, relativement à iceux, tous les réglemens & diſpoſitions néceſſaires; & rien dans cette Conſtitution ne pourra être interprété de manière à porter préjudice aux droits des Etats-Unis, ou d'aucun Etat en particulier.

*Section IV.* Les Etats-Unis garantiront à chaque Etat de l'Union la forme de Gouvernement républicain, & protégeront chacun d'eux contre toute invasion & toute violence domestique, mais quant à celle-ci, pourvu que ce soit à la réquisition du pouvoir législatif, ou du pouvoir exécutif, lorsque le pouvoir législatif ne pourra être convoqué.

## A R T. V.

Le Congrès, toutes les fois que les deux tiers des deux chambres le jugeront nécessaire, proposera des changemens à cette Constitution, ou bien à la réquisition des pouvoirs législatifs des deux tiers des divers Etats, convoquera une *Convention* à l'effet de proposer des changemens, & lesdits changemens, dans l'un & l'autre cas, seront valides à tous égards & dans tous les points, comme faisant partie de la Constitution, dès qu'ils seront ratifiés par les pouvoirs législatifs des trois quarts des différens Etats, ou par des *Conventions* dans les trois quarts d'iceux, selon que l'une ou l'autre forme de ratification sera proposée par le Congrès; bien entendu qu'aucun changement, fait avant l'année 1808, ne porte atteinte en aucune manière aux première & quatrième clauses de la neuvième section du premier article, & qu'aucun Etat ne puisse être, sans son propre consentement, privé de son suffrage contingent dans le Sénat.

## Art. VI.

Toutes dettes & tous engagemens contractés avant l'adoption de cette Constitution feront auffi valides pour les Etats-Unis, en vertu de cette Constitution, qu'en vertu de la Confédération.

Cette Constitution, & les loix des Etats-Unis qui feront portées en exécution d'icelle, & tous les traités conclus ou à conclure fous l'autorité des Etats-Unis, feront la loi fuprême dans toute l'étendue de l'Union, & les juges dans chaque Etat feront tenus d'y obéir, nonobstant toutes chofes à ce contraires dans la Conftitution ou les loix d'aucun Etat particulier.

Les Sénateurs & Repréfentans ci-deffus mentionnés, & les membres des pouvoirs légiflatifs des différens Etats, & tous les Officiers des pouvoirs exécutif & judiciaire, tant des Etats-Unis que des différens Etats, feront tenus, fous ferment ou *affirmation*, de maintenir cette Conftitution; mais aucune preuve de religion ne fera requife pour remplir aucun office ou emploi public fous l'autorité des Etats-Unis.

## Art. VII.

La ratification des *Conventions* de neuf Etats fera fuffifante pour l'établiffement de cette Conftitution, parmi les Etats qui la ratifieront ainfi.

Fait en *Convention*, par le confentement unanime des Etats préfens, le dix-feptième jour de septembre, l'an de J. C. 1787, & de l'indépendance des Etats-Unis de l'Amérique, le douzième; en témoignage de quoi nous avons signé nos noms.

George Washington, Président de la *Convention* & Député de Virginie.

## DÉPUTÉS,

New-Hampshire. { John Langdon.
Nicolas Gilman.

Massachusets. { Nathaniel Gorham.
Rufus King.

Connecticut. { W. Samuel Johnson.
Roger Sherman.

Pour New-York. Alexander Hamilton.

New-Jersey. { William Livingston.
David Brearly.
William Paterson.
Jonathan Dayton.

Pensilvanie. { Benjamin Franklin.
Thomas Mifflin.
Robert Morris.
George Clymer.
Thomas Fitzsimons.
Jared Ingersol.
James Wilson.
Gouverneur Morris.

( xlvij )

|   |   |
|---|---|
| Delaware. | George Read.<br>Gunning Redford, junior.<br>John Dickinson.<br>Richard Bassett.<br>Jacob Broom. |
| Maryland. | James Mac-Henry.<br>Daniel de Saint-Thomas Jenifer.<br>Daniel Carroll. |
| Virginie. | John Blair.<br>James Madison, junior. |
| Caroline Septentrion. | William Blount.<br>R. Dobbs, Spaight.<br>Hugh Williamson. |
| Caroline Méridion. | John Rutledge.<br>Charles Cotesworth, Pinckney.<br>Charles Pinckney.<br>Pierre Butler. |
| Géorgie. | William Few.<br>Abraham Baldwin. |

Attesté par moi William Jackson, secrétaire.

En *Convention* 17 septembre 1787.

Etant présens,

Les Etats de *New-Hampshire*, *Massachusets*, *Connecticut*, ( M. *Hamilton pour New-York*, )

New-Jerfey, Penfilvanie, Delaware, Maryland, Virginie, Caroline feptentrionale, Caroline méridionale & Géorgie;

Il a été arrêté,

Que la Conftitution précédente foit mife fous les yeux des Etats-Unis affemblés en Congrès, & que c'eft l'opinion de cette *Convention*, qu'elle foit enfuite foumife à une *Convention de délégués*, élus dans chaque Etat par le Peuple d'icelui, à la recommandation du pouvoir légiflatif, pour en recevoir l'acceffion & la ratification ; & que chaque *Convention* qui accédera à ladite Conftitution & la ratifiera, en donne avis aux Etats-Unis affemblés en Congrès.

Arrêté, que c'eft l'opinion de cette *Convention*, qu'auffitôt que les *Conventions* de neuf Etats auront ratifié cette Conftitution, les Etats-Unis affemblés en Congrès fixent le jour auquel les Electeurs devront être nommés par les Etats qui auront ratifié ladite Conftitution, & celui auquel les Electeurs devront s'affembler pour élire le Préfident, & le lieu & endroit pour commencer les *tranfactions* ordonnées par cette Conftitution ; qu'après la fixation defdits jours, les Electeurs foient nommés, & les Sénateurs & Repréfentans élus ; que les Electeurs s'affemblent au jour fixé

pour

pour l'élection du Président, & tranfmettent leurs nominations certifiées, fignées, fcellées & adreffées, conformément à la teneur de cette Conftitution, au fecrétaire des Etats-Unis affemblés en Congrès; que les Sénateurs & Repréfentans fe raffemblent au lieu affigné ; que les Sénateurs nomment un Préfident du Sénat au feul effet de recevoir, ouvrir & compter les nominations pour la préfidence, & qu'après que le Préfident fera élu, le Congrès, avec ledit Préfident, procède fans délai à l'exécution de cette Conftitution.

Par ordre unanime de la *Convention*,

Signé, GEORGE WASHINGTON, Préfident.

WILLIAM JACKSON, Secrétaire.

# TABLE DES CHAPITRES

Contenus dans ce premier Volume.

AVERTISSEMENT.
CONSTITUTION des Etats-Unis de l'Amérique. xxvj
CHAPITRE I. *Introduction*, 1
CHAP. II. *Sur les dangers qui peuvent résulter des forces & de l'influence étrangère*, 9
CHAP. III. *Continuation du même Sujet*, 17
CHAP. IV. *Continuation du même Sujet*, 24
CHAP. V. *Continuation du même Sujet*, 33
CHAP. VI. *Dangers de guerre entre les Etats*, 39
CHAP. VII. *Continuation du même Sujet : Enumération des différentes causes des guerres entre les Etats*, 50
CHAP. VIII. *Effets de la guerre intérieure, qui nécessite une armée permanente & d'autres institutions ennemies de la liberté*, 62
CHAP. IX. *Utilité de l'Union comme un préservatif contre les factions & les insurrections*, 72
CHAP. X. *Continuation du même Sujet*, 83

Chap. XI. *Utilité de l'Union relativement au commerce & à la marine,* 98

Chap. XII. *Utilité de l'Union relativement aux finances,* 112

Chap. XIII. *Continuation du même Sujet, avec un coup-d'œil sur l'économie,* 122

Chap. XIV. *Réponse à une objection tirée de l'étendue du pays,* 127

Chap. XV. *Des défauts de la Confédération actuelle, qui fait porter la Législation sur les Etats, & non sur les individus qui les composent,* 138

Chap. XVI. *Continuation du même Sujet, relativement aux mêmes principes,* 154

Chap. XVII. *Continuation du même Sujet, & citation de quelques exemples, qui prouvent que les Gouvernemens fédératifs ont plus de tendance à l'anarchie parmi les membres, qu'au despotisme dans le souverain,* 165

Chap. XVIII. *Continuation du même Sujet; nouveaux exemples,* 173

Chap. XIX. *Continuation du même Sujet; nouveaux exemples,* 186

Chap. XX. *Continuation du même Sujet; nouveaux exemples,* 198

Chap. XXI. *Nouveaux défauts de la Constitution actuelle,* 207

Chap. XXII. *Continuation du même Sujet*, 217
Chap. XXIII. *Nécessité d'un Gouvernement au moins aussi énergique que celui qui nous est proposé*, 234
Chap. XXIV. *Continuation du même Sujet. Réponse à une objection relative aux armées sur pied*, 243
Chap. XXV. *Même Sujet*, 253
Chap. XXVI. *Continuation du même Sujet, envisagé sous les mêmes rapports*, 263
Chap. XXVII. *Continuation du même Sujet*, 274
Chap. XXVIII. *Continuation du même Sujet*, 281
Chap. XXIX. *De la Milice*, 289
Chap. XXX. *De l'Impôt*, 299
Chap. XXXI. *Continuation du même Sujet*, 309
Chap. XXXII. *Continuation du même Sujet*, 317
Chap. XXXIII. *Continuation sur le même Sujet*, 324
Chap. XXXIV. *Continuation sur le même Sujet*, 332
Chap. XXXV. *Continuation sur le même Sujet*, 342
Chap. XXXVI. *Continuation du même Sujet*, 353

Fin de la Table du premier Volume.

# LE FÉDÉRALISTE.

## CHAPITRE PREMIER.

### INTRODUCTION.

Après une épreuve non équivoque de l'inefficacité du Gouvernement fédératif, aujourd'hui existant, vous êtes appellés à délibérer sur une nouvelle Constitution pour les Etats-Unis de l'Amérique. Exposer le sujet, c'est dire son importance. Il s'agit de l'existence de notre union, de la sûreté & de la prospérité des Etats qui la composent, enfin du sort d'un Empire, à quelques égards, le plus intéressant qui existe dans l'univers. On l'a remarqué souvent; il sembloit réservé à l'Amérique de décider cette importante question : si les hommes sont capables de se donner un bon Gouvernement par réflexion & par choix, ou s'ils sont condamnés à recevoir toujours leur Constitution politique du hasard et de la force. Si cette observation est juste, la crise où nous sommes, peut être regardée comme l'époque de la décision de ce problème ; & un mauvais choix, dans les mesures que nous avons à prendre, deviendroit un malheur universel pour le genre humain. La philantropie s'unit au patriotisme pour augmenter l'inquiétude avec laquelle les hommes sages & vertueux attendent l'événement. Heureux si notre choix est dirigé par un jugement sain de nos vrais intérêts, libre & dégagé de toutes considérations étrangeres au bien public ! Nous devons le souhaiter plus que l'espérer. Le plan soumis à notre délibération blesse trop d'intérêts particuliers, contrarie trop d'institutions locales, pour qu'il ne soit pas combattu dans la discussion par une multitude de motifs qui lui sont étrangers, de vues, de passions, de préjugés peu favorables à la découverte de la vérité.

Parmi les plus formidables obstacles que la nouvelle Constitution doit rencontrer, on peut compter l'intérêt d'une certaine classe des habitans de chaque état, à prévenir tout changement qui pourroit occasionner une diminution du pouvoir qu'ils tiennent de la Constitution actuelle. On doit craindre encore l'ambition perverse d'une autre classe d'hommes, qui veulent s'agrandir par les troubles de leur pays, & qui attendent plus pour leur élévation personnelle de la division de l'Empire en quelques confédérations particulieres, que de sa réunion sous un seul Gouvernement.

Je n'insisterai pas sur les observations de cette nature. Je n'ignore pas qu'il seroit injuste d'attribuer à des vues interessées ou ambitieuses, l'opposition de tous ceux que leur situation peut en faire soupçonner. Reconnoissons que ceux-là même peuvent être guidés par des intentions pures ; reconnoissons qu'une grande partie des oppositions qu'on a vu & qu'on verra naître, tient à des motifs innocens, sinon respectables, & plaignons les préventions d'une défiance honnête dans son principe. Tant de causes puissantes concourent à égarer le jugement, que nous avons vu des hommes sages & vertueux, adopter aussi souvent l'erreur que la vérité, sur les questions les plus importantes, pour le bonheur de la société.

Cette observation seroit bien faite pour inspirer de la modération à ces hommes toujours parfaitement convaincus de l'infaillibilité de leur opinion dans toutes les discussions.

Un autre motif de circonspection, c'est que nous ne sommes pas toujours sûrs que ceux qui plaident pour la vérité, soient guidés par des motifs plus purs que leurs antagonistes. L'ambition, l'avarice, l'animosité personnelle, l'esprit de parti & d'autres motifs aussi peu louables peuvent agir sur les défenseurs de la bonne cause, comme sur ses ennemis.

Indépendamment de ces motifs de modération, rien n'est plus absurde que l'esprit d'intolérance, qui a dans tous les temps caractérisé les partis politiques. En politique comme en religion, on ne fait point de prosélytes par le fer & le feu. Dans l'une & dans l'autre, on guérit rarement de l'hérésie par la persécution.

Quelque justes que ces sentimens doivent paroître aux hommes impartiaux ; nous n'en avons déja que trop d'indices, il arrivera ici ce qui est arrivé dans toutes les grandes discussions nationales. L'animosité & les passions malfaisantes ne connoîtront plus de digue. A voir la conduite des partis opposés, il sera aisé de juger, qu'ils n'esperent faire triompher leur opinion & augmenter le nombre de leurs prosélytes, que par la violence de leurs déclamations, & l'amertume de leurs invectives. Un zèle éclairé pour l'énergie & l'efficacité du Gouvernement, fera noté comme l'effet d'un efprit paffionné pour le defpotifme & ennemi des principes de la liberté. Cette inquiétude trop fcrupuleufe pour la confervation des droits du Peuple, qui eft plus communément un défaut de l'efprit que du cœur; fera repréfenté comme un moyen d'ufurper une grande popularité aux dépens du bien public. On oubliera d'un côté que l'inquiétude eft inféparable d'une violente affection, & que le noble enthoufiafme de la liberté eft trop aifément fouillé par une étroite & minutieufe défiance; de l'autre part on oubliera également que la vigueur du Gouvernement eft effentielle au maintien de la liberté; que dans l'opinion d'un efprit fain & éclairé, leurs intérêts ne peuvent jamais être féparés; qu'une dangereufe ambition fe cache plus fouvent fous le fpécieux prétexte de l'affection pour les droits du Peuple, que fous l'apparence peu féduifante du zèle pour la force du Gouvernement. L'hiftoire nous apprend que la premiere de ces deux routes, a bien plus fouvent que l'autre, conduit au defpotifme, & que la plupart des hommes qui ont détruit la liberté des Républiques, ont commencé par capter la bienveillance du Peuple

A 3

& se sont faits démagogues pour devenir tyrans.

J'ai desiré, par ces observations, mettre mes Concitoyens en garde contre toutes les tentatives que de part ou d'autre on pourroit faire pour influer sur leur décision, dans une question si importante pour leur bonheur, par d'autres impressions que celles qui résultent de l'évidence de la vérité. Leur but général vous fera juger qu'elles ont été dictées par un esprit favorable à la nouvelle Constitution. Je le reconnois devant vous, mes Concitoyens, après l'avoir attentivement examinée, je crois fermement qu'il est de votre intérêt de l'adopter; je crois que c'est l'intérêt de votre liberté, de votre puissance & de votre bonheur.

Je n'affecte point une circonspection que je n'ai pas. Je ne veux pas vous tromper par l'apparence du doute, lorsque mon opinion est fixée. Je vous avoue franchement ma conviction, & je vous exposerai, avec liberté, les raisons sur lesquelles elle est fondée. La conscience des bonnes intentions dédaigne les détours. Je ne multiplierai cependant pas les protestations à cet égard. Mes intentions doivent rester en dépôt dans mon cœur : mes raisons seront exposées aux yeux de tous, & tous pourront les juger. Elles seront présentées avec un courage qui ne déshonorera pas la cause de la vérité. Je me propose de discuter dans le cours de cet ouvrage, les objets suivans : l'utilité de l'union à notre prospérité politique; l'insuffisance de la confédération actuelle pour la maintenir; la nécessité d'un Gouvernement au moins aussi énergique que celui qui vous est proposé ; la conformité de la Constitution proposée, avec les vrais principes d'un Gouvernement républicain ; son analogie avec la Constitution de nos Etats particuliers; enfin, la sécurité que son adoption doit nous inspirer pour le maintien de cette nature de Gouvernement républicain, pour notre liberté & nos propriétés. Dans le cours de la discussion, je m'efforcerai de répondre à toutes les objections qui paroîtront dignes d'attention.

On pourra regarder comme superflues, les raisons par lesquelles je cherche à prouver l'utilité de l'union; l'attachement pour cette forme de Gouvernement est si profondément gravée dans le cœur de la plus grande partie des habitans de chaque Etat, qu'elle sembleroit ne pouvoir trouver d'adversaires.

Mais le fait est qu'on a déja cherché à insinuer dans quelques cercles des opposans à la nouvelle

Conſtitution, que les Treize-Etats ſont d'une trop grande étendue, pour ſe trouver réunis ſous un ſyſtême général, & qu'il faut diviſer ce tout, en quelques portions iſolées, par des Confédérations partielles. Cette opinion ſe propagera vraiſemblablement, juſqu'à ce qu'elle ait trouvé un aſſez grand nombre de partiſans pour encourager un aveu formel. En effet, pour ceux dont les vues ont quelqu'étendue, rien n'eſt plus évident que l'alternative où nous ſommes, de l'adoption de la nouvelle Conſtitution ou du démembrement de l'union. Il ne ſera donc pas inutile d'examiner les avantages de cette union, les maux certains & les dangers probables auxquels la diſſolution expoſeroit chacun de nos Etats. Ce ſera le premier objet de diſcuſſion que j'entreprendrai.

## CHAPITRE II.

*Sur les dangers qui peuvent résulter des forces ou de l'influence étrangeres.*

Les habitans de l'Amérique, appellés à prononcer sur une des questions les plus importantes qui aient jamais excité leur attention, ne peuvent se dissimuler la nécessité de l'examiner avec la plus sérieuse réflexion.

Rien n'est plus certain que l'indispensable nécessité d'un Gouvernement; mais ce qui n'est pas moins incontestable, c'est que le peuple doit sacrifier une partie de son indépendance pour le revêtir du pouvoir nécessaire. D'après ces premiers principes, considérons s'il est de l'intérêt des Américains de former une seule Nation sous un seul Gouvernement fédératif, ou de se diviser en Confédérations partielles & de donner au chef de chacune d'elles, le même pouvoir qu'on leur conseille de donner à un Gouvernement unique.

Il a été reconnu jusqu'ici, sans contestation, que la prospérité du peuple de l'Amérique dépend de son union, & les vœux, les prieres, les efforts des meilleurs & des plus sages de nos Concitoyens, ont constamment été dirigés vers ce but; mais il est aujourd'hui des politiques qui assurent que cette opinion est erronée, & qu'au lieu d'attendre de l'union, notre bonheur & notre sécurité, nous devons les chercher dans une division des Etats en confédérations ou souverainetés partielles. Quelqu'extraordinaire que soit cette doctrine, elle a ses partisans, & on compte parmi eux plusieurs de ceux qui y étoient autrefois le plus opposés.

Quels que puissent être les motifs de ce changement, il seroit insensé au Peuple d'adopter ces nouveaux principes, sans s'être bien convaincu qu'ils sont fondés sur la vraie & sage politique.

J'ai observé souvent avec plaisir que l'Amérique indépendante, n'est pas composée de territoires séparés & distans les uns des autres. Cette terre de liberté est vaste, fertile, & réunie en un point. La Providence l'a douée avec une prédilection particuliere, d'une étonnante variété de sols & de productions, arrosée d'innombrables rivieres, pour le plaisir autant que pour le besoin de ses habitans. Une suite non interrompue de lacs & de mers navigables, forme autour de ses limites, une chaîne qui lie ensemble les parties qui la composent, tandis que dans son sein les plus grands fleuves de l'univers coulent à de convenables distances, & ouvrent de vastes routes à la communication des secours fraternels que se prêtent mutuellement ses habitans, au transport & à l'échange de leurs denrées.

J'ai observé avec un égal plaisir, que la Providence s'est plue a donner à ce pays, dont toutes les parties sont si bien liées, des habitans unis, des habitans issus des mêmes ancêtres, parlant la même langue, professant la même religion, attachés aux mêmes principes de Gouvernement, avec des mœurs & des manieres semblables, & qui, par la réunion de leur prudence, de leurs armes & de leurs efforts, en combattant ensemble durant le cours d'une longue & sanglante guerre, ont glorieusement conquis leur liberté commune. Ce pays & ce Peuple paroissent avoir été faits l'un pour l'autre, & la Providence semble avoir voulu empêcher qu'un héritage si visiblement destiné à un peuple de freres, pût jamais être divisé en souverainetés isolées, sans société, sans autre rapport qu'une mutuelle jalousie. Tels sont les sentimens qui ont déja prévalu ici parmi les hommes de toutes les classes & de toutes les sectes. Sous tous les rapports généraux nous n'avons formé qu'un Peuple ; jusqu'ici chaque Citoyen a joui partout des mêmes droits, priviléges & protections. C'est comme une seule Nation que nous avons fait la paix & la guerre ; c'est comme une Nation, que nous avons vaincu nos ennemis communs ; c'est comme une Nation, que nous avons contracté des alliances & fait des traités, enfin déterminé nos rapports d'intérêts avec les Nations étrangeres ; puissamment frappé des avantages inappréciables de l'union, le peuple se détermina, dès le principe, à établir & perpétuer le Gouvernement fédératif, il l'établit presqu'aussitôt qu'il eut une existence politique, tandis que nos habitations étoient en feu, lorsque le sang de nos Concitoyens couloit, & que la guerre étendant par-tout ses ravages, laissoit peu de loisir pour ces recherches, pour ces réflexions calmes & lentes, sans lesquelles ne peut se former une Constitution bien combinée, bien équilibrée. Ne nous étonnons pas qu'un Gouvernement, fondé dans des temps si malheureux, ne soutienne pas l'épreuve & ne réponde pas au but de son établissement.

Nos sages Concitoyens appercevoient & déploroient ses défauts. Non moins attachés à l'union que passionnés pour la liberté, ils voyoient les dangers qui menaçoient plus immédiatement la premiere, & qui se préparoient pour la seconde. Persuadés qu'on ne pouvoit assurer l'existence de toutes les deux, que par un Gouvernement National plus sagement organisé, ils convoquerent d'une voix unanime la derniere convention à Philadelphie pour s'occuper de cet important objet.

La convention, composée d'hommes honorés de la confiance du Peuple, distingués presque tous par leur patriotisme, leur vertu & leur sagesse, dans des temps qui ont mis à l'épreuve l'esprit & le cœur des hommes, a entrepris ce difficile ouvrage. Au milieu des douceurs de la paix, sans distractions & sans interruption, ils ont passé quelques mois dans de tranquilles & journalieres discussions. Libres de toute crainte, & sans avoir éprouvé l'influence d'aucune autre passion que l'amour de la Patrie, ils ont présenté & recommandé au Peuple le résultat de leurs opinions presqu'unanimes.

En reconnoissant que ce plan n'est que recommandé & non prescrit, souvenons-nous qu'il ne doit éprouver ni une approbation aveugle, ni un aveugle refus. Nous lui devons cette tranquille & impartiale attention, qu'exige l'importance du sujet. Mais, je l'ai déja dit, j'efpere moins que je ne fouhaite, de la lui voir obtenir. L'expérience nous apprend à ne pas nous livrer trop vivement à de telles efpérances. On fe fouvient encore des appréhenfions bien fondées d'un danger imminent qui déterminerent le peuple d'Amérique à convoquer le mémorable Congrés de 1774. Cette affemblée recommanda à fes Commettans certaines démarches, dont le fuccès juftifia la prudence. On fe fouvient auffi de la multitude de pamphlets & de feuilles hebdomadaires, qu'enfanta la preffe pour les décrier. Quelques-uns des membres de l'adminiftration, guidés par l'intérêt perfonnel; d'autres par une fauffe prévoyance, par un attachement trop partial pour l'ancien Gouvernement; d'autres enfin par leur tendance à un but contraire au bien public, firent d'infatigables efforts pour perfuader au Peuple de rejetter l'avis de ce Congrès patriotique. Quelques Citoyens fe laifferent tromper, mais la grande majorité penfa & décida, conformément à la raifon. Ils ont recueilli les heureux fruits de leur fageffe.

Ils confidererent que le Congrès renfermoit beaucoup d'hommes fages & expérimentés; qu'étant raffemblés de différentes parties du pays, ils avoient apporté & s'étoient communiqués une grande variété d'utiles renseignemens ; que dans le cours du temps qu'ils avoient passé ensemble à rechercher & discuter les vrais intérêts de leur pays, ils devoient avoir encore perfectionné leurs connoissances ; qu'ils étoient individuellement intéressés à la liberté & à la prospérité publiques, & qu'en eux le penchant s'uniroit au devoir, pour ne leur dicter que les conseils dont une mûre délibération leur auroit démontré la prudence & l'utilité. Telles furent les considérations qui déterminerent le Peuple à se reposer avec confiance sur la sagesse & l'intégrité du Congrès, malgré les différens artifices mis en usage pour l'en dissuader. Mais si le Peuple eut raison d'accorder sa confiance aux personnes qui composoient ce Congrès, la convention actuelle la mérite par des titres plus puissans encore : on sait qu'elle compte parmi ses membres plusieurs des plus distingués de ceux du Congrès de 1774, qui justement célèbres par leur patriotisme & leurs talens, vieillis dans l'étude de la politique, y ont apporté avec de vastes connoissances une longue expérience des affaires.

C'est une chose digne d'observation que non-seulement le premier Congrès, mais tous ceux qui l'ont suivi, aussi bien que la derniere Convention, se sont accordés avec le Peuple pour penser que la prospérité de l'Amérique dépend de son union. C'est pour la maintenir & la perpétuer, qu'on a assemblé cette Convention, & tel est aussi l'objet du plan que la Convention a proposé. A quels titres, par quels motifs quelques hommes cherchent-ils donc aujourd'hui à déprécier l'importance de l'union? Pourquoi nous suggere-t-on que trois ou quatre Confédérations seroient plus avantageuses qu'une seule ? Je suis intimement convaincu que le Peuple a toujours eu une opinion sage à cet égard, & que son attachement pour la cause de l'union, repose sur de grandes & puissantes raisons, que je m'efforcerai de développer dans les Chapitres suivans. Ceux qui proposent l'idée de substituer des confédérations particulieres au plan de la Convention, semblent clairement prévoir que l'union seroit exposée au plus grand danger par la réjection de ce plan : leur prévoyance ne seroit que trop sûrement justifiée.

Quoiqu'il en soit, je desire que tous les Citoyens soient bien convaincus de cette vérité: quelle que soit l'époque de la dissolution de l'union, alors l'Amérique pourra dire avec le poëte:

*Adieu, adieu pour jamais toute ma grandeur.*

CHAPITRE

## CHAPITRE III.

*Continuation du même sujet.*

Ce n'est pas une observation nouvelle, que les Peuples de tous les pays, lorsqu'ils sont intelligens & éclairés comme les Américains, adoptent rarement, ou conservent peu de temps des erreurs relativement à leurs intérêts. Cette considération doit inspirer du respect pour la haute opinion que les Américains ont si invariablement conservée de l'importance de leur réunion sous un seul Gouvernement fédératif, revêtu d'un pouvoir suffisant sur tous les points qui intéressent l'universalité de la Nation. Plus je recherche, plus je considere attentivement les raisons qui ont fait naître cette opinion, plus je suis convaincu qu'elles sont entraînantes & décisives.

Parmi les objets qui méritent l'attention d'un Peuple libre & sage, le premier est le soin de sa sûreté. La sûreté du Peuple tient à tant de circonstances & de considérations, qu'on ne la peut définir exactement, sans un grand développement.

*Tome I.* B

Mon intention eſt de ne la conſidérer que relativement au maintien de la paix & de la tranquillité : ſous ce rapport, on peut craindre pour elle les armes ou l'influence des Nations étrangeres; des diſpoſitions domeſtiques peuvent auſſi la menacer. Je m'occuperai de ces deux ſortes de dangers. Ceux que j'ai placés les premiers en ordre, me paroiſſent auſſi les premiers en importance.

Je commence donc par examiner ſi le Peuple a tort de croire, qu'une Union intime ſous un Gouvernement revêtu, d'un pouvoir ſuffiſant, doit lui inſpirer plus de ſécurité contre les hoſtilités étrangeres, que ſa diviſion. Comme dans tout État, le nombre des guerres eſt proportionné à celui des cauſes réelles qui les font naître, ou des prétextes qui les autoriſent, il convient de rechercher ſi, dans le ſyſtême de la diviſion de l'Amérique, ces cauſes ou ces prétextes, ſe reproduiront plus ſouvent que dans celui de ſon Union; car dans ce cas, il ſeroit démontré que l'Union eſt le moyen le plus ſûr pour maintenir le Peuple en état de paix.

Les juſtes cauſes de guerres ſont le plus ſouvent la violation des traités, ou des attaques directes L'Amérique a déja formé des traités avec ſix Nations étrangeres, qui ſont toutes, à l'exception de la Pruſſe, des Puiſſances maritimes, en état, par conſéquent, de nous nuire & de nous attaquer. Elle a auſſi un commerce étendu, avec le Portugal, l'Eſpagne, l'Angleterre, & elle a encore avec les deux dernieres les rapports du voiſinage.

Il eſt de la plus haute importance pour la paix de l'Amérique, d'obſerver le droit des gens vis-à-vis de toutes ces Puiſſances; & il me paroît évident qu'il le ſera plus ponctuellement & plus ſcrupuleuſement par un ſeul Gouvernement national, qu'il ne pourroit l'être par treize Etats ſéparés, ou par trois ou quatre Confédérations indépendantes. Pluſieurs raiſons viennent à l'appui de cette opinion.

Quand un Gouvernement national eſt établi & revêtu d'un ſuffiſant pouvoir, l'élite des hommes du pays non-ſeulement s'efforce de l'aider, mais eſt ordinairement choiſie pour en remplir les principales places. Il n'y a pas une ville, pas un diſtrict, pas une portion ſi reſſerrée du territoire, qui ne puiſſe placer des hommes dans l'Aſſemblée de chaque Etat, dans le Sénat, dans les Cours de Juſtice ou dans le Département exécutif; mais il faudra une réputation bien plus générale, bien plus étendue, relativement aux talens & aux vertus, pour porter un homme dans une place du Gouvernement national : le champ sera plus vaste pour le choix, & il n'arrivera jamais de manquer de personnes convenables pour en remplir les différentes places, ce qui n'est pas sans exemple dans quelques-uns des Etats. Il résultera delà que l'Administration, les Conseils politiques & les décisions du Gouvernement national sur des points contentieux, seront plus sages, plus raisonnés, tiendront plus à un système général, que celles des Etats particuliers ; en conséquence, elles seront plus satisfaisantes pour les autres Nations, & plus favorables à notre sûreté.

Sous le Gouvernement national, les Traités, les articles des Traités, seront toujours interprétés dans le même sens & exécutés de la même maniere. Dans treize Etats, dans trois ou quatre Conféderations les jugemens sur les mêmes points, sur les mêmes questions ne seroient pas toujours d'accord, tant à cause de la variété des Tribunaux & des Juges indépendans, établis par des Gouvernemens séparés & indépendans, que par la différence des loix locales & des intérêts, dont l'influence détermineroit leurs décisions. On ne peut trop approuver, à cet égard, la sagesse de la Convention qui soumet les questions de ce genre à la juridiction de Tribunaux établis par le Gouvernement national & responsables à lui seul.

La considération d'un avantage, ou d'une perte actuelle, peut tenter le Gouvernement particulier d'un ou deux Etats, de s'écarter de la bonne foi ou de la justice. Ces tentations n'atteignant pas les autres Etats, & conséquemment n'ayant point, ou du moins ayant peu d'influence sur le Gouvernement national, resteront sans effet; la bonne foi & la justice seront respectées : la circonstance du Traité de paix avec l'Angleterre doit ajouter beaucoup de poids à ce raisonnement.

Si le parti dominant dans un Etat particulier est disposé à résister à des tentations de cette nature, comme elles tiennent ordinairement à des circonstances particulieres à l'Etat qui les éprouve, & que l'intérêt les fait partager à un grand nombre de ses habitans, le parti dominant peut n'être pas toujours en état de prévenir ou de punir l'injustice; mais le Gouvernement national n'étant jamais exposé à l'influence de ces circonstances locales, ne sera jamais porté à commettre des injustices, & ne manquera ni du pouvoir ni de la volonté de prévenir ou de punir celles des autres.

Ainsi loin de craindre que des violations

préméditées ou accidentelles des Traités & des Loix des Nations, puissent faire naître de justes causes de guerres sous un seul Gouvernement général, nous devons les appréhender infiniment moins, que sous quelques Gouvernemens particuliers, & à cet égard, le premier favorise plus la sûreté du Peuple.

Quant aux justes causes de guerres qui résultent d'attaques directes & de violences contraires aux loix, il me semble qu'un bon Gouvernement national est encore le moyen le plus propre à inspirer une grande sécurité à cet égard.

Des violences de cette nature sont plus fréquemment occasionnées par les passions & les intérêts d'une partie que du tout, d'un ou de deux Etats que de l'Union. Nous n'avons jamais vu la guerre avec les Indiens produites par les attaques du Gouvernement fédératif actuel, quelque mal organisé qu'il soit; & souvent des hostilités de leur part ont été provoquées par la conduite imprudente de quelques Etats particuliers, qui, faute d'avoir voulu, ou d'avoir du réprimer ou punir les offenses, ont livré au carnage plusieurs habitans innocens.

Le voisinage de l'Espagne & de l'Angleterre expose plus immédiatement les Etats limitrophes à des différens avec ces Puissances. Les Etats limitrophes seront ceux qui, par l'impulsion d'une irritation soudaine, par l'appas d'un intérêt, ou le vif ressentiment d'une injure apparente, se porteront plus aisément à des violences qui pourroient occasionner la guerre. On ne peut opposer à ces dangers un préservatif plus efficace qu'un Gouvernement national, dont la prudence ne sera jamais altérée par les passions qui agitent les parties immédiatement intéressées.

Si le Gouvernement national empêche les plus grand nombre des justes causes de guerres, il lui sera aussi plus facile d'accommoder & terminer à l'amiable les différens qu'il n'auroit pu prévenir. Plus modéré, plus froid dans cette circonstance comme dans toutes les autres, il agira avec plus de circonspection que l'Et t intéressé à la querelle. L'orgueil des Etats est comme celui des hommes ; il les empêche de reconnoître, d'effacer ou de réparer, leurs erreurs ou leurs offenses. Le Gouvernement national sera à l'abri de cet orgueil : il procédera avec modération & impartialité à la recherche des moyens les plus propres à faire disparoître les difficultés qui auront pu s'élever.

En outre une Nation, puissante par son

union, peut faire agréer des explications & des satisfactions, qui seroient rejettées comme insuffisantes, si elles étoient offertes par un Etat ou une Confédération inférieure en importance & en pouvoir.

En 1685, les Génois, ayant offensé Louis XIV, s'efforcerent de l'appaiser. Il exigea qu'ils envoyassent en France leur Doge ou principal Magistrat, accompagné de quatre Sénateurs, pour implorer leur pardon & en recevoir les conditions. Ils se soumirent par amour pour la paix. Louis XIV auroit-il jamais pu imposer ou subir une pareille humiliation, s'il avoit eu à traiter avec l'Espagne ou l'Angleterre, ou toute autre Nation puissante ?

## CHAPITRE IV.

### Continuation du même sujet.

Dans le dernier Chapitre j'ai cherché à prouver que l'Union donneroit lieu à un moins grand nombre de justes causes de guerres, & faciliteroit infiniment plus les accommodemens, que le Gouvernement particulier des Etats ou les Confédérations proposées. Mais il ne suffit pas pour la sûreté de l'Amérique de prévenir les justes causes de guerres, il faut encore qu'elle se place & se maintienne dans une situation qui n'encourage pas les hostilités ou les insultes. En effet, on voit autant de guerres fondées sur de vains prétextes, que sur des causes réelles. Il est trop vrai, à la honte de la nature humaine, que les Nations sont disposées à faire la guerre, lorsqu'elle peut leur offrir quelque chose à gagner. Bien plus, les Monarques absolus, la font quelquefois sans profit pour leurs Peuples, mais par des motifs purement personnels. La soif de la gloire militaire, le desir de venger des affronts individuels, l'ambition, ou des plans secrets pour l'agrandissement de leur famille ou de leurs partisans ; ces motifs, & une infinité d'autres qui ne peuvent agir que sur les Princes, les engagent souvent dans des guerres qui ne sont pas légitimées par la justice, par les vœux ou l'intérêt des Peuples.

Mais indépendamment de ces considérations qui décident si souvent du sort des Empires dans les Monarchies absolues, & qui méritent bien notre attention, il en est d'autres qui intéressent les Peuples comme les Rois. A l'examen, on trouvera qu'elles tiennent à notre situation relative. Nous sommes en rivalité avec la France & l'Angleterre pour la pêche; & nous pouvons fournir leurs marchés à moins de frais qu'eux-mêmes, malgré leurs efforts pour l'empêcher, malgré les primes d'encouragement, établies pour favoriser la vente de leur poisson & les droits auxquels ils assujettissent celui des étrangers.

Nous sommes en rivalité avec eux, avec plusieurs autres Nations de l'Europe, pour le commerce de transport; & ce seroit une erreur d'imaginer, qu'ils peuvent voir la prospérité du nôtre avec plaisir. Comme il ne peut s'accroître qu'aux dépens du leur, loin de le favoriser, leur intérêt est de le restreindre.

Relativement au commerce de la Chine & des Indes, nous sommes en concurrence avec plus d'une Nation; nous partageons aujourd'hui les avantages qu'elles avoient exclusivement usurpés, & nous nous procurons par nous-mêmes les denrées que nous étions obligés d'acheter d'elles.

L'extention de notre commerce sur nos propres vaisseaux, ne peut plaire aux Nations qui ont des possessions sur le Continent ou dans les environs, car le bon marché & la supériorité de nos productions, joints à la circonstance du voisinage, le courage & l'habileté de nos Commerçans & de nos Navigateurs, nous donnent sur ces pays, des avantages contraires aux vœux & à la politique de leurs Souverains.

L'Espagne nous exclud de la navigation du Mississipi; celle du Saint-Laurent nous est interdite par l'Angleterre, & ces deux Puissances s'opposent à toute communication, à tout commerce que pourroient établir entr'elles & nous, les autres rivieres qui nous séparent.

D'après ces considérations auxquelles la prudence ne permet pas de donner plus de développement & de détail, il est aisé de voir qu'il peut naître dans l'esprit des autres Nations, & dans les Cabinets qui les gouvernent, des jalousies & des mécontentemens : n'espérons pas qu'ils voient d'un œil tranquille & indifférent, les progrès de notre Gouvernement intérieur, de notre influence politique, & de notre puissance sur terre & sur mer.

Les habitans de l'Amérique s'apperçoivent bien que ces circonstances, & beaucoup d'autres qui ne nous sont pas également présentes, peuvent devenir des motifs de guerre; que ces dispositions ennemies n'attendront qu'un moment favorable pour éclater, & qu'on ne manquera pas de prétextes pour les colorer & les juftifier. C'eft donc avec raifon qu'ils veulent par leur union & par le fecours du Gouvernement national, fe placer & fe maintenir dans une fituation, qui, loin de leur attirer la guerre, intimide & décourage leurs ennemis. Cette fituation ne peut être fondée que fur le plus parfait état de défenfe, & dépend néceffairement du Gouvernement, des forces militaires & des reffources du pays.

La fûreté de la fociété intéreffe également tous les membres, & l'on ne peut y pourvoir fans un Gouvernement, foit unique, foit divifé. Voyons fi fon unité ne tend pas à ce but plus directement, que fa divifion en quelque nombre de parties que ce puiffent être.

Un Gouvernement général pourra s'entourer & s'aider des talens & de l'expérience de tous les hommes habiles, choifis dans toutes les parties des Etats confédérés; établir des principes uniformes de politique, unir, affimiler, protéger toutes les parties, tous les membres du Corps focial, & étendre fur eux tous l'heureux effet de fa prévoyance.

Dans la conclufion des Traités, il fongera à l'intérêt général, & aux intérêts individuels qui en font inféparables; il employera la fortune & la force publique à la défenfe de chacune des parties confédérées, avec une facilité & une promptitude impoſſible aux Gouvernemens des Etats ou à des Confédérations partielles, faute de concert & d'unité de ſyſtême. Il pourra donner à la Milice un plan uniforme de diſcipline, & maintenir les Officiers qui la commanderont, dans une utile ſubordination aux ordres du Magiſtrat ſuprême : il la rendra par là plus puiſſante, que ſi elle étoit diviſée en quatre, ou en treize Corps diſtincts & indépendans.

Que deviendroit la Milice de la Grande Bretagne, ſi la Milice Angloiſe obéiſſoit au Gouvernement particulier de l'Angleterre, la Milice Écoſſaiſe au Gouvernement Écoſſais, & la Milice Galloiſe au Gouvernement de la Principauté de Galles ? Suppoſez une invaſion; ces trois Gouvernemens avec leurs forces reſpectives, même s'ils conſentoient à les unir, agiroient-ils contre leurs ennemis auſſi puiſſamment que le ſeul Gouvernement de la Grande Bretagne.

Nous avons ſouvent entendu parler des flottes de l'Angleterre, & ſi nous ne manquons pas de prudence, on parlera un jour des flottes de l'Amérique. Mais ſi un Gouvernement national, par de ſages réglemens ſur la navigation, n'eût fait de l'Angleterre une pépinière de Marins ; si un Gouvernement national n'y eût fait naître l'industrie & les matériaux nécessaires pour la construction des flottes, les Anglais ne se seroient pas illustrés par leurs combats & leur valeur. Que l'Angleterre, l'Ecosse, l'Irlande, la Principauté de Galles ayent chacune leur flotte & leur navigation indépendante, que ces quatre parties constituantes de la Grande Bretagne soient régies par quatre Gouvernemens indépendans, & vous verrez bientôt leur puissance actuelle tomber & s'anéantir.

Appliquons maintenant ces exemples à notre position : supposons l'Amérique divisée en treize, ou si l'on veut, en trois ou quatre Gouvernemens, quelles armées pourroit-elle lever & payer, quelles flottes pourra-t-elle construire & entretenir ?

Si l'un de ces Etats étoit attaqué, verroit-on ses voisins courir à sa défense, y sacrifier leur fortune & leur sang ? Engagés à la neutralité par de spécieuses promesses, ou séduits par un trop grand amour de la paix, ne peut-on pas craindre que les Etats refusent de risquer leur tranquillité & leur sécurité présente pour des voisins qui leur inspireront peut-être une secrette jalousie, & dont ils verront sans peine diminuer l'influence politique ? Quelqu'imprudente que fût cette conduite, elle n'en est pas moins naturelle. L'histoire des Républiques de la Grèce & des autres pays en fournit mille exemples.

Nous devons croire que le retour des mêmes circonstances ramenera des événemens semblables. Supposons que l'Etat, ou la Confédération attaquée trouve dans ses voisins la volonté de la secourir ; comment, dans quel espace de temps, dans quelle proportion pourront-ils rassembler des secours d'hommes ou d'argent ? Quel Général commandera l'armée alliée, & de qui recevra-t-il des ordres ? Qui fixera les articles de la paix ? S'il s'élève des contestations, quelle autorité les décidera & fera respecter ses décisions ? Les difficultés, les obstacles se succedent sans fin dans une pareille situation. Un seul Gouvernement au contraire veillant sur les intérêts communs, rassemblant les moyens & les pouvoirs de toutes les parties de la Confédération, libre de tous ces obstacles, s'occupera avec bien plus de succès de la sûreté du Peuple. Mais dans quelque position que nous nous trouvions, fermement unis sous un Gouvernement national, ou divisés en un certain nombre de Confédérations, les Etrangers connoîtront, jugeront notre Etat avec exactitude; & ils se conduiront vis-à-vis de nous en conséquence.

S'ils voient que notre Gouvernement national est puissant & dirigé par de bonnes vues, notre commerce, favorisé par de sages réglemens, notre Milice bien organisée & disciplinée, nos finances administrées avec économie, notre crédit rétabli, notre Peuple libre, heureux & uni, ils seront plus disposés à rechercher notre alliance, qu'à provoquer notre ressentiment.

S'ils nous voient au contraire avec un Gouvernement sans ressort, chaque Etat se conduisant mal ou bien, suivant le caprice de ses Chefs du moment, s'ils nous voient divisés en trois ou quatre Républiques indépendantes & sans accord, l'une disposée en faveur de l'Angleterre, l'autre de l'Espagne, l'autre de la France, & devenues le jouet de ces Puissances qui les animeront l'une contre l'autre, quel misérable spectacle leur offrira l'Amérique ? Elle deviendra l'objet non-seulement de leur mépris, mais de leurs outrages, & nous apprendrons, par une triste expérience, que quand un Peuple ou une famille se divisent, ils agissent directement contre l'intérêt de leur bonheur.

CHAPITRE

## CHAPITRE V.

*Continuation sur le même sujet.*

UNE lettre de la Reine Anne écrite le premier Juillet au Parlement d'Ecosse, nous offre sur l'importance de l'Union qui se formoit alors entre ce Royaume & l'Angleterre, des réflexions dignes de notre attention. Je vais en extraire quelques passages. « Une entiere & parfaite
» Union sera le solide fondement d'une paix
» durable : elle assurera votre religion, votre
» liberté, votre propriété, éteindra les animosi-
» tés entre vous, les jalousies & les différens en-
» tre les deux Royaumes ; elle augmentera votre
» puissance, vos richesses, votre commerce, &
» par cette Fédération, l'isle entiere unie par les
» mêmes affections & délivrée de toute crainte
» de diversité d'intérêts, se trouvera en état de
» résister à tous ses ennemis. Nous vous recom-
» mandons instamment le calme & l'unani-
» mité dans cette grande & importante affaire,
» afin d'amener à une heureuse conclusion, notre
» Union, le seul moyen efficace d'assurer notre
» bonheur présent & futur, & de déconcerter nos

» ennemis, qui vont à coup sûr faire les plus
» puiſſans efforts pour prévenir ou retarder
» cette Union ».

Nous avons remarqué dans le précédent Chapitre, que la foibleſſe & les diſſentions domeſtiques nous attireroient des dangers du dehors, & que rien ne tendroit plus à nous en garantir que l'Union, la puiſſance & un bon Gouvernement dans notre intérieur. Ce ſujet eſt inépuiſable.

L'hiſtoire de la Grande Bretagne eſt celle qui nous a toujours été la plus familiere; nous y trouvons d'utiles leçons. Nous pouvons profiter de l'expérience de ſes habitans ſans la payer auſſi cher qu'elle leur a coûté. Quoiqu'il paroiſſe contraire aux idées communes, que cette iſle ait pu contenir plus d'une Nation, nous trouvons qu'elle a été, pendant des ſiecles, diviſées en trois Nations conſtamment en guerre l'une contre l'autre. Quoique leur véritable intérêt vis-à-vis des Peuples du continent fut réellement le même, les artifices & les manœuvres politiques de ces Peuples entretenoient entr'elles le feu d'une éternelle diſcorde, & pendant une longue ſuite d'années, elles ſe cauſerent mutuellement plus de maux, qu'elles ne ſe prêterent de ſecours.

Si le Peuple de l'Amérique se divisoit en trois ou quatre Nations, ne lui arriveroit-il pas le même malheur? ne s'éléveroit-il pas des rivalités semblables? ne les entretiendroit-on pas par les mêmes moyens? Au lieu de nous trouver unis par les mêmes affections, & sans crainte de diversité d'intérêt, l'envie & la jalousie éteindroient bientôt la confiance & l'affection, l'intérêt particulier de chaque Confédération substitué à l'intérêt général de l'Amérique, deviendroit bientôt l'unique but de notre politique & de notre ambition. Semblables à tant d'autres Nations dont les territoires se touchent, nous vivrions toujours dans la guerre ou dans la crainte. Les plus zélés partisans de la division en trois ou quatre Confédérations ne peuvent raisonnablement se flatter de maintenir leur puissance respective dans un parfait équilibre, en supposant qu'il fût possible de l'établir dès le principe. Indépendamment des circonstances locales qui tendent à augmenter le pouvoir dans une partie, & à retarder ses progrès dans une autre, nous devons songer aux effets de cette supériorité de politique & d'administration qui distingueroit bientôt le Gouvernement d'une des Confédérations, & détruiroit leur égalité respective. En effet, on ne peut présumer qu'elles foient toutes, pendant une longue fuite d'années, douées d'un égal degré de prudence de politique & de prévoyance.

Quel que foit le moment, quelle que foit la caufe de la fupériorité que l'une de ces Nations doit infailliblement acquérir fur fes voifins le même moment la fera envifager par fes voifins avec un œil d'envie & de crainte. Ces paffions les meneront à favorifer, finon à faire naître tous les événemens qui pourroient tendre à la diminution de fa puiffance, à éviter toutes les démarches qui pourroient augmenter ou affurer fa profpérité. De fon côté perdant fa confiance en eux, elle s'appercevra bientôt de ces difpofitions ennemies, & les partagera. La défiance produit la défiance ; les intentions favorables, les égards font bientôt changés en inimitié par ces imputations artificieufes que la jaloufie exprime ou laiffe entendre. Le Nord eft la région la plus favorable à l'accroiffement de la puiffance militaire ; & plufieurs circonftances me font croire que les Confédérations feptentrionales feront bientôt infiniment plus formidables que les autres. Bien convaincues de la fupériorité de leurs forces, elles concevront fur le Sud de l'Amérique, les mêmes idées, & formeront les mêmes projets qui ont exposé le Sud de l'Europe à tant d'invasions & de conquêtes. Les jeunes essaims sortis de la ruche septentrionale, seront souvent tentés de chercher leur miel dans les champs plus fleuris & sous le ciel plus tempéré de leurs voisins délicats & opulens.

Ceux qui voudront réfléchir sur l'histoire des divisions & des Confédérations de cette nature se convaincront par l'examen, qu'elles n'ont eu & n'auront jamais d'autre rapport mutuel, que la contiguité de leurs territoires; que loin d'être unies par l'affection & la confiance, elles seront en proie à la discorde, à la jalousie, aux injures respectives; enfin qu'elles se placeront dans la situation la plus conforme aux vœux de leurs ennemis & ne seront redoutable qu'à elles-mêmes.

D'après ces considérations, il est évident qu'on est dans une grande erreur, lorsqu'on imagine qu'il pourroit se former entre ces Confédérations, des ligues offensives & défensives, & que par la combinaison & l'union de leurs volontés, de leurs armes & de leurs ressources pécuniaires, elles pourroient se maintenir en état de défense contre leurs ennemis. Quand a-t-on vu les Etats indépendans qui partageoient autrefois l'Angleterre & l'Espagne, former de semblables alliances, & unir leurs forces contre un ennemi étranger ? Les Confédérations proposées seront des Nations distinctes : le commerce de chacune d'entr'elles avec les Etrangers, sera réglé par des Traités particuliers ; comme leurs productions sont différentes, elles ne pourront se vendre dans les mêmes marchés, & donneront lieu à de différentes Conventions. La diversité des affaires de commerce produira la diversité des intérêts, & ne pourra laisser à toutes les Confédérations un même degré d'attachement pour les mêmes Nations étrangeres.

La Confédération septentrionale aura peut-être le plus grand desir de se maintenir en paix & en bonne intelligence avec les Nations à qui la Confédération méridionale fera la guerre. Une alliance si contraire à leurs intérêts sera donc difficile à former, & plus difficile à maintenir.

Il est bien plus vraisemblable qu'en Amérique, comme en Europe, des Nations voisines soumises à l'impulsion d'intérêts opposés & de passions ennemies, embrasseront des partis différens. En considérant la distance qui les sépare de l'Europe, il leur sera plus naturel de s'appréhender mutuellement, que de craindre des Nations éloignées, & elles formeront plutôt des alliances avec l'étranger pour se défendre les unes contre les autres, que des alliances entr'elles pour se défendre de l'Etranger. Nous ne devons pas oublier qu'il est plus aisé de recevoir des flottes étrangeres dans nos ports & des armées étrangeres sur notre territoire, que de les déterminer ou de les contraindre à en sortir. Combien les Romains n'ont-ils point conquis de Nations & changé de Gouvernemens dont ils se disoient les alliés & les protecteurs?

Que les gens impartiaux jugent maintenant si la division de l'Amérique en un nombre quelconque de souverainetés indépendantes, tendroit à la garantir des hostilités ou de l'influence nuisible des Nations étrangeres.

## CHAPITRE VI.

*Dangers de guerre entre les Etats.*

LES trois derniers Chapitres ont été consacrés à l'énumération des dangers auxquels, dans un état de désunion, nous serions exposés par les armes & les artifices des Nations étrangeres. Je vais indiquer les dangers plus allarmans peut-être, & non moins vraisemblables, des diffentions entre les Etats, des factions & des convulfions intérieures. Nous en avons dits quelques mots; mais ils méritent des réflexions plus particulieres & plus étendues.

On ne peut, fans fe livrer à des fpéculations dignes de l'Utopie, férieufement douter qu'il ne s'éleve de fréquentes & de violentes contestations entre nos Etats, s'ils fe défuniffent ou forment des Confédérations partielles. Nier la poffibilité de ces conteftations, faute de motifs pour les faire naître, ce feroit oublier que les hommes font ambitieux, vindicatifs & avides. Se flatter de maintenir l'harmonie parmi un certain nombre de fouverainetés indépendantes & voifines, ce feroit perdre de vue le cours uniforme des évenemens & contredire l'expérience des fiecles.

Les caufes d'hoftilités entre les Nations font innombrables : il en eft qui ont un effet général & prefque inévitable fur les hommes raffemblés. De ce nombre font l'amour du pouvoir, ou le defir de la prééminence ; la jaloufie du pouvoir, ou le defir de l'égalité & de la fûreté. Il en eft d'autres qui ont une influence moins générale, mais auffi puiffante dans leur fphere : telles font les concurrences & les rivalités de commerce, parmi les Nations commerçantes. Il en est d'aussi nombreuses que les premieres, qui prennent leur source dans des passions particulieres, dans les attachemens, les inimitiés, les intérêts, les espérances & les craintes des individus qui gouvernent les sociétés.

Les hommes de cette classe, élevés par la faveur d'un Peuple ou d'un Roi, ont trop souvent abusé de la confiance qu'ils avoient obtenue; ils ont trop souvent, sous des prétextes d'intérêt public, sacrifié sans scrupule la paix d'une Nation à leurs passions ou à leurs avantages personnels. Ce fut pour servir le ressentiment d'une prostituée, que Périclès attaqua, vainquit & détruisit la République de Samos, au prix du sang de ses Concitoyens. Il ne suivoit encore que des vues personnelles, il vouloit éviter d'être poursuivi comme complice du vol attribué à Phidias, ou détourner l'accusation d'avoir dissipé les deniers publics pour acquérir de la popularité, ou enfin satisfaire sa haine contre les Mégariens, quand il entraîna son pays dans cette guerre fameuse & fatale, connue sous le nom de guerre du Péloponèse, qui, après plusieurs vicissitudes, treves & reprises, ne put se terminer que par la ruine d'Athênes.

L'ambitieux Wolsey, premier Ministre de

Henri VIII, aspiroit à la thiare : il se flattoit de réussir à cette brillante conquête, par l'influence de Charles-Quint. Pour s'assurer la faveur & la protection de ce puissant Monarque, il engagea l'Angleterre dans une guerre avec la France, contraire aux premiers principes de la politique, & mit en danger la sûreté & l'indépendance, non-seulement du Royaume qu'il gouvernoit par ses conseils, mais de l'Europe entiere. En effet, si jamais un Souverain s'est vu près de réaliser le projet de la Monarchie universelle, c'est assurément Charles V, des intrigues de qui Wolsey fut à la fois l'instrument & le jouet.

L'influence que la bigoterie de Madame de Maintenon, la turbulence de la Duchesse de Marlborough, & les intrigues de Madame de Pompadour ont eue sur la Politique de nos jours, sur les mouvemens & les pacifications d'une partie de l'Europe, a été trop souvent le sujet des conversations, pour n'être pas généralement connue.

Il seroit inutile de multiplier les exemples de l'influence qu'ont eue des considérations personnelles sur les plus grands événemens qui aient jamais intéressé les Nations au-dedans ou au-dehors. Il ne faut qu'une instruction superficielle pour s'en rappeller une multitude ; & une connoissance médiocre de la nature humaine, sans le secours de l'instruction, suffit pour faire juger de la réalité & de l'étendue de cette influence. Peut-être cependant pourrons-nous donner un nouveau degré d'évidence à ce principe général par son application, à un fait arrivé depuis peu de temps parmi nous. Si Shays n'eût pas été perdu de dettes, Massachusetts n'eût peut-être pas été plongé dans les horreurs de la guerre civile.

Mais malgré le témoignage de l'expérience parfaitement uniforme à cet égard, on trouve toujours des visionnaires ou des hommes mal-intentionnés, prêts à soutenir le paradoxe de la paix perpétuelle entre les Etats, après le démembrement & la séparation qu'ils proposent. Le génie des Républiques, disent-ils, est pacifique. L'esprit du commerce tend à adoucir le caractere des hommes, & à éteindre en eux cette violence qui a si souvent causé la guerre. Les Républiques commerçantes, comme la nôtre, ne seront jamais disposées à s'entre-détruire par de ruineuses dissentions. Elles seront gouvernées par leur mutuel intérêt, & entretiendront entr'elles une concorde & une affection mutuelle.

Mais n'est-il pas de l'intérêt de toutes les Nations (demanderons-nous à tous ces profonds Politiques) d'entretenir le même esprit bienveillant & philosophique ? Si c'est leur véritable intérêt, ont-elles su le distinguer ? N'est-il pas reconnu qu'au contraire des passions & des intérêts du moment ont toujours eu un effet plus actif & plus impérieux sur la conduite des hommes, que les considérations générales & éloignées de la politique, de l'utilité & de la justice ? Les Républiques, dans le fait, ne se sont-elles pas livrées à la guerre comme les Monarchies ? Ne sont-elles pas de même gouvernées par des hommes ? Les Nations sont-elles plus exemptes que les Rois, des aversions, des prédilections, des rivalités, des projets de conquêtes contraires à la justice ? Les Assemblées populaires n'obéissent-elles pas souvent aux impulsions de la colere, du ressentiment, de la jalousie, de la cupidité, & d'autres passions irrégulieres & violentes ? Ne sait-on pas que leurs déterminations sont souvent l'ouvrage d'un petit nombre d'individus dans lesquels elles placent leur confiance ; & qu'ainsi elles sont sujettes à prendre la teinte des passions & des vues des particuliers ? Qu'a fait le commerce, autre chose que de changer les causes des guerres ? La paſſion des richeſſes n'eſt-elle pas auſſi impérieuſe, auſſi entreprenante que celle de la gloire ou de la puiſſance ? Le commerce n'a-t-il pas cauſé autant de guerres, depuis qu'il eſt la baſe du ſyſtême politique des Nations, que la fureur des conquêtes ou de la domination en cauſoit autrefois ? L'intérêt du commerce n'a-t-il pas fourni de nouveaux ſtimulans à ces paſſions ? L'expérience, le plus infaillible guide des opinions humaines, répondra à ces queſtions.

Sparte, Athènes, Rome & Carthage étoient des Républiques. Deux d'entr'elles, Athènes & Carthage, étoient commerçantes : on les vit auſſi ſouvent en guerre que les Monarchies voiſines & contemporaines. Sparte n'étoit gueres qu'un camp bien diſcipliné. Rome étoit inſatiable de conquêtes & de carnage. Les Carthaginois, quoique Républicains & commerçans, furent les agreſſeurs dans la guerre qui ſe termina par la ruine de leur Patrie. Annibal avoit porté ſes armes dans le cœur de l'Italie, aux portes de Rome, avant la victoire que Scipion remporta ſur lui dans les champs de Carthage, & qui fut ſuivie de la conquête de cette République.

Dans des temps plus modernes, on a vu

Venife figurer plus d'une fois dans des guerres caufées par fon ambition, jufqu'au jour où devenant un objet de terreur pour les autres Etats de l'Italie, le Pape Jules II parvint à former cette redoutable ligue, qui porta un coup mortel au pouvoir & à l'orgueil de cette République.

Les provinces de Hollande, avant d'être accablées de dettes & d'impôts, jouerent un grand rôle dans les guerres de l'Europe. Elles difputerent avec fureur aux Anglais l'empire de la mer, & Louis XIV n'eut pas de plus conftans & de plus implacables ennemis.

Dans le Gouvernement de l'Angleterre, les Repréfentans du Peuple exercent une partie du Pouvoir légiflatif. Le commerce eft, depuis des fiecles, le principal objet de fon ambition. Peu de Nations cependant ont plus fouvent fait la guerre; & la plupart des guerres où ce Royaume s'eft trouvé engagé, ont été déterminées par le Peuple. Il a eu à foutenir, s'il eft permis de s'exprimer ainfi, autant de guerres populaires que royales. Les cris de la Nation, les importunités de fes Repréfentans ont fouvent obligé fes Rois à faire la guerre ou à la continuer, contre leur inclination, & quelquefois contre le véritable intérêt de l'Etat.

Pendant la fameufe rivalité des Maifons d'Autriche & de Bourbon pour la prééminence, rivalité qui mit fi long-temps l'Europe en feu, on fait que l'antipathie des Anglais contre les Français, favorable à l'ambition, ou plutôt à l'avarice d'un Général idolâtré, prolongea la guerre au-delà des bornes marquées par une faine politique.

Les guerres de ces deux dernieres Nations ont eu le plus fouvent pour caufes les intérêts de leur commerce. Le defir de fupplanter ou la crainte d'être fupplanté, foit dans des branches particulieres de trafic, foit dans les avantages généraux du commerce & de la navigation, & quelquefois le defir plus coupable de s'approprier une partie du commerce des autres Nations, fans leur confentement. La derniere guerre entre l'Angleterre & l'Efpagne fut caufée par les tentatives des Marchands Anglais, pour établir un commerce illicite fur les mers qui entourent l'Amérique Efpagnole. Cet inexcufable procédé excita les Efpagnols à des violences contre les fujets de la Grande Bretagne, tout auffi inexcufables, parce qu'elles excédoient les bornes d'une jufte vengeance, & portoient le caractere de l'inhumanité & de la cruauté.

Ils envoyerent quelques Anglais pris sur la côte de la nouvelle Espagne, travailler dans les mines du Potose. Bientôt, par les progrès ordinaires du ressentiment des Peuples, les innocens furent livrés indistinctement avec les coupables à des punitions égales. Les plaintes des Négocians Anglais exciterent dans la Nation une violente fermentation, qui éclata bientôt après dans la Chambre des Communes, & fut communiquée par elle au Ministere. Des lettres de marque furent données, & il en résulta une guerre, qui détruisit toutes les alliances formées vingt ans auparavant, & qui promettoient de si heureux fruits.

D'après ce coup-d'œil rapide sur l'histoire des autres pays, dont la situation avoit les plus grands rapports avec la nôtre, quelle confiance pourrions-nous accorder aux rêveries dont on nous berce, sur la possibilité d'entretenir la paix & l'amitié entre les membres de la Confédération actuelle, après leur désunion ? N'avons-nous pas assez reconnu l'illusion & l'extravagance de ces oiseuses théories, qui nous flattent de l'espoir d'être exempts des imperfections, des foiblesses communes à toutes les sociétés, sous toutes les formes de Gouvernement ? N'est-il pas temps de s'éveiller du rêve trompeur

trompeur de l'âge d'or, & d'adopter pour principe de notre conduite politique, que nous & tous les autres habitans du globe, nous sommes bien loin de l'empire de la parfaite sagesse & de la vertu parfaite ?

Il est trop justifié ce principe par l'extrême dépérissement de notre dignité & de notre crédit national; par les abus multipliés d'un Gouvernement sans ressort & mal dirigé; par la révolte d'une partie de la Caroline du Nord; par les troubles dont la Pensylvanie étoit dernierement menacée, & par les insurrections & les rébellions auxquelles Massachusetts est aujourd'hui livré.

Les principes de ceux qui veulent assoupir en nous les craintes de discordes & d'hostilités entre les Etats désunis, sont tellement contraires à l'opinion générale, que d'après un axiome presqu'universellement reçu en politique, la proximité rend les Nations naturellement ennemies : telle est l'opinion d'un judicieux Ecrivain (1). « Des Etats voisins, dit-il, » sont naturellement ennemis les uns des au- » tres, à moins que leur foiblesse commune ne » les force à se liguer pour former une Répu-

---

(1) Mably, Principes des négociations.

Tome I. D

» blique fédérative, & que leur Constitution
» ne prévienne les différens qu'occasionne
» le voisinage, & n'étouffe cette jalousie se-
» crette qui porte tous les Etats à s'accroître
» aux dépens de leurs voisins ». Ce passage indique à la fois le mal & le remede.

## CHAPITRE VII.

*Continuation du même sujet, énumération des différentes causes des guerres, entre les Etats.*

On demande quelquefois avec un air de triomphe, quels motifs auront les Etats, après leur séparation, pour se faire réciproquement la guerre ? On auroit parfaitement répondu à cette question, en nommant les mêmes motifs qui ont fait verser tant de sang à toutes les Nations de l'Univers ; mais malheureusement pour nous, nous avons des réponses plus particulieres à cette question : nous avons sous nos yeux des causes de dissentions, dont l'influence, quoique arrêtée par l'obstacle d'un Gouvernement fédératif, suffit déja pour nous faire juger de ce que nous pourrions en attendre, si cet obstacle étoit détruit.

Les disputes sur l'étendue des territoires ont toujours été des sources fécondes d'hostilités entre les Nations. La plupart des guerres qui ont désolé la terre n'ont pas eu d'autre origine. Cette cause existe parmi nous dans toute sa force. Une vaste étendue de terreins dont la possession n'est encore attibuée à personne, se trouve comprise dans les limites des Etats-Unis. Plusieurs d'entr'eux ont formé à cet égard des prétentions contraires, & sur lesquelles on n'a pas encore prononcé. La dissolution de l'Union feroit naître une foule de prétentions semblables. On sait que les Etats ont eu déja des discussions sérieuses & animées sur la propriété de quelques terres qui n'avoient pas été données au temps de la révolution & qui étoient connues sous le nom de terres de la Couronne. Les Etats dans les limites desquels elles se trouvoient renfermées, les réclamoient comme leur propriété : les autres prétendoient que les droits de la Couronne sur cet article devoient être dévolus à l'Union, spécialement pour ce qui regarde cette partie occidentale du territoire qui, soit par une possession actuelle, soit par la cession des Indiens propriétaires avoit été soumise à la jurisdiction du Roi d'Angleterre, jusqu'à ce qu'il l'ait abandonnée par le Traité de paix. C'est à coup sûr, difoient-ils, une acquifition faite au profit de la Confédération par un Traité avec une Puiffance étrangere. Nous devons à la fage politique du Congrès d'avoir appaifé cette difpute, en obtenant des Etats particuliers, de faire ceffion aux Etats-Unis des terres conteftées, pour l'avantage commun. Il y a affez bien réuffi pour nous donner la certitude de voir terminer le différend à l'amiable, fi le Gouvernement fédératif fubfifte. Sa diffolution feroit revivre la difpute & en feroit naître une foule d'autres. Une grande partie du territoire inhabité à l'oueft, eft aujourd'hui par ceffion, finon par droit antérieur, une propriété commune de l'Union. Si l'Union eft rompue, les Etats dont les ceffions ont été faites en conféquence d'un arbitrage fédéral, feront fondés à réclamer les terres en queftion, comme un bien à eux réverfible par la ceffation du motif de leur abandon. Les autres Etats reclameront à coup sûr un partage, par droit de repréfentation : Ils diront qu'un don une fois fait, ne peut être révoqué ; ils diront qu'on ne peut fans injuftice leur refufer le partage d'un territoire dont la poffeffion a été acquife ou confirmée par les efforts unis de la Confédération. Si contre toute probabilité il pouvoit être reconnu que chaque Etat doit avoir sa part de cette propriété, on auroit encore à surmonter la difficulté de trouver une regle de proportion satisfaisante pour tous. Les différens Etats y procéderoient d'après différens principes, & comme il ne pouroient le faire sans blesser les intérêts opposés de leurs concurrens, il en résulteroit encore des différens, peu susceptibles d'accomodement.

Ainsi le territoire de l'ouest ouvre une vaste scène à des prétentions hostiles, & il n'est pas de Juge dont l'autorité puisse soumettre les parties intéressées. A juger du futur par le passé, nous avons trop de raison de craindre que l'épée ne soit le seul arbitre appellé pour décider la question. L'exemple de la dispute entre Connecticut & la Pensylvanie au sujet des terres d'Yoming, nous avertit de ne pas compter sur des accommodemens faciles dans des discussions de cette nature. Les articles de la Confédération obligeoient les parties à soumettre la question à une Cour fédérale : elle y fut soumise en effet, & la Cour décida en faveur de la Pensylvanie. Alors Connecticut laissa voir un grand mécontentement de cette décision ; & il n'y parut entierement résigné que, lorsqu'après des négociations & des conférences, il eût obtenu un dédommagement satisfaisant pour la perte qu'il prétendoit avoir éprouvée. On ne veut pas ici censurer la conduite de cet Etat : il crut sincérement, sans doute, avoir éprouvé une injustice, & les Etats comme les hommes n'acquiescent qu'avec une grande répugnance aux décisions contraires à leurs intérêts.

Ceux qui ont été dans le secret des négociations, qui ont suivi la contestation élevée entre notre Etat (1) et le District de Vermont, peuvent rendre témoignage des oppositions que nous avons éprouvées de la part des Etats auxquels cette querelle étoit étrangere, comme de ceux qui y étoient personnellement intéressés, & peuvent attester le danger auquel eût été exposée la paix de la Confédération, si cet Etat eût entrepris de soutenir ses prétentions par la force. Deux motifs prédominans ont causé cette opposition; la jalousie qu'inspiroit notre puissance future; en second lieu, l'intérêt de certains individus jouissants d'une grande influence dans les Etats voisins, & qui avoient obtenu des concessions de terres

---

(1) New-York.

du Gouvernement actuel de ce District. Les Etats mêmes qui faisoient valoir des titres en opposition aux nôtres, paroissoient desirer plus vivement la séparation de Vermont que le succès de leur prétentions personnelles. C'étoient New-Hampshire, Massachusetts & Connecticut. New-Jersey & Rhod-Island manifesterent dans toutes les occasions, un zèle ardent pour l'indépendance de Vermont, & Maryland jusqu'au jour où il fut allarmé par l'apparence des liaisons de ce pays avec le Canada, entra avec opiniâtreté dans les mêmes vues. Ces petits Etats voyoient d'un œil jaloux, la perspective de notre agrandissement. En retraçant ces évenemens, nous avons cherché à indiquer quelques-unes des causes de dissentions intérieures qui menacent les Etats, s'ils se trouvent jamais désunis pour leur malheur.

Les concurrences du commerce seront une autre source bien féconde de contestations. Les Etats les moins favorablement placés desireront d'échapper aux inconvéniens de leur situation, & de partager les avantages qu'une position plus heureuse assure à leurs voisins. Chaque Etat, chaque Confédération particuliere, suivra relativement au commerce, un systême de politique particulier. Il en résultera des distinctions, des préférences, & des exclufions qui produiront des mécontentemens. Habitués par notre premiere Conftitution à un commerce fondé fur des priviléges égaux, ces caufes de mécontentement nous porteront un coup d'autant plus fenfible, qu'elles nous rappelleront notre état antérieur. Nous ferons prêts à regarder comme des injuftices, les actes légitimes de puiffances indépendantes, guidées par des intérêts particuliers. Le goût des entreprifes qui caractérife les Commerçans Américains n'a jufqu'ici laiffé échapper aucune occafion de s'exercer, quoiqu'encore dans fon enfance. Eft-il vraifemblable que cette ardeur, qui ne connoît point de frein, refpecte bien fcrupuleufement ces réglemens de commerce, par lefquels chaque Etat s'efforcera d'affurer à fes habitans des avantages exclufifs ? Les infractions à ces réglemens d'un côté ; de l'autre, les efforts pour les prévenir, ou les repouffer, donneront lieu à des outrages, qui entraîneront des repréfailles ou des guerres.

La facilité que quelques Etats auront de rendre leurs voifins tributaires par des réglemens de commerce, fera impatiemment fupportée par les Etats tributaires. La fituation refpective de New-York, de Connecticut & de New-

Jersey nous en offre un exemple. New-York pour subvenir aux dépenses nécessaires du Gouvernement, perçoit des droits sur ses importations. Une grande partie de ces droits est payée par les habitans des deux autres Etats, à raison de la consommation qu'il font des objets que nous importons. New-York ne voudra ni ne pourra jamais abandonner cet avantage. Ses habitans ne consentiront pas à exempter leurs voisins d'un impôt qu'ils payent eux-mêmes, & quand ils y consentiroient, seroit-il possible de distinguer dans nos marchés, parmi les acheteurs, les habitans de ces deux Etats ? D'un autre côté, New-Jersey & Connecticut se soumettront-ils long-temps à un imposition établie par New-York à son profit exclusif ? Posséderons-nous tranquillement & sans contestation un monopole dont nous tirons des avantages si odieux à nos voisins, & suivant leur opinion, si oppressifs ? Pourrons-nous le défendre contre les efforts unis de Connecticut & de New-Jersey qui nous menacent de deux côtés opposés ? Ce sont des questions auxquelles on ne peut, sans témérité, répondre par l'affirmative.

La dette publique est une nouvelle cause de dissentions entre les Etats séparés où les

Confédérations qu'on nous propose. Le partage, en premier lieu, et ensuite l'extinction progreſſive produiront également les mécontentemens & l'animoſité : comment trouver une regle de proportion ſatisfaiſante pour tous ? Il n'en eſt preſque pas auxquelles on ne puiſſe oppoſer une objection ſolide. Ces objections feront exagérées par les intérêts oppoſés des parties. Les opinions des différens Etats ſont partagées, même ſur le principe général de la fidélité, à acquitter la dette publique. Les uns, peu touchés de l'importance du crédit National, particulierement ceux dont les habitans n'ont point d'intérêt immédiat, ou n'ont qu'un foible intérêt à la queſtion, éprouvent de l'indifférence, peut-être de l'éloignement, pour le paiement de la dette domeſtique, à quelques conditions qu'il ſoit effectué. Ceux-là ſeront diſpoſés à exagérer les difficultés d'une diſtribution. D'autres dont les habitans ſont créanciers du Gouvernement, pour une ſomme plus conſidérable que la portion de la dette Nationale, dont leur état doit ſe trouver chargé, réclameront avec inſtance une raiſonnable & ſuffiſante proviſion. Les retards qu'on leur fera éprouver, exciteront leur reſſentiment. La fixation d'une regle de proportion sera cependant différée par des diversités d'opinion réelles ou par des délais affectés. Les Citoyens des Etats intéressés, crieront, les Puissances étrangeres presseront pour la satisfaction due à leurs justes demandes, & la paix des Etats sera exposée au double péril d'une attaque extérieure & d'une guerre domestique.

Supposons les difficultées de l'admission d'une regle quelconque surmontées & une proportion établie : nous avons de fortes raisons de croire que la regle admise pesera sur quelques Etats plus que sur d'autres. Ceux qui souffriront de cette inégalité doivent naturellement chercher à alléger le fardeau ; les autres seront tout aussi naturellement opposés à une révision dont l'événement ne pourroit être qu'à leur charge. Quand la regle adoptée s'accorderoit dans l'exécution avec les principes de la plus sévére équité, il reste une multitude d'autres causes qui peuvent faire manquer plusieurs Etats à leurs paiemens ; l'insuffisance réelle des ressources ; la mauvaise administration des finances ou des désordres accidentels dans les fonctions du Gouvernement, en outre la répugnance ordinaire des hommes à se dépouiller de leur argent pour des dépenses qui survivent aux besoins qui les ont produites lorsqu'elles fe trouvent en concurrence avec des befoins actuels.

Quelle que foit la caufe de l'inexactitude des paiemens, elle produira des plaintes, des récriminations & des querelles. il n'eft peut-être rien de plus fait pour troubler la tranquillité des Nations que leur engagement réciproque à des contributions pour un objet commun, dont il ne doit pas réfulter un bénéfice égal & proportionné à leurs dépenfes. Il eft une obfervation auffi vraie que commune, c'eft que les hommes ne font jamais plus difpofés à différer que lorfqu'il s'agit de donner de l'argent.

Les Loix qui violent des conventions particulieres & qui bleffent par une conféquence néceffaire, les droits des Etats dont elles attaquent les habitans, font encore une caufe trop réelle d'hoftilités. Nous n'avons pas lieu d'efpérer, que lorfque les Etats auront un frein de moins, leur légiflation foit dictée par un efprit plus généreux & plus équitable que celui qui, trop fouvent à nos yeux, a déshonoré quelques-uns de leurs codes. Nous avons obfervé la difpofition à de juftes repréfailles qu'ont excitée dans Connecticut les attentats des Légiflateurs de Rhod-Ifland; nous pouvons en conclure que dans d'autres circonſtances ce n'eût pas été une guerre de parchemins, mais le fer qui eût vengé de ſi énormes violations des devoirs de la morale & des droits de la ſociété.

L'impoſſibilité preſqu'abſolue des alliances entre les différens Etats ou Confédérations & les Nations étrangeres, les effets d'une pareille ſituation relativement à la paix générale, ont été ſuffiſamment expoſés dans un Chapitre précédent. D'après les conſidérations qu'ils nous ont fait naître ſur cette partie de notre ſujet, on peut conclure que l'Amérique, ſi elle n'eſt point unie, ou ſi elle ne l'eſt que par les foibles liens d'une ſimple ligue offenſive & défenſive, bientôt diviſée par l'effet de ſemblables alliances, toujours oppoſées les unes aux autres, toujours ennemies, ſe trouvera perdue dans le funeſte labyrinthe des guerres & de la politique Européennes. Le combat deſtructeur de ſes parties diviſées, les livrera bientôt les unes & les autres, en proie aux artifices & aux manœuvres de leurs ennemis communs: *Divide & impera*; doit être la deviſe de toutes les Nations qui nous haïſſent ou nous craignent.

## CHAPITRE VIII.

*Effets de la guerre intérieure, qui nécessite une armée permanente & d'autres institutions ennemies de la Liberté.*

Reconnoissons donc comme une vérité démontrée, que les Etats particuliers, en cas de désunion, ou de quelque combinaison qui puisse se former des débris de la Confédération générale, seront sujets entr'eux à ces vicissitudes de paix & de guerre, d'affection & d'inimitié qui font le partage de toutes les Nations voisines, lorsqu'elles ne sont pas réunis sous le même Gouvernement. Entrons dans quelques détails sur les effets nécessaire d'une semblable institution.

La guerre entre les Etats, dans la premiere période de leur existence isolée, sera accompagnée de malheurs bien plus grands, que dans les pays qui ont depuis long-temps des établissemens militaires réguliers. Les armées disciplinées qui sont toujours sur pied dans le continent de l'Europe, quelque funestes qu'elles semblent pour la liberté & pour l'économie, ont cependant produit l'avantage bien important, de rendre impratiquables les conquêtes rapides & de prévenir ces dévastations subites, qui avant leur établissement, marquoient les progrès de la guerre. L'art des fortifications à concouru au même but. Les Nations de l'Europe sont environnées de chaîne de places fortes, qui les garantissent de leurs attaques respectives. Le temps d'une campagne se perd à réduire deux ou trois places frontieres, à s'introduire dans le pays ennemi. De semblables obstacles se présentent à chaque pas, pour épuiser les forces & retarder les progrès d'un conquérant. Autrefois une armée usurpatrice pénétroit jusques dans le cœur du pays voisin presqu'aussi rapidement que la nouvelle de son approche; à présent une poignée de troupes disciplinées, se tenant sur la défensive avec l'avantage du poste, peut arrêter ou faire échouer les entreprises d'une grande armée. L'histoire de la guerre, dans cette partie de l'univers, n'est plus l'histoire des Nations subjuguées & des Empires détruits, mais de quelques villes prises & reprises, de batailles qui ne décident rien, de retraites plus avantageuses que des victoires, de grands efforts & de petites conquêtes. Notre pays offriroit une scene bien différente. La crainte des établissemens militaires en différera l'introduction auſſi long-temps qu'il ſera poſſible. Le défaut de fortifications laiſſant les frontieres d'un Etat, ouvertes à ceux qui l'entourent, facilitera les irruptions. Les Etats peuplés ſubjugueront bientôt leurs voiſins moins nombreux. Les conquêtes ſeront auſſi faciles à faire que difficiles à conſerver. Toutes nos guerres ſeront marquées par le caprice & par le brigandage. Des troupes irrégulieres meneront à leur ſuite le pillage & la dévaſtation. Les calamités particulieres ſeront les principaux traits qui caractériſeront nos exploits militaires.

Cette peinture n'eſt pas exagérée ; mais je l'avoue, elle ne ſeroit pas long-temps conforme à la vérité. La crainte des dangers extérieurs eſt le premier mobile de la conduite des Nations. Le plus ardent amour de la liberté céderoit bientôt à ſes conſeils. La perte de la vie & de la propriété par les violences ſi fréquentes dans la guerre, les efforts, les continuelles allarmes cauſées par un danger continuel, forceroient les Nations les plus paſſionnées pour la liberté à chercher leur repos & leur ſécurité dans des inſtitutions qui tendroient à détruire leurs droits civils & politiques. Enfin, pour être plus tranquilles,
elles

elles confentiroient bientôt à rifquer d'être moins libres. Les inftitutions que nous avons plus particuliérement en vue, font les armées toujours fur pied & tous les acceffoires inféparables d'un établiffement militaire. La nouvelle Conftitution, nous dit-on, n'a rien prononcé contre les armées fur pied, & l'on en conclud qu'elle les admettra. Cette conféquence, d'après la forme même de la propofition, eft pour le moins incertaine. Mais nous répondrons que l'établiffement des armées fur pied feroit la fuite inévitable de la diffolution de la Confédération. La fréquence des guerres, la continuité des appréhenfions qui exige la continuité des précautions, les feroit infailliblement admettre. Les Etats, les Confédérations les plus foibles, auroient recours à ce moyen, pour balancer la puiffance de leurs voifins. Ils s'efforceroient de fupléer à l'infériorité de leur population & de leurs reffources par un fyftême de défenfe, plus régulier & plus efficace, par des troupes difciplinées & des fortifications. Ils feroient en même-temps obligés d'armer d'une plus grande force, le bras du pouvoir Exécutif, & par là donneroient à leur Conftitution une tendance progreffive vers la Monarchie. L'effet de la guerre eft d'augmenter la puiffance exécutrice aux dépens de la puissance Législative.

Les moyens dont nous parlons assureroient bien-tôt aux Etats qui les employeroient la supériorité sur leurs voisins. Des Etats bornés & d'une puissance médiocre, ont souvent, à l'aide d'un Gouvernement vigoureux & d'une armée bien disciplinée, troimphé des plus grands & des plus puissans Empires, lorsqu'ils se trouvoient destitués de ces avantages. L'orgueil des Etats ou des Confédérations plus puissantes, ainsi que le soin de leur conservation, ne leur permettroit pas long-temps de se soumettre à cette infériorité humiliante & accidentelle. Ils auroient bien-tôt recours aux mêmes moyens, pour recouvrer leur prééminence antérieure, & nous verrions s'établir dans toutes les parties de notre pays, ces instrumens du despotisme, les fléaux de l'ancien monde. Tel doit être le cours naturel des choses; & plus nos raisonnemens se rallieront à ce but, plus ils se rapprocheront de la vérité.

On ne doit point regarder ces réflexions comme de vagues conséquences, tirées des dangers supposés & illusoires d'une Constitution dont le pouvoir est placé dans les mains du Peuple, de ses Représentans ou Délégués:

elles font fondées fur la marche naturelle & néceffaire des chofes humaines.

Peut-être demandera-t-on, par forme d'objection, fi l'établiffement des armées fur pied a fuivi les diffentions fréquentes qui ont agité les anciennes Républiques de la Grèce ? On peut faire à cette queftion différentes réponfes, également fatisfaifantes. L'induftrie des Nations d'aujourd'hui, abforbées dans des occupations lucratives, confacrant leurs efforts aux progrès de l'agriculture & du commerce, eft incompatible avec les mœurs d'un Peuple de foldats, tel qu'étoit le Peuple des Républiques de la Grèce. Les moyens de revenus fi prodigieufement multipliés par l'abondance de l'or & de l'argent, & par le progrès des arts & de l'induftrie; la fcience des finances, née dans les fiecles modernes; le changement dans les mœurs des Nations, ont produit dans le fyftême de la guerre une entiere révolution & ont rendu les armées difciplinées, indépendantes du corps des Citoyens, la fuite néceffaire des hoftilités fréquentes.

Il y a une grande différence encore entre les établiffemens militaires dans un pays, rarement expofé par fa fitituation aux guerres intérieures, ou dans un pays qui y eft toujours sujet & qui les craint toujours. Les chefs du premier n'ont point de prétexte plausible pour tenir sur pied, s'ils en ont le desir, les armées nombreuses, nécessaires à la tranquillité du dernier. Ces armées étant rarement mises en mouvement pour la défense intérieure, ne peuvent façonner le Peuple au joug de la subordination militaire. Les Loix ne s'accoutument point à fléchir pour les besoins de l'établissement militaire; l'Etat civil conserve toute sa vigueur sans être jamais altéré ni corrompu par les principes ou les dispositions de l'Etat militaire. La médiocrité de l'armée rend sa force inégale à celle du reste de la société, & les Citoyens qui ne sont pas habitués à invoquer la protection du pouvoir militaire, ou à éprouver sa tyrannie, voient les Soldats sans affection & sans crainte ; ils ont pour eux cette tolérance inquiette avec laquelle on supporte un mal nécessaire, & sont prêts à résister à un pouvoir dont ils croient l'exercice préjudiciable au maintien de leurs droits.

Dans de telles circonstances l'armée peut prêter au Magistrat des forces pour réprimer une faction peu redoutable, un attroupement accidentel ou une insurrection; mais elle ne peut vaincre par ſes uſurpations les efforts unis de la plus grande partie du Peuple.

Dans un pays tel que celui que nous avons indiqué le dernier, il arrivera tout le contraire. Il faudra que le Gouvernement ſoit toujours prêt à repouſſer les dangers qui le menaceront toujours; il faudra que ſes armées ſoient aſſez nombreuſes, pour que la défenſe ſoit prête au moment de l'attaque. La néceſſité continuelle de leurs ſervices rehauſſera l'importance du Soldat & dégradera en proportion la qualité de Citoyen. L'Etat militaire s'élevera au-deſſus de l'Etat civil : les habitans des territoires qui feront ſouvent le théâtre de la guerre, ſe trouveront néceſſairement expoſés à de fréquentes infractions de leurs droits, qui contribueront à en affoiblir en eux le ſentiment; & inſenſiblement le Peuple ſera mené à voir dans les Soldats, non-ſeulement des protecteurs, mais des ſupérieurs. De cette diſpoſition à celle de les conſidérer comme des maîtres, le paſſage n'eſt ni long ni difficile; mais il eſt très-difficile de déterminer un Peuple ainſi diſpoſé à réſiſter avec courage & efficacité à des uſurpations appuyées par le pouvoir militaire.

Le Gouvernement de l'Angleterre eſt dans

E 3

la premiere des deux différentes situations que nous avons décrites. Sa position insulaire, la force de sa marine, en la mettant à l'abri des attaques étrangeres, la dispense de la nécessité d'entretenir une armée nombreuse dans son intérieur. Il ne lui faut qu'une force suffisante pour se défendre d'une descente imprévue, jusqu'à ce que la milice ait eu le temps de se rallier & de s'incorporer. Aucun motif de politique nationale ne nécessite dans son établissement domestique une plus grande quantité de troupes, que l'opinion publique ne toléreroit pas, d'autant qu'elle n'a été soumise depuis long-temps à l'influence d'aucune des causes que nous avons indiquées comme les conséquences d'une guerre intérieure. C'est à une situation si heureuse qu'elle doit en grande partie la conservation de la liberté dont elle jouit aujourd'hui, en dépit de la vénalité & de la corruption qui y regnent. Si au contraire l'Angleterre eût été située sur le continent & forcée en raison de sa position, à proportionner ses établissemens militaires à ceux des autres grandes Puissances de l'Europe, elle seroit probablement aujourd'hui, comme elles la victime du pouvoir absolu d'un seul homme. Il est possible, quoique peu vraisemblable, que le Peuple de cette iſle ſoit aſſervi par d'autres cauſes; mais il ne peut l'être par les entrepriſes d'une armée auſſi peu conſidérable que celle qui eſt entretenue dans l'intérieur de ce Royaume.

Si nous ſommes aſſez ſages pour maintenir l'Union, nous pourrons jouir pendant des ſiecles, d'une avantage égal à celui de cette heureuſe ſituation. L'Europe eſt à une grande diſtance de nous: Les colonies qu'elle a près de nous, ne ſeront de long-temps en état de nous donner de ſérieuſes inquiétudes. De grands établiſſemens militaires ne peuvent être néceſſaires à notre ſûreté. Mais ſi le corps ſocial eſt démembré & que ces parties intégrantes reſtent iſolées, ou ce qui eſt plus vraiſemblable, forment entr'elles deux ou trois Confédérations, nous éprouverons bientôt le ſort des Puiſſances continentales de l'Europe. Notre Liberté ſera anéantie par les moyens que nous emploierons pour nous défendre de notre ambition & de notre jalouſie mutuelle.

Cette idée n'eſt ni ſuperficielle ni frivole; elle eſt ſolide & importante: elle mérite d'obtenir la plus ſérieuſe & la plus mûre réflexion des hommes honnêtes & ſages de tous les partis. S'ils veulent s'y arrêter avec une ſcrupuleufe attention, & méditer fans paffion fur fon importance; s'ils veulent la contempler fous toutes les formes & la fuivre dans toutes fes conféquences, ils n'héfiteront pas à repouffer ces triviales objections accumulées contre un plan dont la rejection entraînoit la ruine de l'Union. Les fantômes produits par l'imagination de quelques-uns de fes adverfaires, feront bientôt place à la prévoyance moins imaginaire des dangers réels & certains qui nous menacent.

## CHAPITRE IX.

*Utilité de l'Union comme préfervatif contre les factions & les infurrections.*

UNE Union folide fera encore de la plus grande importance pour la paix & la liberté des Etats, en oppofant une barriere aux factions & aux infurrections. On ne peut lire l'hiftoire des petites Républiques de la Grèce & de l'Italie, fans fe fentir faifi d'horreur & rempli de dégoût par le fpectacle des troubles dont elles étoient continuellement agitées, & de cette fucceffion rapide de révolutions qui les tenoient dans un état d'oscillation perpétuelle, entre les excès du despotisme & de l'anarchie. Si le calme y reparoît par hasard, ce n'est que pour former un contraste éphémere avec les terribles tempêtes dont il est suivi. Si la vue se repose de loin en loin sur quelques intervalles de félicité, on ne peut s'y arrêter sans un mélange de regrets, en songeant que ces scènes riantes vont disparoître sous les vagues orageuses de la sédition & de la rage des partis. Si quelques rayons de gloire percent un moment ces ténebres, ils ne nous éblouissent d'un éclat passager & incertain que pour nous faire déplorer avec plus d'amertume, les vices d'un Gouvernement qui a perverti la direction, & terni l'éclat de ces talens brillans, & de ces qualités héroïques, qui ont valu une juste célébrité à la terre qui les a produites.

Des désordres qui déshonorent les annales de ces Républiques, les partisans du despotisme ont tiré des argumens, non-seulement contre la forme du Gouvernement Républicain, mais contre les principes même de la liberté civile. Ils ont décrié tout Gouvernement libre, comme incompatible avec l'ordre social, & ont triomphé avec une joie maligne des amis de cette espece de Gouvernement. Heureusement pour le genre humain, d'étonnans édifices, élevés sur la base de la liberté & consolidés par le temps, ont par quelques glorieux exemples, réfuté leurs ténébreux sophismes. J'espere que l'Amérique, à son tour, verra s'élever de son sein d'aussi beaux & d'aussi durables monumens de leurs erreurs.

Mais on ne peut nier que les portraits qu'ils ont tracés du Gouvernement Républicain, ne soient des copies trop fideles des originaux qu'ils ont cherché à représenter, & s'il étoit reconnu impossible de former de plus parfaits modeles, les amis de la liberté seroient forcés d'abandonner une cause qu'ils ne pourroient défendre.

La science de la politique, ainsi que beaucoup d'autres, a fait de grand progrès. On a éprouvé aujourd'hui l'efficacité de différens moyens ignorés ou imparfaitement connus des anciens. La distribution & la division des pouvoirs, l'introduction des contrepoids & des freins législatifs; l'institution des Tribunaux, composés de Juges inamovibles; la représentation du Peuple dans la Législature par des Députés de son choix; ces institutions sont nouvelles ou perfectionnées dans les temps modernes. Tels sont les moyens puissans, par lesquels on peut conserver les avantages du Gouvernement Républicain, en évitant ou diminuant ses imperfections. A cette énumération des circonstances qui tendent à améliorer le systême du Gouvernement populaire, j'oserai, quelque nouveau que cela puisse paroître, en ajouter une que j'ai tiré du principe sur lequel on a fondé une objection contre la nouvelle Constitution. Il s'agit de l'agrandissement de l'orbite dans lequel se meuvent aujourd'hui nos systêmes politiques, relativement aux dimensions de chaque Etat particulier, ou à la réunion de quelques petits Etats, sous une Confédération générale. Cette derniere circonstance a un rapport plus direct avec la question que nous traitons. Il ne sera pas inutile non plus d'examiner le principe dans son application à chaque Etat particulier : cet examen trouvera une autre place dans cet ouvrage.

L'utilité d'une Confédération, pour réprimer les factions & assurer la tranquillité intérieure des Etats, pour accroître en même-temps leurs forces & leur sécurité contre les dangers extérieurs, n'est pas une idée nouvelle. Ce moyen a été mis en usage dans différens pays & dans différens siecles; il a reçu l'approbation des Ecrivains les plus estimés en politique. Les adversaires du plan proposé ont cité & fait plier à leur opinion, les observations de Montesquieu sur la nécessité d'un territoire peu étendu pour un Gouvernement Républicain. Mais ils semblent ignorer le sentiment que ce grand homme a exprimé à cet égard dans une autre partie de son ouvrage, & ne pas avoir apperçu les conséquences du principe qu'ils adoptent avec une si grande confiance. Lorsque Montesquieu indique un territoire borné, comme une condition du Gouvernement Républicain, les exemples qu'il a en vue, sont bien loin de l'étendue de la plupart de nos Etats. La Virginie, Massachusetts, la Pensylvanie, New-York, la Caroline du Nord, la Géorgie ne peuvent être comparés aux modèles d'après lesquels il raisonne, & que désignent ses expressions. Ainsi si nous adoptons ses idées, comme l'épreuve infaillible de la vérité, nous serons réduits à l'alternative ou d'invoquer le secours de la Monarchie ou de nous subdiviser en une multitude de petites Républiques jalouses, tumultueuses & misérables que nous verrons s'épuiser par leurs chocs mutuels, nourrir d'indestructibles germes de discorde & devenir les objets du mépris & de la pitié générale. Quelques-uns des Ecrivains qui ont appuyé avec chaleur l'opinion contraire à la nôtre, semblent ignorer cette alternative, ou n'ont pas craint de parler de la division des plus grands de nos Etats, comme d'une chose désirable. Une si aveugle politique, une ressource si désespérée pourroit par la multiplication des petits emplois, répondre aux vues de ces hommes dont l'influence ne s'étend pas au-delà du cercle étroit de leurs intrigues particulieres; mais il ne produiroit pas la grandeur & la prospérité du Peuple de l'Amérique. En renvoyant l'examen du principe en lui-même à un autre instant, comme nous en sommes déja convenus, il suffira de remarquer ici, que d'après l'opinion de l'Auteur qu'on nous a cité avec tant d'emphase, l'adoption de son principe n'entraîneroit que la diminution des plus considérables de nos Etats Confédérés, mais ne s'opposeroit pas à leur réunion sous un seul Gouvernement fédératif; & c'est la véritable question dont nous sommes à présent occupés.

Les principes de Montesquieu sont si peu contraires à l'Union des Etats, qu'il parle expressément des Républiques confédérées comme du moyen d'étendre la sphere des Gouvernemens populaires & d'unir les avantages de la Monarchie à ceux du Gouvernement républicain

« Il y a grande apparence que les hommes auroient été à la fin obligés de vivre toujours sous le Gouvernement d'un seul, s'ils n'avoient imaginé une maniere de Constitution qui a tous les avantages intérieurs du Gouvernement Républicain & la force extérieure du Monarchique. Je parle de la République fédérative.

« Cette forme de Gouvernement est une convention par laquelle plusieurs corps politiques consentent à devenir Citoyens d'un Etat plus grand qu'ils veulent former. C'est une société de sociétés qui en font une nouvelle, qui peut s'agrandir par de nouveaux associés qui se sont unis.

« Cette sorte de République, capable de résister à la force extérieure, peut se maintenir dans sa grandeur, sans que l'intérieur se corrompe. La forme de cette société prévient tous les inconvéniens.

« Celui qui voudroit usurper ne pourroit gueres être également accrédité dans tous les Etats confédérés. S'il se rendoit trop puissant dans l'un, il allarmeroit tous les autres ; s'il subjuguoit une partie, celle qui seroit libre encore pourroit lui résister avec des forces indépendantes de celle qu'il auroit

» ufurpées & l'accabler avant qu'il eût ache-
» vé de s'établir.

« S'il arrive quelque fédition chez un des
» membres confédérées, les autres peuvent
» l'appaifer. Si quelques abus s'introduifent
» quelque part, ils font corrigés par les par-
» ties faines. Cet Etat peut périr d'un côté,
» fans périr de l'autre ; la Confédération peut
» être diffoute, & les Confédérés refter Sou-
» verains.

« Compofé de petites Républiques, il jouit
» de la bonté du Gouvernement intérieur de
» chacune ; & , à l'égard du dehors, il a, par
» la force de l'affociation, tous les avantages
» des grandes Monarchies.

J'ai penfé qu'il ne feroit pas inutile de citer en entier ce paffage intéreffant, qui raf-
femble avec autant de clarté que de préci-
fion, les plus fameux argumens en faveur de
l'Union , & doit aifément diffiper les fauffes
impreffions qu'on auroit pû chercher à produire, par une application vicieufe de quelques autres parties de l'ouvrage. Il a en même-
temps un rapport direct avec le but de cet
écrit, qui eft de prouver la tendance de l'U-
nion à réprimer les factions & les infurrections
intérieures.

On a fait une distinction plus subtile que raisonnable entre une Confédération & une *Consolidation* des Etats. On prétend que le caractere distinctif de la premiere est la restriction de son Autorité aux objets qui n'intéressent que les Etats dans leur existence collective, sans atteindre les individus qui les composent. On prétend encore que le Conseil national ne doit s'occuper d'aucun objet d'Administration intérieure, l'on exige une égalité absolue de suffrages pour chacun des Etats, comme le trait caractéristique d'un Gouvernement fédératif, & l'on conclud de ces principes que le Gouvernement proposé, est une *consolidation* & non une Confédération. Mais ces caracteres sont absolument arbitraires, ils ne sont fondés ni sur les principes, ni sur l'expérience. Ceux qui les établissent, paroissent regarder les modifications que présentent dans leur organisation quelques Etats confédérés, comme des caracteres inhérens à la nature de ce Gouvernement. Mais plusieurs d'entr'eux, nous offrent des exceptions assez nombreuses pour démontrer avec toute l'évidence que peuvent produire des exemples, qu'il n'est point de regle absolue à cet égard, & il sera clairement prouvé que loin d'être appuyé par l'expérience, le principe
qu'on

qu'on cherche à établir a caufé d'irréparables défordres & ôté tout reffort aux Gouvernements.

La définition d'une République fédérative me femble être fimplement un affemblage de fociétés différentes, ou l'affociation de deux ou plufieurs Etats fous un feul Gouvernement. L'étendue & les modifications du Gouvernement fédéral, les objets foumis à fon autorité, font des chofes purement arbitraires. Tant que l'organifation particuliere de chacun des Etats confédérés ne fera pas détruite, tant qu'elle exiftera par des Loix conftitutionnelles pour tous les objets d'adminiftration locale, quoique dans une fubordination abfolue à l'autorité générale de l'Union, il en réfultera en théorie comme en pratique, une affociation d'Etats ou une Confédération. La Conftitution propofée, loin d'abolir les Gouvernemens des Etats les rend parties conftituantes du Souverain, en leur accordant une repréfentation dans le Sénat & les laiffe jouir exclufivement de plufieurs importans attributs de la fouveraineté. Cela s'accorde parfaitement avec l'idée qu'on fe forme d'un Gouvernement fédératif, en prenant ce mot dans fon plus raifonnable fens.

La Confédération des Lyciens étoit compofée

*Tome I.* F

de vingt-trois Cités ou Républiques : les plus étendues avoient trois voix dans le Conseil commun ; les médiocres, deux ; les petites, une. Le Conseil commun nommoit les Juges & Magistrats des Villes. C'étoit avoir la plus particuliere influence sur leur administration intérieure ; car si quelque chose semble être plus exclusivement réservé à la juridiction locale des Etats, c'est la nomination des Magistrats. Cependant Montesquieu dit, en parlant de cette association, s'il falloit donner un modèle d'une belle République fédérative, je prendrois la République de Lycie. Ainsi nous voyons que les distinctions qu'on nous oppose, n'avoient pas été apperçues par ce profond Publiciste, & nous serons disposés à conclure qu'elles sont de nouveaux rafinemens d'une théorie erronée.

## CHAPITRE X.

*Continuation du même sujet.*

PARMI les nombreux avantages que nous promet une Union, formée fur de bons principes, il n'en eft aucun qui mérite plus d'être développé avec foin que fa tendance à amortir & arrêter la violence des factions. Rien n'allarme plus vivement les amis des Gouvernemens populaires fur leur profpérité & leur durée, que leur difpofition à ce dangereux vice. Ils fentiront donc tout le prix des plans, qui, fans violer leurs principes, peuvent lui oppofer un puiffant remede. L'inftabilité, l'injuftice & la confufion dans les Confeils publics, font les maladies mortelles qui ont par-tout fait périr les Gouvernemens populaires; & ce font auffi les lieux communs féconds, où les ennemis de la Liberté puifent leurs déclamations avec plus de prédilection & de fuccès. Les inappréciables avantages que la Conftitution Américaine nous a donnés fur les Gouvernemens populaires, tant anciens que modernes, ne peuvent trop être admirés ; mais

on ne pourroit fans une infoutenable partialité, prétendre qu'elle ait prévenu les dangers
de ce genre avec autant d'efficacité qu'on auroit pu le defirer ou l'efpérer. On entend de
toutes parts les plaintes des plus confidérés &
des plus vertueux de nos Concitoyens auffi zélés pour la foi publique & particuliere, que
pour la liberté publique & perfonnelle. Ils difent que nos Gouvernemens ont trop peu de
ftabilité; que le bien public eft toujours oublié dans les conflits des partis rivaux; que
les queftions font trop fouvent décidées fans
égard pour les regles de la juftice & pour les
droits du plus foible parti, par la force fu-
périeure d'une majorité intéreffée & oppreffive.
Avec quelqu'ardeur que nous puiffions defirer que ces plaintes foient fans fondement,
la notoriété des faits ne nous permet pas de nier
qu'elles ne foient juftes jufqu'à un certain point.
Si nous nous livrons à un examen impartial
de notre fituation, nous trouverons que quelques-uns des maux fous lefquels nous gémif-
fons, ont été injuftement attribués à l'effet de
notre Gouvernement; mais nous trouverons
auffi que toutes les autres caufes font infuffifantes
pour expliquer quelques-uns des plus péni-
bles de nos malheurs, & particulierement cette

défiance presque générale & toujours croissante dans nos engagemens publics, & ces allarmes pour les droits particuliers, dont les expressions retentissent d'une extrémité du continent à l'autre. Ces effets sont dûs entierement, ou en grande partie, à l'instabilité & à l'injustice dont un esprit de faction a souillé notre administration publique. J'entends par une faction un nombre de Citoyens, formant la majorité ou la minorité de la société, qui sont unis & dirigés par l'impulsion d'une passion ou d'un intérêt contraire aux droits des autres Citoyens, ou à l'intérêt constant & général de la société.

Il y a deux méthodes d'éviter les malheurs de la faction; l'une est d'en prévenir les causes, l'autre d'en corriger les effets.

Il y a aussi deux méthodes de prévenir les causes des factions: la premiere en détruisant la liberté essentielle à leur existence; la seconde en donnant à tous les Citoyens les mêmes opinions, les mêmes passions, les mêmes intérêts. Le premier remede est pire que le mal. La Liberté est à la faction, ce que l'air est au feu, un aliment sans lequel il expireroit à l'instant; mais il seroit aussi fou de détruire la Liberté, qui est essentielle à la vie politique, parce qu'elle entretient les factions, que de defirer la privation de l'air, parce qu'il conferve au feu fa force deftructive.

Le fecond moyen feroit auffi impraticable que le premier feroit infenfé. Tant que la raifon de l'homme ne fera pas infaillible & qu'il aura la faculté de l'exercer, il y aura de la diverfité dans les opinions ; tant qu'il y aura des rapports entre fa raifon & le foin de fon intérêt, fes opinions & fes paffions auront les unes fur les autres une influence réciproque. La diverfité de facultés dans les hommes, qui eft l'origine des droits de propriété, eft un obftacle auffi infurmontable à l'uniformité des intérêts. La protection de ces facultés eft le premier but du Gouvernement. De la protection des facultés inégales pour l'acquifition des propriétés, réfulte immédiatement l'inégalité dans l'étendue & la nature des propriétés. De leur influence fur les fentimens & les opinions des propriétaires, réfulte la divifion de la fociété en différens intérêts & en différens partis. Ainfi la nature humaine renferme des germes cachés de factions : nous les voyons fe développer avec différens degrés d'activité fuivant les différentes combinaifons des fociétés humaines. Le zèle pour des opinions différentes fur la Religion, le Gouvernement ou d'autres points de spéculation ou de pratique; l'attachement à des chefs dont l'ambition se dispute la prééminence ou le pouvoir, ou à d'autres personnes dont la fortune intéresse les passions humaines, ont continuellement formé des partis entre les hommes, ont excité en eux des animosités mutuelles, & les ont disposés à se tourmenter, à s'opprimer l'un l'autre; loin de travailler de concert à leur prospérité commune. Les hommes sont entraînés par un penchant si puissant dans des animosités mutuelles, que lorsqu'ils n'ont pas d'occasions importantes pour les exercer, les distinctions les plus frivoles & les plus fantastiques ont souvent suffi pour réveiller leurs passions ennemies & exciter entr'eux de violens combats. Mais la source de factions la plus commune & la plus durable, a toujours été l'inégale distribution des propriétés. Les propriétaires & ceux qui ne le sont pas, ont toujours eu des intérêts différens. Les créanciers & les débiteurs ont entr'eux une semblable ligne de démarcation. L'intérêt de l'agriculture, l'intérêt des manufactures, l'intérêt du commerce, l'intérêt des capitalistes, & d'autres moins importans, se forment nécessairement parmi les Nations civilisées & les divisent en différentes classes, qui agissent d'après des vues & des sentimens différens. Le principal but de la Législation moderne, doit être de soumettre à des regles certaines cette multitude d'intérêts opposés, & l'esprit de parti & de faction doit toujours entrer aujourd'hui dans le calcul des opérations ordinaires & nécessaires du Gouvernement.

Un homme ne peut-être Juge dans sa propre cause, parce que son intérêt égareroit à coup sûr son jugement & corromproit peut-être son intégrité. La même raison sembleroit défendre bien plus impérieusement encore à des hommes assemblés, d'être en même-temps Juges & Parties; mais les actes les plus importans de la Législation, sont-ils autre chose que des jugemens prononcés, non sur les droits d'un individu, mais sur les droits d'une grande partie des Citoyens? Les Législateurs de toutes les classes, ne sont-ils pas Avocats & Parties dans toutes les causes qu'ils jugent? S'agit-il d'une loi particuliere? Les créanciers d'un côté & les débiteurs de l'autre, sont parties intéressées dans le procès. La Justice doit tenir sa balance entr'eux; mais les parties sont elles-mêmes juges, & l'on doit s'attendre que l'avantage restera au parti le plus nombreux, ou, en d'autres mots, à la faction la plus puissante. Les manufactures Nationales doivent-elles être encouragées, & jusqu'à quel degré doivent-elles l'être, aux dépens des manufactures étrangeres, par la prohibition des marchandises étrangeres ? Les questions de ce genre feront différemment décidées par les propriétaires fonciers & par les fabricans, & vraisemblablement ni les uns ni les autres n'auront pour unique but de leurs décisions, la justice & le bien public. La répartition des impôts sur les différens genres de propriétés, semblent exiger la plus exacte impartialité, & il n'est peut-être pas une fonction du pouvoir législatif; qui donne aux membres du parti dominant plus de tentations & de moyens de violer les regles de la Justice. Chaque schelling dont ils surchargent le fardeau du nombre inférieur, diminue le leur d'une portion égale.

On diroit en vain que les hommes d'Etat habiles savent accorder ces intérêts opposés & les faire contribuer au bien commun : les hommes d'Etat habiles ne sont pas toujours au gouvernail, & dans bien des occasions les partis différens ne peuvent s'accorder sans faire entrer dans leurs vues des considérations indirectes

& éloignées, trop souvent effacées par l'intérêt immédiat qui fait agir un parti au mépris des droits d'autrui & de l'intérêt général. Nous sommes donc forcés de reconnoître qu'on ne peut prévenir toutes les causes de factions; & qu'il n'est d'autre remede que de chercher à en corriger les effets.

Quand une faction ne comprend pas la majorité, le remede existe dans le principe du Gouvernement Républicain qui permet à la majorité de renverser ses sinistres projets par des suffrages réguliers. Elle peut embarrasser l'Administration, elle peut ébranler l'Etat; mais elle ne peut exécuter & cacher ses violences sous les formes constitutionnelles. Quand la majorité participe à une faction, la forme du Gouvernement populaire peut lui fournir les moyens de sacrifier à ses passions ou à ses intérêts le bien public & les droits des autres Citoyens. Défendre le bien public & les droits individuels des dangers d'une telle faction, sans porter aucune atteinte à l'esprit & à la forme du Gouvernement populaire doit être le principal objet de nos recherches; j'ajouterai que l'accomplissement d'une condition si essentielle, peut seule venger cette forme de Gouvernement du mépris où elle étoit tombée, & lui assurer l'estime & l'adoption du genre humain.

Quels sont les moyens d'atteindre ce but ? Il est évident que ce ne peut être que par l'un des deux suivans. On doit ou prévenir l'existence simultanée des mêmes passions, des mêmes intérêts dans la majorité, ou si les hommes qui la composent sont déja unis par cette similitude de passions & d'intérêts, on doit se servir de leur nombre & de leur situation locale, pour les empêcher de concerter avec succès des plans d'oppression. Si vous laissez aux passions une occasion de se satisfaire, ne vous flattez pas de leur opposer avec succès, les secours de la religion & de la morale. Ils sont sans effet contre les violences & les injustices des individus, & perdent leur efficacité en proportion du nombre des hommes rassemblés sur lesquels ils agissent, c'est-à-dire, en proportion des causes qui rendent leur efficacité plus nécessaire.

D'après cette considération, il faut conclure qu'une pure démocratie, composée d'un petit nombre de Citoyens qui s'assemblent tous & gouvernent par eux-mêmes, n'admet point de remedes contre les malheurs de la faction. La majorité aura presque dans tous les cas, des passions & des intérêts communs ; les formes du Gouvernement établiront nécessairement la communication & le concert ; & rien ne pourra réprimer le desir de sacrifier le plus foible parti ou un individu qui ne pourra se défendre. Aussi les démocraties de ce genre ont toujours offert le spectacle du trouble & des dissentions ; elles ont toujours été incompatibles avec la sûreté personnelle & le maintien des droits de propriété ; elles ont eu en général, une existence courte & une mort violente. Les politiques spéculatifs qui ont soutenu cette espece de Gouvernement, ont faussement supposé qu'en réduisant les hommes à une égalité parfaite dans leurs droits politiques, on pourroit les égaler & les assimiler aussi dans leurs possessions, leurs opinions & leurs passions.

Une République, j'entends par ce mot un Gouvernement de représentation, offre un point de vue différent, & promet le remede que nous cherchons. Examinons les rapports sous lesquels il differe d'une pure démocratie, & nous comprendrons à la fois, la nature du remede proposé & l'efficacité qu'il doit tirer de l'Union.

La République & la Démocratie different en deux points essentiels. Les pouvoirs sont délégués, dans la premiere, à un petit nombre de Citoyens choifis par le Peuple ; en fecond lieu, elle s'étend fur un plus grand nombre de Citoyens & fur une plus vafte étendue de pays.

L'effet de la premiere différence eft d'épurer & d'agrandir l'efprit public, en le faifant paffer dans un milieu formé par un corps choifi de Citoyens, dont la fageffe faura diftinguer le véritable intérêt de leur Patrie & qui par leur patriotifme & leur amour de la juftice feront plus éloignés de le facrifier à des confidérations momentanées ou partiales. Sous un tel Gouvernement, il fera poffible que la volonté publique, exprimée par les Repréfentans du Peuple, foit plus d'accord avec l'intérêt puplic, que fi elle étoit exprimée par le Peuple lui-même, affemblé pour cet objet. D'un autre côté, il faut convenir que l'effet peut être abfolument contraire. Des hommes d'un caractere factieux, remplis de préjugés tenant à des circonftances locales ou de projets finiftres, peuvent, par intrigue, par corruption & par d'autres moyens encore, obtenir les fuffrages & trahir les intérêts du Peuple. Il s'agit donc de favoir fi la petiteffe ou la grandeur des Républiques eft plus favorable à l'élection des meilleurs défenseurs du bien public, & la question est décidée en faveur de la derniere par deux considérations frappantes.

Quelque peu étendue que soit une République, ses Représentans doivent être en certain nombre pour n'être pas gouvernés par les intrigues de quelques individus, & quelqu'étendue qu'elle puisse être, ses Représentans ne doivent pas excéder un certain nombre, pour éviter la confusion inséparable de la multitude. En conséquence le nombre des Représentans dans les deux cas, n'étant pas en raison des Constituans, mais étant proportionnellement plus grand dans les petites Républiques, il en résulte que si les talens & les vertus sont distribués avec égalité dans les grandes & dans les petites Républiques, les premieres présenteront un plus grand nombre de personnes éligibles, & par conséquent plus de chances pour un bon choix.

En second lieu, comme chaque Représentant sera choisi par un plus grand nombre de Citoyens dans une grande République, que dans une petite, il sera plus difficile à des Candidats sans mérite d'employer avec succès les coupables artifices qui influent trop souvent sur les Elections; & les suffrages du Peuple étant plus libre, tomberont vraisemblablement sur des hommes d'un mérite reconnu & d'un caractere généralement estimé.

Il faut avouer qu'ici, comme dans bien d'autres circonstances, il est un milieu dont on ne peut s'écarter sans tomber dans des inconvéniens. Si vous augmentez trop le nombre des Electeurs, les Représentans qu'ils nommeront seront trop peu au fait des circonstances locales & des intérêts de détail. Si vous le diminuez avec excès, ils en seront trop occupés, & deviendront incapables de reconnoître l'intérêt général de la Nation & de s'y conformer. Le Gouvernement fédératif forme une heureuse combinaison à cet égard ; les intérêts généraux sont confiés aux soins de la Législature Nationale, les intérêts particuliers & locaux aux Législateurs des Etats.

Une autre différence résulte de ce qu'une République peut renfermer dans son enceinte un plus grand nombre de Citoyens & un territoire plus vaste qu'un Gouvernement démocratique ; & c'est particulierement cette circonstance qui rend les plans des factieux moins redoutables dans la premiere. Moins une société est étendue, moins elle rassemble communément de partis & d'intérêts différens ;

moins il y a de partis & d'intérêts différens, plus le même parti réunit souvent la majorité; & plus est petit le nombre des individus qui composent la majorité, plus petite est l'enceinte qui la renferme, plus aisément elle peut concerter & exécuter des plans d'oppression. Etendez sa sphere, elle comprendra une plus grande variété de partis & d'intérêts différens; vous aurez moins à craindre de voir à la majorité un motif commun pour violer les droits des autres Citoyens; ou s'il existe un tel motif commun, il sera plus difficile à ceux sur qui il pourroit agir de connoître leur propre force & d'agir de concert. Indépendamment des autres obstacles, il est aisé de voir que par-tout où se trouve la conscience d'un projet injuste & contraire aux principes de l'honêteté, la communication est toujours arrêtée par la défiance, en proportion du nombre d'hommes dont la concurrence est nécessaire pour l'exécution du projet.

De-là résulte évidemment que le même avantage qu'une République a sur une démocratie, pour corriger l'effet des factions, est assuré à une grande République sur une petite; à l'Union sur les Etats qui la composent. En effet cet avantage consiste-t-il dans un choix
de

de Repréſentans que leurs lumieres & leurs vertus rendent ſupérieurs aux préventions locales & aux plans de l'injuſtice ? On ne peut diſconvenir que le conſeil de l'Union ne ſoit le plus favorablement formé pour réunir ces qualités. Conſiſte-t-il dans la ſécurité plus réelle qu'une plus grande quantité de partis différens, doit inſpirer contre la poſſibilité de voir un parti opprimer le reſte de la ſociété par la ſupériorité du nombre ? La multitude de partis différens que raſſemble l'Union, doit accroître encore la ſécurité à cet égard. Conſiſte-t-il enfin dans de plus grands obſtacles oppoſés au concert & à l'accompliſſement des vœux d'une majorité injuſte & intéreſſée ? L'Union aſſure encore ſur ce point, le plus palpable avantage.

L'influence des chefs factieux peut allumer le feu de la diſcorde dans leurs Etats particuliers, mais ne peut cauſer un incendie général dans les autres Etats : une ſecte religieuſe peut dégénérer en une faction politique dans une partie de la Confédération ; mais la variété des ſectes répandues ſur la ſurface totale, met le Conſeil national à l'abri de tout danger à cet égard : la fureur pour l'établiſſement du papier monnoie, pour l'abolition des

*Tome I.*        G

dettes, pour le partage des propriétés, ou pour tout autre projet abfurde & défastreux, failira plus difficilement le corps entier de l'Union, qu'un de fes membres ifolés ; de même qu'une maladie de cet nature peut infecter un Comité ou un District, plus aifément que la totalité d'un état.

Ainfi l'étendue & la fage organifation de l'Union, nous offre contre les maux qui affectent ordinairement un Gouvernement Républicain, un remede tiré de la nature même de ce Gouvernement. Ainfi plus le nom de Républicain nous infpire de fatisfaction & d'orgueil, plus nous devons avec zèle entretenir l'efprit & conferver le titre de Confédérés.

## CHAPITRE XI.

*Utilité de l'Union, relativement au Commerce & à la Marine.*

L'IMPORTANCE de l'Union, relativemeut au commerce, eft un des points les moins fufceptibles de conteftation & les plus généralement avoués de tous les hommes inftruits fur ce fujet. Elle intéreffe notre commerce avec les

Nations étrangeres, autant que notre commerce intérieur.

Assez d'indices nous autorisent à croire que le caractere entreprenant, qui distingue le commerçant Américain, a déja fait éprouver quelque mécontentement aux Puissances maritimes de l'Europe. Elles semblent craindre de se voir enlever par nous ce commerce de transport, qui est l'appui de leur marine & la base de leur force navale. Celles de ces puissances qui ont des Colonies en Amérique, prévoient avec une pénible inquiétude ce que peut devenir notre pays. Elles prévoient les dangers dont leurs possessions Américaines peuvent être menacées, par le voisinage d'une Nation qui a toutes les dispositions & tous les moyens nécessaires pour la création d'une marine puissante. Des impressions de ce genre leur inspireront naturellement le projet d'entretenir des divisions parmi nous & de nous empêcher aussi long-temps qu'il sera possible de commercer sur nos propres vaisseaux. Elles réuniroient par ce moyen le triple avantage de nous mettre hors d'état d'entrer en rivalité avec elles pour la navigation, d'usurper exclusivement les profits de notre commerce & de briser les ressorts qui pourroient nous élever à une grandeur redoutable. Si la prudence ne nous défendoit pas des détails de cette nature, il ne feroit pas difficile de fuivre les traces de cette politique, en remontant jufqu'aux Cabinets des Miniftres qui l'emploient.

Si nous perfévérons dans notre Union, nous pourrons faire échouer par mille moyens, les efforts d'une politique fi ennemie de notre profpérité. Nous pourrons par des réglémens prohibitifs, obfervés en même-temps dans tous les Etats, obliger les Nations étrangeres à la concurrence pour obtenir le privilége de commercer dans nos marchés. Cette affertion ne paroîtra pas chimérique à ceux qui feront en état d'évaluer le prix que peut avoir pour toute Nation fabricante, le commerce avec un Peuple de trois millions d'hommes, qui s'accroît dans une progreffion rapide, pour la plus grande partie livré exclufivement à l'agriculture, & que des circonftances locales retiendront long-temps dans cette difpofition. Quelle différence pour le commerce & la navigation de toute puiffance Européenne de communiquer directement avec l'Amérique fur fes propres vaiffeaux, ou d'envoyer fes productions & d'en recevoir la valeur indirectement par les vaiffeaux d'une autre Nation. Suppofons, par exemple, que nous ayons en Amérique un Gouvernement qui fût en état de fermer nos ports à l'Angleterre avec qui nous n'avons pas à préfent de traité de commerce : quel feroit l'effet naturel de cette démarche fur fa politique ? Ne nous mettroit-elle pas en état de négocier avec efpoir de fuccès pour obtenir les priviléges de commerce les plus avantageux & les plus étendus, dans tous les pays foumis à ce Royaume ? On a fait à ces queftions, des réponfes plus fpécieufes que folides & fatisfaifantes. On a dit que des prohibitions de notre part ne changeroient rien au fyftême des Anglais, parce qu'ils pourroient continuer leur commerce avec nous, par l'entremife de la Hollande, qui leur acheteroit & leur payeroit immédiatement les objets néceffaires à l'approvifionnement de nos marchés. Mais leur navigation ne recevroit-elle pas un coup funefte, par la perte de l'important avantage d'être leurs propres facteurs dans ce commerce ? La plus grande partie des profits ne feroit-elle pas interceptée par les Hollandais, en compenfation de leurs peines & de leurs dangers ? La feule circonftance du fret n'occafionneroit-elle pas une déduction confidérable ? Un commerce entretenu par des routes si détournées ne faciliteroit-il pas la concurrence des autres Nations, en faisant varier le prix des denrées de l'Angleterre dans nos marchés & en transportant dans d'autres mains cette branche importante de son commerce ?

En réfléchissant mûrement sur les objets de ces questions, on se convaincra que les désavantages qu'un tel état de choses feroit éprouver à l'Angleterre, conspireroient avec la prédilection de la plus grande partie de la Nation, avec les instances des isles de l'Inde occidentale pour opérer un grand adoucissement dans leur systême à notre égard & nous feroient obtenir des priviléges dans les marchés de leurs isles & dans plusieurs autres encore, qui feroient pour nous de la plus grande utilité. Cet avantage une fois obtenu du Gouvernement Anglais & qui ne pourroit être acheté de notre part que par des exemptions & des immunités équivalentes, dans nos marchés, produiroient vraisemblablement le même effet sur la conduite des autres Nations, qui ne feroient pas disposées à se voir supplanter dans le commerce qu'elles font avec nous.

Un nouveau moyen d'influence sur la conduite des Nations Européennes à notre égard, réſulteroit de l'établiſſement d'une Marine commune. On ne peut douter que le maintien de l'Union, ſous un Gouvernement revêtu d'un pouvoir ſuffiſant, ne nous mît bientôt en état de créer une Marine, qui, inférieure peut-être à celle des puiſſances Maritimes du premier ordre, ſeroit du moins d'un grand poids dans la balance, entre deux Nations belligérantes, particuliérement lorſque les Indes occidentales ſeroient le théâtre de la guerre. Un petit nombre de vaiſſeaux envoyés à propos au ſecours de l'une des parties, ſuffiroit ſouvent pour décider du ſort d'une campagne d'où dépendroient des intérêts de la plus haute importance. Notre poſition nous aſſure une grande influence à cet égard. Si à cette conſidération nous ajoutons l'utilité dont peuvent-être des vivres fournis par ce pays, pour l'exécution de toutes les opérations militaires dans les Indes occidentales, nous reconnoîtrons aiſément qu'une ſituation ſi heureuſe peut nous mettre à portée de traiter avec le plus grand ſuccès pour obtenir des priviléges de commerce. On mettroit un prix, non-ſeulement à notre alliance, mais même à notre neutralité. En adhérant avec conſtance à l'Union, nous pouvons eſpérer de devenir d'ici à peu de temps, arbitres de l'Europe en Amérique, & d'être en état de faire pencher la balance entre les Nations Européennes rivales, du côté le plus favorable à nos intérêts.

Au lieu de cette heureuse situation, il est aisé de voir que les rivalités des Etats séparés, les enchaîneroient dans tous leurs mouvemens & les priveroient de tous les séduisans avantages que la nature a, par une bonté particuliere, placés à leur portée. Dans cet état d'impuissance, notre commerce seroit en proie aux capricieuses entreprises des Nations qui se feroient la guerre. N'ayant rien à craindre de nous, elles fourniroient à leurs besoins par le pillage de nos propriétés, aussi souvent qu'elles se trouveroient sous leur main. Les droits de neutralité ne sont jamais respectés que lorsqu'ils sont défendus par un suffisant pouvoir. Une Nation, méprisable par sa foiblesse, perd même le privilége de demeurer neutre. Sous un Gouvernement National puissant & énergique, la force naturelle & la richesse du pays, dirigées vers un but commun, pourroient faire échouer tous les plans concertés par la jalousie Européenne pour arrêter les progrès de notre prospérité. Notre situation pourroit alors leur ôter jusqu'aux motifs de ces plans; en démontrant l'impossibilité de les faire réussir. Alors la nécessité des choses nous assureroit infailliblement un commerce actif, une navigation étendue, une marine florissante, & nous pourrions défier les petits artifices d'une politique minutieuse de détourner le cours irrésistible & invariable de la nature.

Dans un état de désunion, ces plans ne pourroient exister & s'exécuter avec succès; les Peuples maritimes pourront se prévaloir de notre impuissance absolue, pour nous prescrire les conditions de notre existence; comme ils ont intérêt à être nos facteurs & sur-tout à nous empêcher d'être les leurs, il est vraisemblable qu'ils chercheront à mettre des entraves à notre navigation, jusqu'au point de la détruire & de nous réduire à un commerce passif. Forcé par ce moyen de nous contenter de recueillir uniquement le prix originaire de nos denrées, nous nous verrions enlever les profits de notre commerce dont s'enrichiroient nos ennemis & nos persécuteurs. Ce goût pour les entreprises qui caractérise si exclusivement le génie des Marchands & des Navigateurs Américains, est une source inépuisable de richesse Nationale, qui seroit à jamais anéantie & perdue pour nous. La pauvreté & la honte couvriroient la surface d'un pays qui, avec le secours de la prudence, peut mériter l'admiration & l'envie du monde.

Il existe des droits d'une grande importance pour le commerce de l'Amérique, qui appartiennent à l'Union ; par exemple, la pêche, la navigation des lacs & celle du Mississipi. La dissolution de la Confédération feroit naître des questions fort délicates sur la conservation de ces droits & l'intérêt de nos adversaires plus puissans que nous, les décideroit presque infailliblement à notre désavantage. La disposition de l'Espagne à l'égard du Mississipi n'a pas besoin de commentaire. Les Français & les Anglais sont intéressés comme nous dans la pêche, & la regardent comme un objet important pour leur navigation. Verroient-ils long-temps d'un œil indifférent notre supériorité démontrée par l'expérience, relativement à cette précieuse branche de commerce, & qui nous met à portée de vendre à plus bas prix qu'eux dans leurs propres marchés ? Ne seront-ils pas naturellement disposés à écarter de la lice, d'aussi dangereux rivaux ?

Cette branche de commerce ne doit pas être considérée comme un avantage particulier à quelques Etats : il n'en est aucun qui ne puisse y participer avec plus ou moins de succès, & ils n'attendront vraisemblablement pour s'y livrer tous, que l'accroissement de leurs capitaux employés au commerce. La pêche est maintenant une pépiniere pour les marins, & quand le temps aura assimilé les principes de la navigation dans les différens Etats, elle deviendra une ressource universelle. Elle est essentielle pour l'établissement d'une marine.

L'Union nous menera par différens chemins à ce but si important pour la Nation, à l'établissement d'une marine. Chaque institution s'accroît & prospère en raison de la quantité & de l'étendue des moyens employés pour la former & pour la soutenir. Les Etats-Unis qui rassemblent les moyens de tout le corps fédératif, peuvent avoir une marine beaucoup plutôt que chaque Etat, qui n'aura que des moyens partiels. Différentes contrées de l'Amérique confédérée, jouissent de quelques avantages particuliers pour cet important établissement. Les Etats du Midi produisent en plus grande quantité plusieurs espèces de goudron, de poix & de thérébentine. Leur bois de construction est d'une texture plus serrée & plus solide. La différence dans la durée de nos vaisseaux, s'ils sont construits avec des bois du Midi, est d'une grande importance pour la force navale & pour l'économie. Quelques-uns des Etats du Midi ont des mines de fer plus abondantes & d'une qualité supérieure. La race septentrionale fournit de meilleurs marins. La nécessité de protéger le commerce extérieur par une marine puissante, & l'influence de ce genre de commerce sur la prospérité de la marine, sont des vérités trop évidentes pour avoir besoin d'une démonstration particulière. Le commerce & la marine par une réaction nécessaire, se soutiennent & s'agrandissent l'un par l'autre.

Un commerce libre entre les Etats étendra la sphère de leurs spéculations, par l'échange de leurs productions, non-seulement pour leurs besoins personnels, mais pour l'exportation dans les marchés étrangers. Le commerce s'enrichira par mille canaux & acquerra une activité & une vigueur nouvelle par une libre circulation des denrées de tous les pays. Les entreprises de commerce acquerront beaucoup plus d'étendue par la variété des productions des différens Etats. Quand un de leurs marchés manquera par l'effet d'une mauvaise récolte, il cherchera du secours dans le marché de l'Etat voisin. La variété des marchandises exportées, ne contribue pas moins que leur qualité à l'activité du commerce extérieur. On y réuffit mieux avec un grand nombre de denrées d'une valeur donnée, qu'avec un plus petit nombre d'objets d'une valeur égale; & cela tient aux concurrences & aux fluctuations communes dans les marchés : tel article eft d'un grand débit dans un moment & ne fe vend pas dans un autre; mais fi on a foin de réunir une grande quantité d'objets, il arrive rarement qu'ils fe trouvent tous à la fois dans le dernier cas, & par ce moyen les opérations du Commerçant ne peuvent éprouver d'obftruction ou de ftagnation confidérable. Tout homme accoutumé à des fpéculations de commerce, faifira du premier coup d'œil, la force de ces obfervations, & reconnoîtra que la balance du commerce général des Etats-Unis, doit-être plus avantageufe que celle de Treize-Etats ifolés ou réunis par des Confédérations partielles

On répondra peut-être que les Etats-Unis ou féparés auront toujours entr'eux une intime communication, qui produira le même effet dans les deux cas : mais ce commerce fera enchaîné, interrompu, refferré par une multitude de caufes qui ont été amplement détaillées dans le cours de cet écrit. L'unité du Gouvernement peut seul produire l'unité dans les intérêts du commerce & de la politique.

Il est d'autres points de vue sous lesquels ce sujet peut être envisagé & qui doivent inspirer autant d'attention que d'intérêt ; mais ils nous meneroient trop loin dans l'avenir & entraîneroient des longueurs déplacées dans cet ouvrage.

J'obferverai en peu de mots que notre situation nous invite & que notre intérêt nous porte à nous assurer une influence réelle dans les affaires de l'Amérique. Le monde peut se diviser politiquement, comme géographiquement, en quatre parties dont chacune à des intérêts distincts. L'Europe, pour le malheur des trois autres, les a foumises à son empire par ses armes & ses négociations, par la force & par l'adresse. La supériorité qu'elle a depuis si long-temps conservée, l'a disposée à se regarder comme la maîtresse de l'univers, & à croire le reste du genre humain créé pour son utilité. Des hommes, admirés comme de grands philosophes, ont positivement attribué à ses habitans une supériorité physique, & ont sérieusement assuré que tous les animaux, ainsi que la race humaine, dégénéroient en Amérique; que les chiens même perdoient la faculté d'aboyer, après avoir respiré quelque temps dans notre atmosphere.

Les faits ont trop long-temps favorisé ces arrogantes prétentions des Européens : c'est à nous à relever l'honneur de la race humaine & à faire connoître la modération à des freres usurpateurs. L'Union nous en rendra capables; la désunion prépareroit de nouveaux triomphes & livreroit de nouvelles victimes à nos ennemis. Puissent les Américains se lasser enfin d'être les instrumens de la grandeur Européenne ! Puissent les Treize-Etats rassemblés par une étroite & indissoluble Union, concourir à la formation d'un vaste systême politique, qui éleve l'Amérique au-dessus des obstacles que pourroient lui opposer la force ou l'influence d'un autre hémisphere, & qui lui assure le droit de dicter les conditions du traité entre l'ancien & le nouveau monde !

## CHAPITRE XII.

*Utilité de l'Union, relativement aux Finances.*

LES effets de l'Union sur la prospérité du commerce des Etats ont été suffisamment indiqués : nous vous occuperons maintenant de son utilité pour l'intérêt des Finances. La prospérité du commerce est aujourd'hui regardée par tous les hommes d'Etats éclairés comme la plus précieuse & la plus féconde source de la richesse des Nations ; ils en ont fait en conséquence le principal objet de leurs soins politiques. En multipliant les moyens d'acquérir des jouissances, en facilitant l'introduction & la circulation des métaux précieux, ces objets, favoris de l'avarice & des efforts des hommes, le commerce vivifie, raffermit tous les canaux de l'industrie, & y entretient l'activité & l'abondance. Le Marchand assidu, le laborieux Fermier, l'Artisan actif & l'industrieux Manufacturier ; enfin les hommes de toutes les professions, en songeant à la douce récompense de leurs peines, s'animent d'une ardeur & d'une joie nouvelle. La question si souvent agitée

agitée sur la préférence due au commerce ou à l'agriculture, a été décidée par une infaillible expérience : leur rivalité a cessé, & il a été reconnu, à la grande satisfaction de leurs partisans, que leurs intérêts étoient intimement unis & confondus. On a éprouvé dans différens pays que la terre augmentoit de valeur en proportion de la prospérité du commerce. Eh! comment cela ne seroit-il pas? Le commerce qui facilite la vente des productions de la terre, qui donne de nouveaux motifs d'ardeur au Cultivateur, qui est le plus puissant moyen pour augmenter la quantité du numéraire dans un pays; enfin qui favorise si visiblement l'activité & l'industrie dans tous les genres, peut-il manquer d'augmenter la valeur de la terre qui est la source féconde des objets sur lesquels elles s'exercent? Il est étonnant qu'une vérité si simple ait pu trouver des adversaires, & cette nouvelle preuve, au milieu de mille autres, fait voir à quel point une défiance peu éclairée, ou des abstractions trop métaphysiques & trop subtiles, peuvent détourner les hommes du chemin de la raison & de l'évidence.

La facilité du paiement des impôts dans un pays, est toujours, en grande partie, proportionnée à la quantité d'argent en circulation

& à la célérité avec laquelle il circule. Le commerce qui remplit ces deux objets, doit donc faciliter la perception des impôts & procurer au Tréfor public les fecours qui lui font néceffaires. Les Etats héréditaires de l'Empereur d'Allemagne, font un pays étendu, fertile, peuplé & cultivé, fitué en grande partie fous un climat doux et productif : quelques-unes de fes provinces ont les meilleurs mines d'or & d'argent de l'Europe; mais il leur manque l'influence vivifiante du commerce, & leur Souverain n'en tire que de foibles revenus. Il a été plufieurs fois réduit à demander à d'autres Nations des fecours pécuniaires pour le maintien de fes droits les plus effentiels, & il eft hors d'état de foutenir une guerre longue, par fes propres forces.

Mais ce n'eft pas fous ce feul rapport que l'Union peut favorifer la profpérité des Finances : il eft d'autres points de vue fous lefquels fon influence paroîtra plus immédiate & plus évidente. Il eft certain, d'après l'état du pays, les habitudes du Peuple, & fur-tout d'après l'expérience, qu'il eft impoffible de raffembler des fommes confidérables par des impôts directs. Les Loix burfales ont été envain multipliées; on a tenté fans fuccès de nouvelles méthodes d'assurer les perceptions : l'attente publique a constamment été trompée, & le Trésor National est toujours resté vuide. Le système d'administration populaire, inhérent à la nature du Gouvernement populaire, joint à la rareté du numéraire, occasionnée par l'état de langueur & d'interruption du commerce, à fait échouer toutes les tentatives pour l'extension des impôts, & a démontré aux différentes Législatures, la folie de les renouveller. Les personnes, instruites de ce qui se passe dans les autres pays, n'en seront pas surprises. L'Angleterre est une Nation opulente, qui, par la supériorité de ses richesses, seroit plus en état de supporter des impôts directs & plus en état de les percevoir par la force de son Gouvernement ; & cependant la plus grande partie des revenus Nationaux y est formée par des impôts indirects, par des douanes, des accises & en grande partie par les droits sur les importations.

En Amérique, il est évident que nos revenus seront long-temps fondés sur des droits de cette nature. Dans plusieurs de ses parties, les accises seront renfermées dans un cercle étroit. Le génie de ce Peuple s'accordera difficilement avec le caractere inquisitif & arbitraire des loix de l'accife. D'un autre côté, les Fermiers fourniront avec peine quelques foibles fecours, fi on veut les foumettre à la forme défavorable des impofitions fur leurs terres & fur leurs maifons. Quant à la propriété mobiliaire, c'eft un fond invifible qu'on ne peut atteindre, que par l'action infenfible de l'impôt fur les confommations.

Si ces remarques ne font pas fans fondement, l'état de chofe qui tendra le plus puiffamment à perfectionner & à étendre cette précieufe reffource, fera le plus favorable à notre profpérité politique. On ne peut raifonnablement douter que cet état de chofe ne repofe fur la bafe de l'Union générale. Autant elle favorifera les intérêts du commerce, autant, par une conféquence néceffaire, elle tendra à l'accroiffement des revenus. En contribuant à rendre les réglemens pour la perception des impôts plus fimples & plus efficaces, elle affurera le double avantage, de rendre la même fomme d'impôts plus productive & de donner au Gouvernement le pouvoir de l'augmenter, fans nuire au commerce.

La fituation relative des Etats; le nombre de rivieres dont leurs territoires font arrofés & de baies que la mer forme fur leurs côtes;

la facilité de communications en tous sens ; la similitude de la langue & des manieres; la familiarité qui résulte d'un commerce habituel ; toutes ces circonstances concourroient à faciliter entre les Etats, un commerce illicite & assureroient des moyens d'échapper à l'effet des réglemens de commerce qu'ils feroient entr'eux. Les Etats ou les Confédérations séparées, animées d'une mutuelle jalousie, seroient forcés de prévenir les tentatives des spéculations de ce genre, par la médiocrité de leurs droits. La nature de notre Gouvernement ne nous permettra de long-temps ces précautions rigoureuses, à l'aide desquels les Européens gardent toutes les issues de leurs pays, par mer & par terre, & qui n'opposent quelquefois que d'impuissans obstacles aux stratagêmes hardis de la cupidité. La France soudoie une armée de Commis constamment occupés à maintenir les loix fiscales contre les attaques des contrebandiers. M. Necker porte le nombre de ces Commis à vingt mille. Cela nous prouve l'étonnante difficulté de prévenir ce genre de trafic, dans les pays où il y a des communications par terre & nous montre avec évidence, les inconvéniens dont la perception des droits seroit suivie dans ce pays, si les Etats, par leur désunion, se trouvoient entr'eux dans les mêmes rapports qui existent entre la France & ses voisins. Le pouvoir arbitraire & vexatoire dont les Commis sont nécessairement armés, seroit intolérable dans un pays libre.

Si au contraire tous les Etats sont unis sous un seul Gouvernement, nous n'aurons à garder, relativement à la plus grande partie de notre commerce, que la côte de la mer Atlantique. Des vaisseaux arrivans des pays étrangers avec des cargaisons précieuses, s'exposeroient rarement à la complication des dangers très-réels, qui résulteroient de leurs tentatives pour débarquer avant d'entrer dans nos ports : ils auroient à redouter les dangers de la côte & celui d'être découverts avant ou après leur arrivée aux lieux de leur destination ultérieure. Il suffit d'un degré ordinaire de vigilance pour prévenir la fraude des droits. Un petit nombre de vaisseaux armés, habilement placés à l'entrée de nos ports, pourroient, à peu de frais, veiller avec succès à l'exécution des Loix, & comme le Gouvernement auroit par-tout le même intérêt à en prévenir la violation, coopérant dans tous les Etats au même but, il auroit de puissans moyens pour y parvenir. Nous pouvons auſſi conſerver par l'Union, un avantage que la nature nous offre, & que nous perdrions par la ſéparation. Les Etats-Unis ſont à une grande diſtance de l'Europe & de tous les pays étrangers avec leſquels ils pourroient avoir des rapports de commerce étendus. La communication entr'eux & nous, ne peut être, comme entre l'Angleterre & la France, l'ouvrage de quelques heures ou d'une ſeule nuit. C'eſt un grand motif de ſécurité contre la crainte d'une contrebande directe avec les pays étrangers ; mais une contrebande détournée avec un des Etats, à l'aide d'un état voiſin, s'exécuteroit avec autant de ſureté que de facilité. Avec quelque diſcernement il eſt aiſé de ſentir la différence d'une importation directe du dehors, à une importation facilitée par l'entremiſe des Etats voiſins, qu'on pourroit faire en détail, en profitant des momens & des occaſions favorables & avec la facilité qu'y ajouteroit la communication par terre.

Il eſt donc évident qu'un Gouvernement National pourra, à bien moins de frais, porter les droits ſur les importations à un taux beaucoup plus fort que les Etats ſéparés, ou des Confédérations partielles. Je crois qu'on peut assurer avec confiance que ces droits, année commune, n'ont excédé dans aucun des Etats, trois pour cent. En France ils sont estimés environ à quinze pour cent, & en Angleterre ils sont dans une proportion infiniment supérieure. Il semble que dans notre pays ils pourroient être portés, sans inconvénient, au triple de leur quotité actuelle. Le seul article des liqueurs spiritueuses, formeroit une branche considérable de revenu. A juger par l'importation qui s'en fait dans ce seul Etat-ci, la consommation des Etats-Unis peut être, d'après une estimation modérée, portée à quatre millions de galons, qui, à un schelling par galon, produisent 200,000 sterling. Cet article pourroit suporter neuf pour cent d'imposition; & si cette taxe pouvoit tendre à en diminuer la consommation, elle produiroit un effet également favorable à l'agriculture, à l'économie, aux mœurs & à la santé. Il n'est peut-être aucun autre objet sur lequel la Nation ait porté l'extravagance aussi loin.

Qu'arivera-t-il, si nous ne pouvons nous assurer cette ressource dans toute son étendue? Une Nation ne peut exister long-temps sans revenu. Destituée de cet essentiel appui, il faut qu'elle renonce à son indépendance & se voye réduite à la condition fubalterne de province particuliere. Il faut donc, en tout état de chofes, avoir un revenu. Dans ce pays, fi l'on ne peut fonder la plus grande partie des impôts fur le commerce, la terre en fupportera tout le poids. Nous avons déja dit que l'accife, dans fa vrai fignification, feroit trop peu d'accord avec les difpofitions du Peuple, pour qu'on puiffe faire un grand ufage de ce mode d'impofition, & même dans les Etats uniquement occupés de l'agriculture, les objets fur lefquels porte l'accife ne feroient pas affez nombreux pour fournir une fomme confidérable. Les propriétés mobiliaires ( comme nous l'avons déja marqué ), trop difficiles à atteindre, ne peuvent être foumifes à des contributions confidérables, que par des droits fur les confommations.

Dans les villes peuplées l'accife n'auroit vraifemblablement d'autre effet que d'opprimer les individus, fans un profit confidérable pour l'Etat : les denrées qui y feroient foumifes échapperoient en grande partie aux yeux & aux mains des collecteurs. Comme il faudra cependant fatisfaire de maniere ou d'autre, aux befoins de l'Etat, le défaut d'autres reffources fera tomber tout le poids des dépenfes publiques, sur les propriétaires fonciers. D'un autre côté, comme le Gouvernement ne pourra jamais se procurer des secours proportionnés à ses besoins, sans que toutes les sources de revenu lui soient ouvertes, les Finances toujours dans un état d'embarras, ne pourront lui assurer ni considération ni sécurité. Ainsi nous n'aurons pas, même dans la richesse du Trésor public, un motif de consolation, de l'oppression exercée sur cette précieuse classe de Citoyens occupés de l'agriculture. Les malheurs publics & particuliers marchent sur la même ligne avec un funeste accord; ils s'unissent pour nous apprendre à déplorer la folie des conseils, par lesquels on cherche à nous mener à la désunion.

## CHAPITRE XIII.

*Continuation du même sujet, avec un coup d'œil sur l'Économie.*

APRÈS nous être occupés des revenus, il ne sera pas déplacé de parler de l'économie, sujet qui se lie naturellement au premier. L'argent épargné sur un objet peut être utilement employé à un autre ufage, & déduit fur les impôts auxquels le Peuple eft affujetti.

Si les Etats font unis fous un feul Gouvernement, nous n'aurons qu'une feule lifte civile nationale : nous en aurons autant que de Confédérations, s'ils font défunis ; & chacune d'entr'elles, quant aux principaux départemens, fera auffi étendue que celle qui feroit néceffaire pour le gouvernement du tout. L'entiere féparation des Etats en treize Souverainetés ifolées, eft un projet trop extravagant ; il expoferoit à trop de dangers pour avoir des partifans nombreux. Les idées des hommes qui fpéculent fur le démembrement de l'Empire, font généralement fixées à trois Confédérations; la premiere formée des quatre Etats du Nord; la feconde des quatre Etats du milieu ; la troifieme des cinq Etats méridionaux. Il eft hors de vraifemblance qu'on puiffe en former un plus grand nombre. D'après cette diftribution, chaque Confédération occuperoit un efpace plus étendu que l'Angleterre.

Aucun homme éclairé ne penfera que les affaires d'une femblable Confédération puiffent être bien adminiftrées par un Gouvernement moins complet dans fes établiffemens & dans fon organifation, que celui qui eft propofé par la convention. Quand les dimenſions d'un Etat ont atteint une certaine étendue, il a beſoin de la même énergie dans ſon Gouvernement, & des mêmes formes d'adminiſtration qu'un Etat beaucoup plus vaſte. Cette idée n'eſt pas ſuſceptible d'une démonſtration préciſe, parce qu'il n'eſt point de regle avec laquelle on puiſſe meſurer le degré de pouvoir civil, néceſſaire au gouvernement d'un nombre donné d'individus ; mais ſi nous conſidérons que l'Iſle de la Grande-Bretagne, égale en grandeur à chacune des Confédérations propoſées, contient environ huit millions d'hommes, & ſi nous réfléchiſſons ſur le degré d'autorité néceſſaire pour diriger les paſſions d'une ſocieté ſi étendue, vers le bien public, nous ne verrons pas de raiſon pour douter qu'un pouvoir égal produisît le même effet ſur une ſociété infiniment plus nombreuſe. Le pouvoir civil, quand il eſt bien organiſé, peut étendre ſa force à de très-grandes diſtances ; il ſe reproduit, pour ainſi dire, dans chaque partie d'un grand Empire, par une organiſation judicieuſe des inſtitutions qui lui ſont ſubordonnées. On peut donc raiſonnablement ſuppoſer que chacune des Confédérations partielles formées entre les Etats-Unis, auroit beſoin d'un Gouvernement auſſi complet que celui qu'on nous propofe, & cette idée eft fortifiée par une autre fuppofition plus vraifemblable que celle, qui nous préfente trois Confédérations, ou une Confédération générale, comme une alternative néceffaire.

Si nous confidérons attentivement la pofition géographique, les intérêts de commerce, les habitudes & les préjugés des différens Etats, nous ferons bien plus difpofés à croire, qu'après leur défunion ils fe rallieront fous deux Gouvernemens. Les quatre Etats de l'Eft s'uniront : nous en fommes affurés par toutes les caufes qui forment entre les Nations les liens d'une fympathie & d'un attachement mutuels. New-Yorck, fitué comme il l'eft, n'aura pas l'imprudence d'oppofer une exiftence foible & fans défenfe au poids de cette redoutable confédération. Plufieurs raifons l'y feront accéder avec facilité. New-Jerfey eft un trop petit Etat pour penfer à maintenir fon indépendance en oppofition au pouvoir toujours croiffant de cette nouvelle affociation, & nul obftacle ne l'empêchera d'y être admis. La Penfylvanie auroit auffi de puiffans motifs pour s'unir à la ligue du Nord. Son but doit être de faire avec les Etrangers un commerce actif fur fes propres vaiffeaux, & fes intérêts à cet égard font conformes à l'opinion & aux dispositions de ses habitans. Les Etats du Midi, d'après différentes circonstances, ne se croiront pas aussi intéressés à l'encouragement de la navigation. Ils préféreront un systême qui donne à toutes les Nations une liberté illimitée de transporter aussi bien que d'acheter leurs productions. La Pensylvanie n'ira pas confondre, par une alliance bisarre, ses intérêts avec des intérêts contraires. Comme dans tous les cas elle sera nécessairement frontiere, elle croira contribuer à sa sûreté, en n'ayant à craindre que les tentatives de la Confédération du Sud, inférieure en puissance à celle du Nord. Mais quelle que puisse être la résolution de la Pensylvanie, si la Confédération du Nord renferme New-Jersey, il n'y a pas d'apparence qu'il puisse se former plus d'une confédération dans le Sud de notre pays.

Les Treize-Etats réunis seront plus capables de maintenir un Gouvernement National, que s'ils sont divisés en deux ou en trois parties, rien n'est plus évident. Cette réflexion réfute l'objection faite contre le plan proposé, relativement à la dépense ; objection qui, examinée de près, nous paroîtra sous tous les rapports poser sur un faux principe. Si indépendamment des listes civiles, nous faisons attention au nombre d'hommes nécessairement employés à garder les communications par terre entre les différentes confédérations contre les tentatives d'un commerce illicite, & que l'état des Finances rendra un jour nécessaires, si nous songeons aux établissemens militaires, qui, comme nous l'avons prouvé, résulteroient des jalousies & des dissentions inévitables entre les Nations différentes que formeroient les Etats, nous serons convaincus que la séparation ne seroit pas moins contraire à l'économie qu'à la tranquillité, au commerce, à la perception des impôts & à la liberté, dans toutes les parties de ce pays.

## CHAPITRE XIV.

*Réponse à une objection tirée de l'étendue du Pays.*

Nous avons vu la nécessité de l'Union, notre seul rempart contre les dangers de l'extérieur, l'unique moyen de conserver la paix au milieu de nous, de défendre notre commerce & tous nos intérêts communs, de rendre inutiles ces établiſſemens militaires qui ont renverſé la liberté de l'ancien monde, enfin de remédier avec ſuccès aux malheurs des factions, qui ont été funeſtes aux autres Gouvernemens, & dont nous avons déja laiſſé voir des ſymptômes allarmans. Il ne nous reſte dans cette partie de nos recherches, qu'à nous occuper d'une objection tirée de l'étendue du pays que l'Union embraſſe. Quelques obſervations à cet égard ſeront d'autant moins inutiles, que les adverſaires de la nouvelle Conſtitution s'appuient ſur le préjugé trop accrédité, relativement à l'étendue qui convient au Gouvernement Républicain, ont cherché à ſuppléer par des difficultés imaginaires, au défaut réel d'objections ſolides qu'ils n'ont pu trouver.

L'erreur de ceux qui croient que le Gouvernement Républicain ne peut exiſter que dans un territoire borné, a déja été développée & réfutée dans les Chapitres précédens. Je me contenterai de remarquer ici qu'elle ſemble devoir ſon origine & ſes progrès, à ce que l'on confond toujours une République avec une Démocratie, & qu'on applique des objections tirées de la nature de celle-ci, à la premiere. Nous avons déja fait ſentir la différence de ces

deux

deux formes du Gouvernement. Dans une démocratie le Peuple s'assemble & gouverne lui-même; dans une République il administre par des Représentans & des Agens. Ainsi une démocratie doit être bornée à un petit espace, une République peut embrasser un grand pays.

A cette source accidentelle d'erreurs, on peut ajouter l'artifice de quelques Auteurs célebres, dont les écrits ont puissamment contribué à former les opinions modernes. Sujets de Monarchies absolues ou limitées, ils ont cherché à en rehausser les avantages & à en pallier les inconvéniens, par l'opposition des vices & des défauts du Gouvernement Républicain, & ils ont pris pour exemple, les turbulentes démocraties de la Grèce ancienne & de l'Italie moderne. Au moyen d'une équivoque dans les termes, il ne leur a pas été difficile de transporter aux Républiques, des observations uniquement applicables à la démocratie qui ne peut convenir qu'à un Peuple peu nombreux, renfermé dans un territoire borné.

Leur mauvaise foi a d'autant moins été découverte, que les Gouvernemens populaires de l'antiquité étoient démocratiques, & que dans l'Europe moderne, à laquelle nous devons l'important principe de la représentation, on

*Tome I.*          I

n'a point vu d'exemple d'un Gouvernement qui fût à la fois entierement populaire & fondé entierement fur le principe de la repréfentation. Si l'Europe à la gloire d'avoir découvert cet étonnant méchanifme des Gouvernemens, dont l'action peut concentrer la volonté du plus grand corps politique, & diriger fa force vers le but de l'intérêt public, l'Amérique peut réclamer le mérite d'avoir fait de cette découverte la bafe d'un Gouvernement Républicain fans mélange & qui s'étend fur un vafte efpace. Nous n'avons qu'un malheur à déplorer; c'eft qu'une partie de fes Citoyens cherchent à la priver de l'avantage d'en développer toute l'efficacité, en adoptant le vafte fyftême d'Union aujourd'hui foumis à fon examen.

Comme les limites naturelles d'une démocratie doivent être fixées à une diftance du point central, qui permette aux Citoyens les plus éloignés, de s'affembler auffi fouvent que leurs fonctions publiques l'exigent, & qu'elle ne doit pas en embraffer un plus grand nombre, ainfi les limites naturelles d'une République font à une diftance du centre, qui permette aux Repréfentans du Peuple de s'affembler auffi fouvent que cela peut être néceffaire pour l'adminiftration des affaires publiques. Peut-on dire que les limites des Etats-Unis excedent cette diſtance? Qu'on ſonge que le rivage de l'Océan Atlantique forme leur principale longueur; que durant l'eſpace de treize ans les Repréſentans du Peuple ont été preſque continuellement aſſemblés, & que les Membres des Etats les plus éloignés ne ſe ſont pas abſentés plus ſouvent que les Membres des Etats voiſins du Congrès.

Pour rectifier nos idées ſur cet important ſujet, penſons aux dimenſions actuelles de l'Union. Les limites fixées par le traité de paix ſont, du côté de l'Eſt, l'Océan Atlantique, au Midi la latitude de 31 degrés, à l'Occident le Miſſiſſipi, au Nord une ligne irréguliere qui s'étend quelquefois au-de là du 45 degré & ſe replie en d'autres endroits en deçà du 42. La rive Méridionale du lac Erié eſt au-deſſous de cette latitude. La diſtance entre le 31 & le 45 degré eſt de 973 milles ordinaires: de 31 à 42 degrés, elle eſt de 764 milles & demi. Si nous prenons un terme moyen, nous aurons une diſtance de 868 milles $\frac{1}{2}$. La diſtance moyenne entre l'Océan & le Miſſiſſipi ne doit pas excéder 740 milles. En comparant cette étendue à celle des différens pays de l'Europe, il eſt aiſé de prouver qu'elle s'accorde avec l'établiſſement de notre ſyſtéme. Elle n'eſt gueres au-deſſous de celle de l'Allemagne où eſt continuellement aſſemblée une Diete qui repréſente tout l'Empire, ou de celle de la Pologne, avant ſon démembrement, où une Diete étoit auſſi dépoſitaire du pouvoir ſuprême. Laiſſant la France & l'Eſpagne, nous trouverons que dans l'Angleterre, inférieure en étendue, les Repréſentans de l'extrémité ſeptentrionale de l'iſle, ont, pour ſe rendre au Conſeil National, autant de chemin à faire, que ceux des parties les plus éloignées de l'Union.

Quelque favorable que ce point de vue paroiſſe à notre ſujet, il nous reſte des obſervations qui pourront le placer ſous un jour plus ſatisfaiſant encore.

En premier lieu; il faut obſerver que le Gouvernement général ne doit pas être revêtu de la plénitude du pouvoir légiſlatif & exécutif. Sa Juriſdiction eſt limitée à un certain nombre d'objets qui intéreſſent tous les Membres de la République, ſans entrer dans les fonctions particulieres d'aucuns d'entr'eux.

Les Gouvernemens ſubordonnés des Etats, toujours chargés du ſoin de tous les objets qui pourront être ſoumis à des déciſions particulieres, conserveront l'autorité & l'activité qu'ils doivent avoir. Si le plan de la convention étoit d'abolir les Gouvernemens des Etats particuliers, l'objection de ses adversaires pourroit avoir quelque fondement. Encore seroit-il aisé de prouver que, s'ils étoient abolis, le Gouvernement général seroit forcé pour l'intérêt de sa conservation de les réintégrer dans les fonctions qui leur conviennent.

En second lieu ; le but spécial de la Constitution fédérale est d'affermir l'Union des Treize-Etats primitifs, ce dont la possibilité nous est démontrée, & de réunir avec eux tous les autres Etats qui pourroient se former dans leur sein ou dans leur voisinage, ce dont la possibilité est aussi peu douteuse. Quant aux arrangemens nécessaires, relativement à ces portions anguleuses de notre territoire, situées vers la frontiere du Nord-Ouest, il faut les laisser aux soins de ceux que des découvertes ultérieures & une expérience plus consommée mettront plus à portée de les faire avec succès.

Observons encore que le commerce sera chaque jour facilité dans le territoire de l'Union, par le progrès des arts & de l'industrie. Les routes seront raccourcies & entretenues avec plus de soin ; les commodités pour les voyageurs feront multipliées & perfectionnées. Une navigation intérieure s'ouvrira dans la partie de l'Eſt & bientôt dans toute l'étendue des Etats-Unis. La communication entre les Diſtricts maritimes, & ceux de l'Oueſt, entre leurs différentes parties, fera de plus en plus facilitée par ces nombreux canaux dont la bienfaiſance de la nature a arroſé notre pays, & qui pour être réunis & perfectionnés, n'attendent que les premiers efforts de l'art.

Mais il eſt une quatrieme conſidération plus importante encore ; il n'eſt preſqu'aucun des Etats qui n'ait un de ſes cotés expoſé aux attaques de l'extérieur, & qui ne trouve dans l'intérêt de ſa ſûreté un motif pour acheter par quelques ſacrifices, les avantages de la protection générale. Ceux qui ſont ſitués à la plus grande diſtance du centre de l'Union, & qui par là en reſſentent moins l'heureuſe influence, ſont en même-temps limitrophes avec des Nations étrangeres & peuvent dans des occaſions particulieres avoir un plus grand beſoin de ſa force & de ſon appui. Il peut être incommode pour la Géorgie ou pour les Etats qui forment nos limites à l'Oueſt ou au Nord-Eſt, d'envoyer leurs Repréſentans au Chef-lieu du Gouvernement ; mais il leur feroit plus dur encore de combattre seuls les attaques de l'ennemi, ou de supporter seuls les frais des précautions que nécessitent la continuité & la proximité du danger. Si à quelques égards l'existence de l'Union est moins pour eux que pour les autres un bienfait habituel, ils en tirent à d'autres égards un plus grand avantage, & ainsi se maintient entr'eux un juste équilibre.

Je vous soumets ces considérations, mes Concitoyens; & le bon sens qui a jusqu'ici marqué toutes vos décisions, leur assurera, j'ose le croire, le poids & l'influence qu'elles doivent avoir. Vous ne vous laisserez pas entraîner par des difficultés formidables en apparence & fondées sur une erreur trop accréditée, dans le labyrinthe ténébreux & semé d'écueils où les partisans de la désunion cherchent à vous perdre. N'écoutez pas la voix perfide qui vous dit que les Peuples de l'Amérique, unis par tant de liens, ne peuvent plus vivre ensemble comme les membres d'une même famille; ne peuvent plus devoir leur bonheur à la réunion de leurs efforts mutuels; qu'ils ne peuvent plus être les Citoyens d'un respectable & florissant Empire. N'écoutez pas la voix imprudente qui vous dit que la forme du Gouvernement soumife à votre examen eft une nouveauté dans l'ordre politique; qu'elle n'avoit jamais encore trouvé place dans les théories des plus extravagans novateurs; que c'eft une folle tentative dont l'exécution eft impoffible : non, mes Concitoyens ! Fermez l'oreille à ce langage impie ; armez votre cœur contre le poifon qu'il renferme. Le fang fraternel qui coule dans les veines des Citoyens de l'Amérique, le fang qu'ils ont verfé & confondu pour la défenfe de leurs droits facrés, fanctifie leur Union & fait frémir, à la feule idée de les voir devenir étrangers, rivaux, ennemis. S'ils faut fuir les nouveautés, croyez-moi, la plus allarmante de toutes les nouveautés, le plus fou de tous les projets, la plus extravagante de toutes les tentatives, eft ce déchirement qu'on ofe vous propofer, comme le moyen de maintenir votre Liberté & de vous mener au bonheur.

Mais faut-il rejeter le plan d'une grande République, uniquement parce qu'elle renferme des idées nouvelles ? N'eft-ce pas la gloire de l'Amérique d'avoir fu, fans manquer au refpect qu'on doit au temps & à l'exemple des autres Nations, empêcher une aveugle vénération pour l'antiquité, pour l'habitude & pour des mots, de vaincre les confeils de fa raison, la connoiffance de fa fituation perfonnelle, & les leçons de fa propre expérience? C'eft à cet efprit indépendant que notre poftérité devra la jouiffance, & le monde l'exemple de ces innovations nombreufes en faveur des droits individuels & du bonheur public, dont l'Amérique aura été le théâtre. Sans la démarche hardie des Chefs d'une révolution à laquelle on ne peut trouver dans l'hiftoire un objet de comparaifon, le Peuple de l'Amérique feroit aujourd'hui la trifte victime d'une oppreffion étrangère, ou gémiroit du moins fous le poids de ces inftitutions qui ont détruit la Liberté du refte du monde. Heureufement pour l'Amérique, heureufement, j'ofe le croire, pour tout le genre humain, ils ont fuivi une nouvelle & plus noble carriere; ils ont accompli une révolution qui n'a point d'égale dans les annales des fociétés humaines; ils ont fondé des édifices politiques dont on ne voit point de modeles fur le furface du globe; ils ont formé le plan d'une vafte Confédération; c'eft à leurs fucceffeurs de le perfectionner & de le maintenir. Si leur ouvrage eft terni par quelques imperfections, nous devons nous étonner de n'en pas trouver d'avantage. S'ils fe font égarés dans la formation de l'Union, c'étoit le plus difficile de leur ouvrage. Elle a été formée fur un nouveau plan par l'acte de la Convention que vous avez convoquée, c'eft fur cet acte que vous allez prononcer.

## CHAPITRE XV.

*Des défauts de la Confédération actuelle, qui fait porter la Législation fur les Etats, & non fur les individus qui les composent.*

DANS le cours des difcuffions precédentes, je me fuis efforcé d'expofer à vos yeux, fous le jour le plus évident, l'importance de l'Union pour notre fûreté & notre profpérité politiques. Je fuis entré dans le détail des dangers de tous les genres auxquels vous feriez expofés, fi vous laiffiez rompre ou diffoudre par l'ambition, l'avarice, la jaloufie ou l'influence des confeils perfides, ce lien facré qui unit les Peuples de l'Amérique. Dans la fuite des recherches où je prétends vous conduire, les vérités, dont je veux vous convaincre, acquerront une force nouvelle par des faits & des raifonnemens nouveaux. Si la route qu'il faudra fuivre, vous paroît quelquefois ennuyeufe & fatigante, vous vous fouviendrez que l'objet de vos recherches eft le plus important qui puiffe exciter l'attention d'un Peuple libre; que le champ que vous avez à parcourir eft vafte par lui-même & que les difficultés du voyage ont néceffairement été augmentées, par les labyrinthes dont l'art des fophiftes a embarraffé le chemin; mais je ne négligerai rien pour écarter les obftacles oppofés à votre marche avec toute la briéveté qui me fera poffible, fans facrifier les intérêts de ma caufe à la précipitation.

Suivant l'ordre que je me fuis prefcrit pour la difcuffion de mon fujet, le premier point qui s'offre à mon examen, eft l'infuffifance de la Confédération actuelle, pour le maintien de l'Union. On demandera peut-être à quoi fert d'accumuler les raifonnemens & les preuves à l'appui d'une propofition, fur laquelle il ne s'éleve ni conteftation ni doute, qui fe trouve d'accord avec les opinions & les fentimens des hommes de toutes les claffes; & qui en fubftance eft admife par les adverfaires de la nouvelle Conftitution auffi bien que par fes partifans? il faut avouer en effet que quelque divisés qu'ils puissent être à d'autres égards, ils semblent s'accorder pour reconnoître qu'il y a des défauts essentiels dans notre système National, & qu'il faut faire quelque chose pour nous soustraire à l'anarchie qui nous menace. Les faits qui appuient cette opinion ne sont plus des objets de reflexions spéculatives : ils se sont fait par tout ressentir aux Peuples, & ont enfin arraché à ceux dont la fausse politique est la principale cause de nos malheurs, l'aveu forcé des défauts de ce plan de notre Gouvernement féderatif, qui avoient depuis long-temps été apperçus & déplorés par les partisans éclairés de l'Union.

On peut dire avec raison que nous sommes parvenus presque jusqu'au dernier degré d'humiliation politique. De tout ce qui peut blesser l'orgueil d'une Nation ou dégrader son caractere, il n'est presque rien dont nous n'ayons fait l'épreuve. Des engagemens à l'exécution desquels nous étions tenus par tous les liens respectés parmi les hommes, sont violés continuellement & sans pudeur. Nous avons contracté des dettes avec les Etrangers & avec nos Concitoyens, pour la conservation de notre existence politique, & le paiement n'en eſt encore aſſuré par aucun gage ſatisfaiſant. Une puiſſance étrangère poſſede des territoires conſidérables & des poſtes que des ſtipulations expreſſes l'obligeoient depuis long-temps à nous rendre; & ils ſont toujours retenus au mépris de nos intérêts & de nos droits. Nous ſommes dans un état qui ne nous permet pas de nous montrer ſenſibles aux attaques & de les repouſſer ; nous n'avons ni Troupes, ni Tréſor, ni Gouvernement. Nous ne pouvons même nous plaindre avec dignité: il faudroit commencer par écarter les juſtes reproches d'infidélité, qu'on pourroit nous faire relativement au même traité. Nous ſommes autoriſés par la nature & par les traités à partager librement les avantages de la navigation du Miſſiſſipi : l'Eſpagne nous le défend. Le crédit public eſt une reſſource néceſſaire dans les dangers publics & nous ſemblons y avoir renoncé pour jamais. Le commerce eſt la ſource de la richeſſe des Nations ; le nôtre eſt au dernier degré de dépériſſement. La conſidération aux yeux des Puiſſances étrangères eſt une ſauve-garde contre leurs uſurpations; la foibleſſe de notre Gouvernement ne leur permet pas même de traiter avec nous : nos Ambaſſadeurs au dehors ſont de vains simulacres d'une souveraineté imaginaire. Une diminution énorme & peu naturelle dans le prix des terres est un simptôme sûr de calamité pour une Nation ; le prix des terres cultivées est parmi nous au-dessous du taux où devoit naturellement le réduire la vente des terres incultes, & ne peut être parfaitement expliqué que par le défaut de confiance publique & particuliere dont l'effet inévitable est de diminuer la valeur des propriétés de toute espece. Le crédit particulier est l'appui bienfaisant de l'industrie, & sur-tout en ce qui regarde le prêt & l'emprunt, resserrés aujourd'hui parmi nous dans les bornes les plus étroites, bien plus par la défiance que par la rareté de l'argent. Pour abréger des détails dont le resultat ne seroit pas plus instructif qu'agréable, on peut demander en général quel est le simptôme de dépérissement politique, de pauvreté & d'anéantissement, dont puisse se plaindre une Nation aussi visiblement que nous favorisée par la nature, & qui ne soit pas au nombre de nos malheurs politiques.

Telle est la triste situation où nous ont réduits ces mêmes maximes, ces mêmes conseils par lesquels on cherche aujourd'hui à nous empêcher d'adopter la Constitution proposée. Non contens de vous avoir conduits au bord de l'abyme, on veut vous y précipiter. Mais aujourd'hui, mes Concitoyens, puissamment frappés de tous les motifs qui peuvent agir sur un Peuple éclairé, opposons à des efforts ennemis une invincible fermeté, pour notre sûreté, notre tranquillité, notre dignité, notre réputation : rompons enfin le charme qui nous avoit entraîné loin du bonheur & de la prospérité.

Il est vrai, comme nous l'avons déja observé, que des faits, trop évidens pour être contestés, ont produit une sorte d'assentiment général à la proposition absolue qu'il existe des défauts essentiels dans la forme de notre système politique. Mais l'utilité de cet aveu, de la part des anciens ennemis de la Fédération, est détruite par leur opposition opiniâtre à un remede fondé sur les seuls principes qui puissent lui assurer quelqu'espoir de succès. Ils reconnoissent que le Gouvernement des Etats-Unis manque d'énergie ; & ils ne veulent pas qu'on lui confere les pouvoirs nécessaires pour lui procurer cette énergie : ils veulent des choses contradictoires & inconciliables ; ils veulent augmenter l'autorité fédérale sans diminuer l'autorité des Etats; ils veulent la souveraineté dans l'Union, & une indépendance absolue dans ses Membres; enfin ils conservent un attachement aveugle pour un Gouvernement monstrueux, & veulent élever un Empire dans l'Empire. Cette disposition rend nécessaire de développer les principaux défauts de la Confédération, afin de montrer que les maux que nous éprouvons ne tiennent pas à de petites imperfections de détail; mais à des erreurs fondamentales dans la structure de l'édifice, qui ne peuvent être corrigées que par un changement total dans sa base & dans ses principaux appuis. L'autorité législative de l'Union ne s'exerce que sur des corps & non sur les individus qui les composent. Ce principe est le vice radical de la Confédération existante. Quoiqu'on ne l'ait pas étendu à tous les pouvoirs délégués à l'Union, il gouverne & dirige ceux d'où dépend l'efficacité de tous les autres. Exclus du soin de la répartition, les Etats-Unis ont un pouvoir indéfini pour demander des secours d'hommes & d'argent ; mais ils ne peuvent s'en procurer par des réglemens qui s'étendent sur tous les individus, habitans de l'Amérique.

Il

Il en résulte, que quoiqu'en théorie leurs décisions sur ces objets soient des loix constitutionnellement obligatoires pour tous les Membres de l'Union, elles ne sont dans le fait que de simples recommandations, que les Etats peuvent observer ou négliger à leur gré.

Un exemple frappant de la bizarrerie de l'esprit humain, c'est qu'après les avertissemens que nous avons reçus de l'expérience à cet égard, il se trouve encore des hommes, qui reprochent à la nouvelle Constitution de s'écarter d'un principe reconnu pour le vice radical de l'ancienne constitution & qui est essentiellement incompatible avec l'idée d'un Gouvernement ; d'un principe enfin dont l'effet, s'il étoit admis, seroit de substituer la force violente & sanguinaire des armes à la paisible autorité des Magistrats. Il n'y a rien d'absurde ni d'impraticable dans l'idée d'une ligue ou d'une alliance entre des Nations indépendantes, relativement à des objets exactement fixés par un traité ; en déterminant tous les détails de temps, de lieu, de circonstance, de quantités ; en ne laissant rien à la discrétion des parties pour l'avenir & se reposant sur leur bonne foi pour l'exécution du traité. Des conventions de ce genre exiſtent entre toutes les Nations civiliſées, ſujettes aux viciſſitudes ordinaires de paix & de guerre, d'exactitude & d'infidélité, ſuivant les intérêts ou les paſſions des Puiſſances contractantes. Vers le commencement du ſiecle, l'Europe fut ſaiſie d'une fureur épidémique pour cette eſpece de traités, dont les politiques du temps attendoient avec ardeur des avantages qui ne ſe réaliſerent jamais. Dans le deſſein d'affermir l'équilibre des pouvoirs & la paix dans cette partie du monde, tout l'art des négociations fut épuiſé, de triples & de quadruples alliances furent formées; mais rompues preſqu'auſſi-tôt que formées, elles apprirent aux hommes par un triſte mais utile exemple, le peu de confiance qu'on doit avoir dans des traités qui n'ont d'autres garantie que les devoirs de la bonne foi, & qui mettent les conſidérations générales de la paix & de la juſtice en oppoſition à l'influence d'un intérêt ou d'une paſſion actuelle.

Si les Etats particuliers dans ce pays, ſont diſpoſés à le placer mutuellement dans de ſemblables rapports & à abandonner l'idée d'une autorité ſupérieure & abſolue, le plan ſera funeſte & attirera ſur nous tous, les maux dont nous avons fait l'énumération dans la premiere partie; mais il aura du moins le mérite d'être conséquent & praticable. Abandonnant toute idée de Gouvernement fédératif, il formera entre nous une simple alliance offensive & défensive, & nous disposera à devenir alternativement amis & ennemis, comme en ordonneront des jalousies & des rivalités continuelles, entretenues par les intrigues des Nations étrangeres.

Mais si nous ne voulons pas nous placer dans cette dangereuse situation; si nous tenons toujours au projet d'un Gouvernement National, ou ( ce qui est le même chose ) à un pouvoir supérieur placé entre les mains d'un Conseil commun, il faut nous résoudre à faire entrer dans notre plan les principes constituans qui forment la différence essentielle d'une Ligue & d'un Gouvernement; il faut étendre l'autorité de l'Union sur la personne des Citoyens qui sont les véritables objets du Gouvernement.

L'idée de Gouvernement comprend le pouvoir de faire des Loix; mais il est essentiel à l'idée qu'on se forme d'une Loi, que l'exécution en soit assurée par une sanction, ou en d'autres mots, par une peine qui effraie la désobéissance. S'il n'y a point de peine prononcée contre la désobéissance, les résolutions, les ordres décorés du nom de Loix, ne seront autre chose que des avis ou des recommandations. La peine, quelle qu'elle puisse être, ne peut être infligée que de deux manieres, par le ministere des Tribunaux & des Magistrats, ou par le pouvoir Militaire; par la force coërcitive des Loix ou par celle des Armes. La premiere méthode peut réussir avec les individus; mais il faut de nécessité employer la seconde contre les Corps politiques, les Communautés, les Etats. Il est évident que la décision d'aucun Tribunal ne peut les forcer en dernier ressort à l'exécution des Loix. On peut prononcer des Sentences contre eux sur la violation de leurs engagemens; mais ces Sentences ne peuvent être mises à exécution que par la force des armes. Dans une association où l'autorité appartient aux sociétés particulieres qui la composent, toute violation entraîne un état de guerre, & des exécutions militaires deviennent les seuls instrumens qui puissent assurer l'obéissance aux Loix. Un tel état de choses ne mérite certainement pas le nom de Gouvernement, & on ne peut raisonnablement en attendre le bonheur.

Il étoit un temps où l'on nous difoit que nous n'avions pas à craindre de voir les Etats méconnoître l'autorité du Corps fédératif; que le fentiment de l'intérêt commun régleroit la conduite des différens Membres & affureroit toujours la plus parfaite obéiffance aux décifions conftitutionnelles de l'Union. Un tel langage nous paroîtroit aujourd'hui extravagant, comme nous paroîtra un jour tout ce que nous entendons dire au gens du même parti, lorfque nous aurons reçu de nouvelles leçons du fouverain oracle de la fageffe, de l'expérience. Ce langage dévoiloit une profonde ignorance des caufes qui déterminent la conduite des hommes & un entier oubli des motifs, qui dans l'origine, ont néceffité l'établiffement du pouvoir civil. Pourquoi a-t-on jamais établi un Gouvernement ? Parce que les paffions des hommes n'obéiffent pas toujours fans contrainte aux principes de la raifon & de la juftice. Or, eft-il prouvé que les hommes raffemblés agiffent avec plus de droiture & de défintéreffement que les individus? Les obfervateurs de la conduite du genre humain ont toujours penfé le contraire, & leur opinion à cet égard eft fondée fur des raifons frappantes. La crainte de perdre sa réputation a une influence moins active, quand la honte d'une mauvaise action doit être partagée entre un certain nombre de personnes, que lorsqu'elle doit retomber sur une seule. L'esprit de faction dont le poison infecte si souvent les délibérations de tous les corps politiques, peut entraîner certaines personnes dans des fautes & dans des excès dont elles rougiroient, si elles étoient isolées.

Indépendamment de ces raisons, l'exercice du souverain pouvoir donne une impatience naturelle de la contradiction qui dispose ceux qui en sont revêtus, à voir de mauvais œil toute tentative étrangere pour restreindre ou diriger leurs opérations. De cet esprit il résulte, que dans toutes les associations politiques qui pour un intérêt commun, réunissent plusieurs souverainetés particulieres, ces Corps inférieurs & subordonnés sont toujours poussés par une tendance contraire au but de l'association dont le perpétuel effort les écarte du centre commun.

Il n'est pas difficile de rendre raison de cette tendance : elle prend sa source dans l'amour du pouvoir. Un pouvoir restreint & subordonné est presque toujours l'ennemi & le rival du pouvoir qui le restreint & qui le domine. Cette simple proposition nous apprend combien peu nous avons de raisons d'espérer, que les personnes qui administrent les affaires des Etats particuliers qui composent la Confédération, soient toujours prêts à exécuter les résolutions & les décrets de l'autorité générale avec une satisfaction complette & une ardeur désintéressée pour le bien public. Il faut en chercher la cause dans les dispositions communes à tous les hommes.

D'après cela si les résolutions du Corps fédéral ne peuvent être exécutées sans l'intervention des administrations particulieres, il est peu d'apparence qu'elles puissent l'être jamais. Les Chefs des différens membres de la Confédération entreprendront toujours de juger eux-mêmes l'utilité de ces résolutions, que la Constitution leur en donne le droit ou non. Ils considéreront les rapports de la chose qui leur sera proposée ou ordonnée avec leurs intérêts ou leurs prétentions actuelles ; ils considéreront les avantages ou les inconvéniens du moment dont son exécution pourra être suivie. Voilà ce qu'ils feront sans doute, & ils le feront dans un esprit de recherche intéressé & soupçonneux, sans cette connoissance de la situation Nationale & des raisons d'Etat, qui est essentielle pour porter un jugement sain & avec une prédilection marquée pour des considérations locales, qui ne pourra manquer de les égarer dans leur décision. La même marche sera suivie par tous les membres du Corps politique, & l'exécution des plans formés par le Conseil général flottera au gré des opinions peu éclairées & prévenues de chacune des parties de la Confédération. Les personnes qui consulteront la marche des assemblées populaires, & qui ont vu combien il est souvent difficile de les accorder sur les points les plus essentiels, lorsque la présence d'un danger extérieur ne leur en fait pas sentir la nécessité, concevront aisément l'impossibilité de déterminer un certain nombre d'assemblées de ce genre, délibérantes dans des lieux & dans des temps différens, agitées par des impressions diverses, à coopérer long-temps au même but avec des vues uniformes.

Parmi nous, les termes de notre Confédération actuelle exigent le concours de treize volontés souveraines, pour déterminer l'exécution de toutes les résolutions importantes qui émanent de l'Union. Il en est arrivé ce qu'il étoit aisé de prévoir : les résolutions de l'Union n'ont pas été exécutées & les fautes des Etats les ont entraînés à grands pas vers l'extrémité où ils font réduits. Tous les rouages du Gouvernement National arrêtés, le tiennent dans une immobilité effrayante. A préfent le Congrès eft à peine en état de foutenir les formes de l'adminiftration, jufqu'au moment où les Etats feront convenus de mettre quelque chofe de réel à la place du fantôme actuel de Gouvernement fédératif. Les chofes n'en font pas venues en un inftant à cette extrémité défefpérée. Les caufes dont j'ai parlé, ont commencé par établir quelques différences dans la foumiffion des Etats particuliers aux volontés du Congrès. Les fautes plus graves de quelques-uns d'entr'eux ont offert le prétexte de l'exemple & la féduction de l'intérêt à ceux qui étoient demeurés dans la fubordination, ou qui s'en étoient le moins écartés. Pourquoi fe font-ils dit, ferions-nous plus que ceux qui font entrés avec nous dans la même carriere politique ? Pourquoi porterions-nous plus que notre part du fardeau commun ? L'égoïfme des hommes ne fait par réfifter à des fuggeftions de cette nature, & les obfervateurs qui prévoient les conféquences les plus éloignées, ne les combattent qu'avec peine.

Les Etats cédants à la voix persuasive d'un intérêt ou d'une convenance du moment, ont successivement retiré leur appui à l'édifice frêle & vacillant qui semble prêt aujourd'hui à s'écrouler sur nos têtes, & à nous ensevelir sous ses ruines.

## CHAPITRE XVI.

*Continuation du même sujet, relativement aux mêmes principes.*

LE principe que nous avons attaqué dans le Chapitre précédent a des suites funestes prouvées par notre expérience & attestées de même par l'exemple de tous les autres Gouvernemens conféderés, dont nous avons entendu parler. Leurs malheurs ont toujours été en raison de leur attachement pour ce système. La confirmation du fait mériteroit un examen sérieux & particulier. Je me contenterai d'observer simplement ici, que de toutes les Confédérations de l'antiquité dont l'histoire nous a conservé le nom, la République de Lycie & la Ligue Achéenne, si l'on en peut juger par les traces qui nous en restent, paroissent avoir été les plus libres des entraves de ce faux principe ; ce sont aussi celles qui ont le mieux mérité & le plus généralement obtenu les éloges des hommes qui ont écrit sur la politique.

Ce dangereux principe est véritablement une cause infaillible d'Anarchie. On a vu que la désobéissance dans les Membres de l'Union en est la suite naturelle & nécessaire. A la désobéissance, dès qu'elle se manifeste, on ne peut opposer d'autre remede que la force dont l'effet immédiat est la guerre civile.

Il reste à considérer comment un si odieux moyen dans les mains du Gouvernement pourroit atteindre parmi nous, le but auquel il seroit destiné. Si le Gouvernement National n'a pas à sa disposition une grande armée, où il ne pourra pas employer la force, ou s'il le peut, il en résultera une guerre entre les différentes parties de la Confédération, relativement à l'infraction du pacte social ; le parti le plus puissant prévaudra, soit qu'il défende l'autorité générale, soit qu'il la méconnoisse. Il arrivera rarement que la désobéissance qu'il faudra réprimer existe dans un seul membre, & s'il en est plusieurs qui aient oublié leurs devoirs, la conformité de leur situation les engagera à s'unir pour leur défense commune. Indépendamment de ce motif de sympathie, si un état considérable & puissant s'éleve contre l'autorité légitime, il aura vraisemblablement assez de poids sur ceux qui l'entourent, pour entraîner quelques-uns d'entr'eux & les associer à sa cause. On trouvera aisément des prétextes spécieux, en montrant la liberté générale en danger ; on inventera sans difficulté des excuses plausibles pour justifier la désobéissance d'un parti, pour faire naître les appréhensions, exciter les passions & se concilier la bienveillance des Etats même qui n'auront à se reprocher aucune violation, aucune omission de leurs devoirs. Cet effet est d'autant plus vraisemblable, que les insurrections des Membres les plus considérables de l'Union auront le plus souvent pour cause, les desseins ambitieux de leurs chefs & leur désir d'écarter toute contradiction, qui pourroit s'opposer aux plans qu'ils auront formés pour leur agrandissement personnel. Pour y réussir plus sûrement ils auront soin de se concerter d'avance avec les Chefs des Etats voisins. S'ils ne trouvent pas d'associés dans l'intérieur, ils invoqueront le secours des Puissances étrangeres, toujours disposées à fomenter la difcorde dans une Confédération, dont l'Union parfaite feroit fi redoutable pour elles. Quand l'épée eft une fois tirée, les paffions des hommes ne connoiffent plus les bornes de la modération. Les confeils de l'orgueil bleffé, les inftigations du reffentiment irrité, pourront porter les Etats, menacés par les armes de l'Union à toutes les extrémités qui leur offriront le moyen de venger leur affront ou d'éviter la honte de fe foumettre. La premiere guerre de ce genre finiroit probablement par la diffolution de l'Union.

Telle feroit la mort violente de la Confédération. Nous fommes fur le point de lui voir éprouver une mort plus naturelle, fi le fyftême fédéral n'eft pas renouvellé fous une forme plus folide. Il n'eft pas vraifemblable, fi l'on confidere le génie de la Nation, que les Etats foumis fe déterminent à foutenir l'autorité de l'Union par une guerre contre les Etats rébelles. Ils feront bien plus difpofés à prendre le parti plus doux de fe placer dans la même fituation que les Etats diffidens, en fuivant leur exemple ; & le crime de tous affurera ainfi l'impunité de tous. Notre expérience nous a complettement prouvé la force de cette difpofition des efprits. Et dans le fait il y auroit une infurmontable difficulté à fixer avec certitude, le moment où il conviendroit d'employer la force. Sur l'article de la contribution pécuniaire, fource féconde de contraventions, il fera fouvent impoffible de décider, fi elles font l'effet de la mauvaife volonté ou de l'impoffibilité. Le prétexte de la derniere de ces caufes fera toujours facile à invoquer; & il arrivera bien rarement que la fraude foit découverte avec une évidence fuffifante pour juftifier les moyens rigoureux de la force. Il eft aifé de voir que ce problême feul, auffi fouvent qu'il fe préfentera, ouvrira un vafte champ à la majorité qui dominera dans le Confeil National pour l'exécution des projets ambitieux, pour la partialité & pour l'oppreffion.

Il ne paroît pas difficile de prouver que les Etats ne doivent pas adopter un Gouvernement National, qui ne pourroit agir qu'à l'aide d'une grande armée continuellement fur pied pour exécuter fes plus fimples réquifitions ou décrets; & c'eft cependant l'inévitable alternative où fe trouve réduits ceux qui lui refufent le pouvoir d'agir fur les individus. Un tel plan, s'il étoit praticable, dégénéreroit bientôt en un defpotifme militaire; mais il eft à tous égards impraticable. Les reſſources pécuniaires de l'Union ne ſuffiroient pas à l'entretien d'une armée aſſez conſidérable pour retenir les plus grands Etats dans les bornes du devoir ; & on ne lui fourniroit pas les moyens de la former. Quiconque conſidere la population & la force des Etats dans le moment actuel, & prévoit ce qu'ils peuvent devenir, dans l'eſpace d'un demi-ſiecle, rejettera comme une folle viſion, tout plan qui tendroit à régler leurs mouvemens par des loix dont l'effet porteroit ſur eux dans leur exiſtence collective, & dont l'exécution feroit aſſurée par une force coërcitive, dirigée contr'eux ſous le même rapport.

Un projet de ce genre eft abſolument fantaſtique. Dans ces Confédérations mêmes, qui étoient compoſées de Membres inférieurs en étendue à quelques-uns de nos comtés, le pouvoir légiſlatif agiſſant ſur des Etats ſouverains, foutenu par la force militaire, eft toujours reſté ſans effet. On n'a jamais tenté d'employer la force que contre les plus foibles Membres de la Confédération ; & fouvent les tentatives pour réprimer les réſiſtances & les rebellions, ont été le ſignal de guerres ſanglantes dans leſquelles une partie de la

Confédération a déployé ses étendarts contre l'autre.

Le résultat de ces observations pour un esprit intelligent, est certainement, que s'il est possible, à quelque prix que ce soit, de former un Gouvernement fédératif qui régle les intérêts communs & maintienne la tranquillité générale, il doit être fondé ( relativement aux objets confiés à ses soins ) sur le principe contraire à celui que soutiennent les adversaires de la Constitution proposée: il doit avoir une action directe sur la personne des citoyens ; il ne doit pas avoir besoin de l'entremise des Législatures particulieres ; mais il doit avoir le pouvoir d'employer les armes, à l'aide desquelles les Magistrats ordinaires exécutent leurs décisions.

La majesté de l'autorité Nationale doit se manifester dans l'exercice du pouvoir judiciaire. Le Gouvernement de l'Union doit, comme celui de chaque Etat, correspondre directement avec les espérances & les craintes des individus, & intéresser à sa défense ces passions qui ont l'effet le plus puissant sur le cœur des hommes. Il doit enfin pour l'exercice du pouvoir qui lui est confié, avoir tous les moyens & être autorisés à employer

toutes

toutes les ressources que possèdent & qu'employent les Gouvernemens des Etats particuliers.

On objectera peut-être à ce raisonnement que si quelqu'un des Etats est opposé à l'autorité de l'Union, il pourra toujours empêcher l'exécution de ses loix, & l'obliger de recourir à cette même force, dont la nécessité est le principal reproche qu'on puisse faire au plan contraire.

La force apparente de cette objection s'évanouira dès qu'on fera attention à la différence essentielle qui existe entre une simple désobéissance, & une résistance directe & active. si l'entremise des Législatures est nécessaire pour effectuer une mesure de l'Union, elles n'ont qu'à se dispenser d'agir, ou agir en éludant la loi, & le but est manqué.

Cette négligence de leurs devoirs pourra être déguisée sous des prétextes sans fondement, mais spécieux, qui préviendront les allarmes que le Peuple pourroit concevoir sur la sûreté de la Constitution. Les Chefs des Etats pourront même se faire un mérite d'avoir adroitement éludé la loi, sous le prétexte de quelque convenance, exemption ou avantage du moment.

*Tome. I.* L

Mais si l'exécution des loix du Gouvernement National est assurée sans l'intervention des Législatures ; si ces loix agissent directement sur les Citoyens, un Gouvernement particulier ne pourra en arrêter le cours, sans exercer ouvertement & violemment un pouvoir inconstitutionnel ; omettre ou éluder ne produiroit plus le même effet : il faudroit agir, & de maniere à manifester une usurpation évidente des droits Nationaux. Une tentative de cette nature seroit toujours dangereuse vis-à-vis d'une Constitution armée d'un pouvoir suffisant pour sa défense, & aux yeux d'un Peuple assez éclairé pour distinguer entre l'exercice légal, & l'usurpation illégale de l'autorité. Il faudroit pour en assurer le succès, non-seulement une majorité factieuse dans la Législature, mais la concurrence des Tribunaux & du Peuple. Si les Juges ne conspirent point avec la Législature, ils prononceront que les décisions d'une semblable majorité sont contraires à la loi suprême du pays, inconstitutionnelles & nulles. Si le Peuple n'est pas infecté du même esprit que les Membres de la Législature nommés par lui, défenseur né de la Constitution, il soutiendra par son influence le Gouvernement National & fera pencher la balance de fon côté. On ne renouvellera pas fouvent des tentatives de ce genre avec légéreté & imprudence, parce qu'elles pourront rarement être faites fans danger pour leurs auteurs, excepté lorfqu'elles feront juftifiées par un abus tyrannique de l'autorité fédérale.

Si l'oppofition au Gouvernement National a pour caufe la conduite irréguliere d'individus rebelles ou féditieux, elle pourra être détruite par les mêmes moyens que les Gouvernemens des Etats emploient journellement contre les maux de cette nature. Les Magiftrats, défenfeurs naturels de la loi du pays, de quelque fource que leur pouvoir émane, feront fans doute prêts à défendre les droits Nationaux, comme ceux des Etats, contre la licence des individus.

Quant à ces commotions & ces infurrections qui troublent quelquefois la paix de la fociété & qui font le plus fouvent caufées par les intrigues d'une faction peu confidérable ou par des difpofitions féditieufes, foudaines & accidentelles qui n'infectent pas la totalité du Peuple, le Gouvernement général pourra employer pour faire ceffer de pareils troubles, des moyens plus étendus que ne pourroient être ceux d'un seul Membre de la Confédération. Quant à ces haines mortelles, qui dans certaines conjonctures mettent en feu toute une Nation ou sa plus grande partie, soit qu'elles tiennent à de puissantes causes de mécontentement, occasionnées par le Gouvernement, ou par la contagion de quelque violente crise populaire, elles n'entrent point dans les calculs ordinaires de la politique. Quand elles arrivent, elles causent des révolutions & le démembrement des Empires. Il n'est point de forme de Gouvernement qui puisse les prévenir ou en arrêter l'effet. C'est en vain qu'on espere se défendre contre des événemens trop au-dessus de la prévoyance & de la sagesse humaine, & il seroit insensé de rejetter un Gouvernement, parce qu'ils ne peut pas faire des choses impossibles.

# CHAPITRE XVII.

*Continuation du même sujet & citation de quelques exemples, qui prouvent que les Gouvernemens fédératifs ont plus de tendance à l'Anarchie parmi les Membres, qu'au Despotisme dans le Souverain.*

On fera peut-être encore contre le principe de la Législation portant directement sur les individus, une objection d'un genre différent de celle qui a été prévue & discutée dans le précédent Chapitre. On pourra dire qu'il tendroit à rendre le Gouvernement de l'Union trop puissant & à le mettre en état d'usurper cet excédent de pouvoirs qu'on doit laisser aux Etats pour l'administration locale. En donnant à l'amour du pouvoir toute l'étendue qu'on peut raisonnablement lui supposer, j'avoue qu'il m'est impossible de découvrir comment les personnes à qui le Gouvernement général sera confié, pourroient éprouver même la tentation de dépouiller les Etats de leur autorité légitime. Le soin de la police intérieure d'un Etat me paroît offrir à l'ambition de foibles attraits. Le Commerce, les Finances, les Négociations & la Guerre, tels sont les objets qui peuvent séduire les caracteres livrés à cette passion; & tous les pouvoirs relatifs à ces objets sont dans les mains du Conseil National. L'administration de la Justice entre les Citoyens d'un même Etat, la surveillance de l'Agriculture, & les autres soins du même genre, enfin toutes les choses qui peuvent-être réglées par une Législation locale, ne seront pas un objet d'envie pour ceux à qui sera confié l'autorité générale. Il est donc peu vraisemblable que le Conseil fédéral soit jamais disposé à usurper les pouvoirs qui se rapprocheront des siens; parce que les tentatives qu'ils pourroient faire pour les exercer, seroient aussi fatigantes qu'absurdes; & qu'ils ne contribueroient nullement à la dignité, à l'importance ou à la splendeur du Gouvernement National.

Mais supposons pour un moment qu'une folle avidité de pouvoir suffise pour faire naître cette disposition, n'est-il pas évident que la prudence du Peuple d'où émanent les pouvoirs du Conseil National, réprimeroit les progrès d'une si extravagante ambition. Il sera toujours plus aisé au Gouvernement des Etats d'empiéter sur l'autorité de l'Union, qu'au Gouvernement général de s'accroître aux dépens de l'autorité des Etats. La preuve de cette propofition réfulte du plus grand degré d'influence que les Etats ont généralement fur le Peuple, s'ils adminiftrent avec probité & prudence, & cette circonftance nous apprend en même-temps que tous les Gouvernemens fédératifs ont un principe de foibleffe inhérent à leur organifation, & qu'on ne peut trop prendre de foins pour leur donner toute la force compatible avec les principes de la Liberté.

La fupériorité d'influence affurée aux Gouvernemens particuliers, réfulte en partie de l'étendue du reffort de l'autorité Nationale; mais particulierement de la nature des objets foumis à l'examen des adminiftrations particulieres.

C'eft un fait reconnu, que l'affection des hommes s'affoiblit en proportion de la diftance ou de l'étendue des objets, par le même principe qui fait qu'un homme eft plus attaché à fa famille qu'à fon voifinage, à fon voifinage qu'à tous les habitans du pays, le Peuple de chaque Etat fera difpofé à éprouver une affection plus forte pour fon Gouvernement local, que pour le Gouvernement de l'Union; à moins que l'effet de ce principe ne foit détruit par une administration beaucoup meilleure dans le dernier. Cette disposition déja si puissante sur le cœur humain, trouvera de nouveaux accroissemens dans la nature des objets soumis aux Gouvernemens des Etats.

Les petits intérêts de tout genre qui tomberont nécessairement dans le ressort des administrations locales, & qui par des canaux innombrables étendront leur influence sur toutes les parties de la société, ne pourroient être ici spécifiés chacun en particulier sans nous entraîner dans des détails moins instructifs que fatigans.

Les Législatures ont un important avantage qui seul suffit pour jetter sur notre sujet un jour décisif : je parle de l'administration journaliere de la Justice civile & criminelle. Cette seule circonstance est le plus universel, le plus puissant & le plus sûr mobile de la soumission & de l'attachement du Peuple. Ce pouvoir, gardien immédiat & visible de la vie & de la propriété, dont l'activité constante fixe les yeux du Peuple par le bienfait & la crainte, qui regle tous ces intérêts personels & ces affaires particulieres dont la décision touche de plus près & excite plus puissamment la sensibilité des individus, tend plus qu'aucune autre circonftance à imprimer à tous les efprits l'affection, l'eftime & le refpect pour le Gouvernement. Ce lien puiffant qui produira entre toutes les parties de chacun des Etats une adhérence prefqu'abfolue, indépendamment des autres caufes d'influence, affurera à leurs Gouvernemens particuliers affez d'empire pour qu'ils foient toujours un contrepoids fuffifant & quelquefois des rivaux dangereux au pouvoir de l'Union. D'un autre côté, les opérations du Gouvernement National étant moins immédiatement foumifes à l'obfervation du plus grand nombre des Citoyens, les avantages qui en réfulteront ne feront gueres apperçus & fentis, que par les hommes accoutumés à réfléchir. Portant fur des intérêts plus généraux, par leur nature ils atteindront plus difficilement la fenfibilité du Peuple, & feront par conféquent moins propres à lui infpirer une conftante reconnoiffance & un attachement actif.

Le raifonnement à cet égard eft fuffifamment appuyé de l'exemple de tous les Gouvernemens fédératifs que nous connoiffons, & de tous ceux qui ont quelqu'analogie avec cette forme de Gouvernement. Quoique l'ancien fyftême féodal ne fût pas, à proprement parler, une Confédération, il avoit quelques rapports avec cette espece d'association. Sous l'autorité d'un Chef, commandant ou Souverain commun, dont le pouvoir s'étendoit sur toute la Nation, un certain nombre de Vassaux ou Feudataires, subordonnés à ce Chef commun, possédoient de vastes territoires & une suite nombreuse de Vassaux ou Serviteurs, qui occupoient & cultivoient ces terres sous la redevance d'un serment de fidelité & d'obéissance aux personnes dont ils les tenoient. L'effet naturel de cette situation, étoit une opposition continuelle à l'aurité du Souverain, & de fréquentes guerres entre les Barons ou principaux Feudataires. Le pouvoir du Chef de la Nation étoit communément trop foible pour maintenir la paix générale, ou protéger le Peuple contre l'oppression de ses maîtres immédiats. Cette époque de l'histoire est à juste titre appellée par les Historiens le temps de l'Anarchie Féodale.

S'il arrivoit que le Souverain unit à un caractere ferme & guerrier des talens supérieurs, il devoit acquérir une prépondérance & une influence personnelle qui produisoit pour le moment le même effet qu'une autorité plus réguliere ; mais en général le pouvoir des Barons triomphoit toujours de celui du Prince ; souvent même ils s'en affranchiſſoient entierement , & les grands Fiefs étoient érigés en Principautés, ou Etats indépendans. Lorſque le Monarque l'emportoit enfin ſur ſes Vaſſaux, ſes ſuccès étoient principalement dus à la tyrannie de ces Vaſſaux ſur ceux qui dépendoient d'eux. Les Barons ou Nobles également ennemis du Souverain & oppreſſeurs du Peuple étoient craints & déteſtés par tous deux ; juſqu'à ce qu'enfin le danger & l'intérêt commun opérât entr'eux une union fatale au pouvoir de l'ariſtocratie. Si les Nobles euſſent ſu par la clémence & la juſtice maintenir la fidélité & la ſoumiſſion dans leurs Vaſſaux & Serviteurs, les débats entr'eux & le Souverain ſe ſeroient toujours terminés à leur avantage, & l'autorité Royale eût été par-tout affoiblie ou détruite.

Ce n'eſt pas une aſſertion ſimplement fondée ſur des ſpéculations ou des conjectures. Parmi les autres preuves de cette vérité que l'on pourroit citer, l'Ecoſſe nous en fournit un exemple frappant. L'attachement aux anciennes familles qui s'étoit depuis long-temps introduit dans ce Royaume, uniſſant les Nobles & tous ceux qui en dépendoient par des liens égaux à ceux du ſang, avoit donné à l'ariſtocratie une prépondérance conſtante ſur le pouvoir du Roi, & elle l'a conſervé juſqu'à ce que l'incorporation avec l'Angletere ait ſubjugué ce fier & indomptable caractère, & réduit l'Ecoſſe dans les bornes de la ſubordination, qu'un ſyſtême de politique plus raiſonnable & plus puiſſant avoit deja établi dans le premier Royaume.

Dans une Confédération, les Gouvernemens ſéparés peuvent être comparés aux Baronies Féodales, avec cet avantage pour les premiers, que d'après des raiſons déja expoſées, ils poſſéderont plus communément la confiance & la bienveillance du Peuple, & avec un ſecours ſi puiſſant, ſeront en état de s'oppoſer aux uſurpations du Gouvernement National, & tout ira bien, pourvu qu'ils ne ſoient pas en état de contrarier auſſi l'exercice néceſſaire & légitime de ſon autorité. Les points de reſſemblance ſont la rivalité du pouvoir, pareille dans les deux formes du Gouvernement, & l'exercice d'une grande portion de la force publique confié à des dépoſitaires particuliers, choiſis dans un cas par des individus, dans l'autre par des Corps politiques. Un récit abregé des événemens qu'ont produit les Gouvernemens fédératifs, donnera une nouvelle force à ces principes trop méconnus & dont l'oubli a été la principale source de nos erreurs politiques, & a donné à nos craintes une fausse direction. Cette exposition formera le sujet de quelques-uns des Chapitres suivans.

## CHAPITRE XVIII.

*Continuation du même sujet. Nouveaux exemples.*

Parmi les Confédérations connues dans l'antiquité, la plus considérable étoit celle des Républiques Grecques sous l'autorité du Conseil des Amphictyons. D'après les relations les plus fideles qui nous ont été transmises sur cette célebre institution, elle avoit avec la Confédération actuelle des Etats Américains des rapports bien instructifs.

Chacun de ses membres conservoit le caractere d'Etat indépendant & souverain, & ils avoient tous un nombre de voix égal dans le Conseil Fédéral. Ce Conseil avoit le pouvoir absolu de proposer & de résoudre tout ce qu'il jugeoit nécessaire au bonheur commun de la Grece ; de déclarer & de faire la guerre ; de décider en dernier ressort toutes les contestations qui s'élevoient entre ses Membres ; d'imposer une peine aux agresseurs; de réunir toutes les forces de la Confédération contre les réfractaires ; d'admettre de nouveaux Membres. Les Amphictyons étoient défenseurs de la Religion, gardiens des immenses richesses qui appartenoien au Temple de Delphes, ils décidoient les différens qui s'élevoient entre les habitans de cette ville & les Etrangers qui venoient consulter l'Oracle ; enfin pour assurer par une derniere précaution l'efficacité du pouvoir Fédéral, ils s'engageoient par un serment mutuel à défendre & protéger les Nations Confédérées, à punir ceux qui auroienr violé le serment, & à infliger la peine due aux sacriléges spoliateurs du Temple.

En théorie & sur le papier, cet appareil de pouvoir semble devoir suffire pour tous les objets généraux. En quelques points importans, ils excédent ceux qui sont mentionnés dans les articles de notre Confédération. Les Amphictyons avoient pour eux la superstition du temps, un des principaux instrumens par lesquels se maintiennent les Gouvernemens ; ils avoient le pouvoir reconnu d'employer la force contre les réfractaires, & ils s'étoient engagés par serment à exercer cette autorité dans les occasions où elle seroit nécessaire.

L'épreuve cependant ne répondit pas à la théorie. Les pouvoirs, comme ceux du Congrès actuel étoient exercés par des Députés nommés par les villes entieres réunies & formant chacune un Corps politique isolé : ces pouvoirs étoient exercés sur les villes Confédérées dans la même forme. De-là la foiblesse, les désordres, & enfin la destruction de la Confédération. Les Membres les plus puissans au-lieu d'être maintenus dans la crainte & la subordination, tyrannisoient successivement les autres. Athènes, comme Démosthènes nous l'apprend, fut 73 ans l'arbitre de la Grèce ; les Lacédémoniens la gouvernerent ensuite l'espace de 29 ans ; & depuis, après la bataille de Leuctres, les Thébains eurent l'Empire à leur tour.

Il arriva trop souvent, si l'on en croit Plutarque, que les Députés des villes les plus puissantes effrayerent ou corrompirent ceux des plus foibles, & que le parti le plus fort entraîna le jugement en sa faveur.

Même pendant le cours d'une guerre défensive & redoutable contre la Perse & la Macédoine, les membres de la Confédération n'agirent jamais de concert, & toujours plusieurs d'entr'eux furent trompés ou achetés par l'ennemi commun.

Les intervalles de la guerre étrangere furent remplis par les révolutions intérieures, les convulsions & les meurtres.

Après la fin de la guerre contre Xercès, il paroît que les Lacédémoniens demanderent que plusieurs Cités fussent exclues de la Confédération pour leur infidélité. Les Athéniens sentant que cette mesure feroit perdre aux Lacédémoniens moins de partisans qu'à eux-mêmes, & qu'elle les rendroit maîtres des délibérations générales, s'y opposerent avec vigueur & firent échouer l'entreprise. Ce fait historique prouve à la fois la foiblesse & l'insuffisance de l'Union; l'ambition & la rivalité de ses plus puissans membres, la dépendance & l'avilissement du reste. Les plus foibles Membres, quoique destinés par la théorie de leur systême à se mouvoir

voir avec un orgueil & une majesté égale, autour du centre commun, étoient devenus par le fait satellites des puissances du premier ordre.

Si les Grecs, dit l'Abbé Millot, eussent été aussi sages qu'ils étoient courageux, instruits par l'expérience ils auroient senti la nécessité d'une Union plus intime, & pour exécuter ce changement, ils eussent profité de la paix qui suivit leurs premiers succès contre les Perses. Mais loin de cette sage politique, Athènes & Sparte enorgueillies de leurs victoires & de la gloire qu'elles avoient acquise, devinrent d'abord rivales & bientôt ennemies, & se firent l'une à l'autre plus de mal qu'elles n'en avoient reçu de Xercès. Leurs rivalités, leurs craintes, leurs haines & leurs insultes réciproques finirent par la guerre du Péloponèse, qui finit elle-même par la ruine & l'esclavage des Athéniens, qui l'avoient commencée.

Si un Gouvernement foible est toujours agité par des dissentions intestines, quand il n'est pas en guerre, les dissentions intestines ne manquent jamais à leur tour d'attirer de nouvelles calamités du dehors. Les Phocéens ayant labouré quelques terres sa-

Tome I. M

crées appartenant au Temple d'Apollon, le Conseil des Amphictyons, guidé par la superstition du temps, imposa une amende sur les coupables. Les Phocéens excités par Athènes & Sparte, refuserent de se soumettre au Décret. Les Thébains & quelques autres Cités, entreprirent de maintenir l'autorité des Amphictyons, & de venger le Dieu de ce sacrilege. Ces derniers se trouvant les plus foibles invoquerent l'assistance de Philippe qui avoit secrétement entretenu l'animosité. Philippe saisit avec joie une occasion d'exécuter les plans qu'il méditoit depuis si long-temps contre la liberté de la Grèce. Par ses intrigues & ses dons, il fut attacher à ses intérêts les chefs populaires de quelques villes. Par leur influence & leurs suffrages, il obtint l'entrée du Conseil des Amphictyons, & se rendit bientôt le maître de la Confédération, par ses artifices & par ses armes. Tel fut l'effet du faux principe sur lequel étoit fondé ce grand systême de politique.

Si la Grèce, dit un célebre observateur de son histoire, eût été unie par les liens d'une plus étroite Confédération ; si elle eût persévéré dans son Union, elle n'eût jamais subi le joug du Macédonien, & elle auroit opposé une barriere aux vastes projets de Rome.

La Ligue Achéenne étoit une autre association des Républiques Grecques, dont l'histoire peut nous procurer une instruction utile.

Son Union étoit plus intime & son organisation plus sage que dans l'exemple précédent. Nous verrons en conséquence que quoiqu'elle n'ait pu éviter une semblable catastrophe, elle fut loin de la mériter également.

Les Cités qui composoient cette Ligue, conservoient leur Jurisdiction Municipale, nommoient leurs propres Magistrats, & jouissoient de la plus parfaite égalité. Le Sénat formé par leurs Représentans avoit seul le droit de faire la paix & la guerre; d'envoyer & de recevoir des Ambassadeurs; de faire des traités & des alliances; de nommer un principal Magistrat ou Préteur, qui commandoit l'armée commune, & qui d'après les avis & le consentement de dix Sénateurs, non-seulement gouvernoit pendant l'absence du Sénat, mais avoit encore une grande influence dans ses délibérations, quand il étoit assemblé. Par les Loix de la Constitution primitive, deux Préteurs partageoient les fonctions du Gouvernement ; mais on reconnut qu'il falloit les réduire à un seul. Il paroît que les villes Confédérées avoient toutes les mêmes loix, les mêmes usages, les mêmes poids & mesures, & la même monnoie. On ne sait pas précisément quelle part l'autorité du Conseil fédéral avoit à cette uniformité générale. On sait seulement que les villes Confédérées étoient en quelque sorte forcées d'adopter les mêmes Loix & les mêmes usages. Quand Philopœmen fit entrer Lacédémone dans la Ligue, son admission fut suivie de l'abolition des Loix & des Institutions de Lycurgue & de l'adoption de celle des Achéens. La Confédération Amphictyonique lui avoit laissé ses Loix & son Gouvernement. Cette seule circonstance prouve une différence importante dans l'esprit des deux systêmes.

Nous devons regretter de n'avoir que des monumens aussi imparfaits de ce curieux édifice politique. Si l'on connoissoit avec exactitude sa structure intérieure & les regles qui en dirigeoient l'action, il est probable que cette connoissance jetteroit plus de lumieres sur la science des Gouvernemens politiques, qu'aucun des exemples du même genre, qui foient arrivés jufqu'à nous.

Il eft un fait important qui paroît attefté par tous les Hiftoriens qui ont parlé des Achéens : c'eft qu'après le renouvellement de la Ligue par Aratus, comme avant fa diffolution, caufée par les artifices des Macédoniens, il y avoit infiniment plus de modération & de juftice dans le Gouvernement, moins de violence & de fédition dans le Peuple, que dans toutes les villes indépendantes qui exerçoient fans partage tous les droits de la fouveraineté. L'Abbé de Mably, dans fes obfervations fur la Grèce, dit que le Gouvernement populaire, ailleurs fi orageux, ne caufoit aucuns défordres parmi les Membres de la République Achéenné, parce que là il étoit tempéré par l'autorité générale, & par les Loix de la Confédération.

Ne nous preffons pourtant pas de conclure; que les factions n'agitaffent pas jufqu'à un certain point les différentes villes Confédérées; encore moins que la fubordination & l'harmonie néceffaire régnaffent dans le fyftême général.

Tant que la Confédération Ampihctyonique

subsista; celle des Achéens, qui ne renfermoit que les Cités les moins importantes, tint une place peu considérable dans l'histoire de la Grèce. Quand la premiere succomba sous les armes Macédoniennes; l'autre fut épargnée par la politique de Philippe & d'Alexandre. Mais les successeurs de ces Princes adopterent une politique différente. L'artifice fut employé pour diviser les Achéens : chaque cité fut entraînée dans des intérêts particuliers ; l'Union fut dissoute.

Quelques-unes des villes qui la composoient, tomberent sous l'Empire des garnisons Macédoniennes ; d'autres furent asservies par des usurpateurs qui s'éleverent du sein même de leur dissentions domestiques. La honte & l'oppression réveillerent long-temps après, leur amour pour la Liberté. Un petit nombre de villes se réunirent : leur exemple fut suivi par plusieurs autres, à mesure qu'elles trouverent l'occasion de se défaire de leur tyrans. La Macédoine voyoit ces progrès ; mais des dissentions intérieures ne lui permettoient pas de les arrêter. Toute la Grèce, saisie du même enthousiasme, sembloit prête à s'unir sous une seule Confédération, lorsque la crainte & la jalousie que Sparte & Athènes conçurent de la gloire naiſſante des Achéens, porterent un coup fatal à cette entreprife. La crainte du pouvoir de la Macédoine engagea la Ligue à rechercher l'alliance des Rois d'Egypte & de Syrie, fucceſſeurs d'Alexandre & rivaux du Roi de Macedoine.

Cette politique fut trompée par Cléomènes, Roi de Sparte, dont l'ambition le porta à faire à fes voifins, les Achéens, une attaque qu'ils n'avoient point provoquée. Ce Prince ennemi de la Macédoine, uni d'intérêt avec les Rois d'Egypte & de Syrie, eut fur eux le pouvoir de les porter à trahir les engagemens qu'ils avoient pris avec la Ligue. Les Achéens fe trouverent alors réduits à l'alternative, ou d'implorer le fecours des Macédoniens, leurs anciens opreſſeurs, ou de fubir le joug de Cléoménes. Le premier moyen fut adopté (1).

Les querelles des Grecs offroient toujours à

---

(1) Tout ce récit est tiré de Polybe. Cet Historien étoit fils de Lycortas qui fut Préteur des Achéens. On peut le soupçonner de partialité en leur faveur. Plutarque rapporte dans la vie de Cléomènes, que ce fut Aratus qui, jaloux de soumettre Sparte à la Ligue Achéene, provoqua cette guerre funeste.

ces puiſſans voiſins, une heureuſe occaſion de rendre part à leurs affaires. Auſſi-tôt on vit paroître une armée Macédonienne. Cléomènes fut vaincu. Les Achéens éprouverent bientôt, comme il arrive ſouvent, qu'un allié victorieux & puiſſant eſt un maître, ſous un nom différent. Tous ce que les plus humbles ſoumiſſions purent en obtenir, fut la permiſſion de ſe gouverner par leurs Loix. Philippe qui étoit alors ſur le Trône de la Macédoine, fit naître bientôt par les excès de ſa tyrannie, de nouvelles Ligues parmi les Grecs.

Les Achéens, quoiqu'affoiblis par des diſſentions inteſtines & par la révolte de Meſsène, une des villes Confédérées, unis aux Etoliens & aux Athéniens, leverent l'étendard de l'oppoſition. Mais ſe trouvant, malgré cette réunion, trop foibles pour l'exécution de leur entrepriſe, ils invoquerent encore une fois le dangereux ſecours des armes étrangeres. Les Romains, qu'ils appellerent, profiterent avec empreſſement de leur invitation. Philippe fut vaincu; la Macédoine ſubjuguée. La Ligue ſe trouva dans une nouvelle criſe Des diſſentions éclaterent parmi ſes Membres : les Romains prirent ſoin de les entretenir. Callicrates & d'autres Chefs populaires devinrent les instrumens mercenaires de la servitude de leur pays. Pour perpétuer plus sûrement la discorde & le trouble, les Romains avoient, au grand étonnement de ceux qui croyoient à leur sincérité, proclamé la Liberté (1) dans toute la Grèce. Avec les mêmes intentions perfides, ils séparoient de la Ligue par leurs séductions, ses différens Membres, en la présentant à leur orgueil, comme une usurpation sur leur souveraineté individuelle. Par de tels artifices, cette Union, la derniere espérance de la Grèce, la derniere espérance de l'antique liberté, fut dissoute & anéantie; la foiblesse & la confusion lui succéderent à tel point, que les armes Romaines acheverent sans peine la destruction que leurs artifices avoient commencée. Les Achéens furent taillés en pieces, & la Grèce fut chargée de chaînes sous le poids desquelles elle gémit aujourd'hui.

J'ai cru qu'il n'étoit pas inutile de tracer l'extrait de ce fragment d'histoire ; parce que les faits instruisent mieux que les raisonne-

---

(1) Sous un nom plus spécieux, ce n'étoit autre chose, que l'indépendance des Membres de la Confédération.

mens, & parce qu'elle pourra servir de supplément à l'esquisse de la Constitution Achéenne, & prouver par un puissant exemple, que les Gouvernemens fédératifs ont plus de tendance à l'Anarchie parmi les Membres, qu'à la tyrannie dans le Chef.

## CHAPITRE XIX.

*Continuation du même sujet. Nouveaux exemples.*

LES exemples des anciennes Confédérations, cités dans le dernier Chapitre, n'ont pas épuisé la source des instructions que nous offre l'expérience. Il existe des institutions fondées sur un semblable principe, qui méritent une attention particuliere. La premiere qui se présente à notre examen est le corps Germanique.

Dans les premiers âges du Christianisme, la Germanie étoit occupée par sept Nations différentes, qui n'avoient pas de Chef commun. Les Francs, un de ces Peuples, ayant conquis les Gaules fonderent le Royaume auquel ils ont donné leur nom. Dans le neuvieme siecle, Charlemagne leur Roi, Prince guerrier, porta par-tout ses armes victorieuses, & la Germanie devint une portion de ses vastes Etats. Lors du démembrement qui arriva sous ses fils, cette portion fut érigée en Empire distinct & indépendant. Charlemagne & ses premiers successeurs jouirent de la réalité, comme des marques & de la dignité du pouvoir Impérial. Mais les grands Vassaux dont les Fiefs étoient devenus héréditaires, & qui composoient les Dietes Nationales que Charlemagne n'avoit point abolies, s'affranchirent insensiblement du joug, s'avancerent vers l'autorité souveraine & indépendante. Les Empereurs étoient sans force pour contenir des sujets si puissans, ou pour maintenir l'unité & la paix dans l'Empire. On vit s'allumer entre les différens Princes & les différens Etats des guerres sanglantes, traînant avec elles tous les genres de calamité. L'autorité Impériale, hors d'état de maintenir l'ordre public, déclina par degrés jusqu'au moment où elle se perdit presqu'entierement dans l'anarchie qui remplit l'intervalle de la mort du dernier Empereur de la maison de Suabe, à l'élévation du premier Prince de la maison d'Autriche. Dans le onzieme siecle les Empereurs jouissoient de la plénitude de la souveraineté ; dans le quinzieme ils n'en avoient gueres que le nom & le vain appareil.

De ce systême féodal qui a lui-même quelques-uns des caracteres de la Confédération, s'est formé le systême fédératif, qui constitue l'Empire Germanique. Ses pouvoirs résident dans une Diete qui représente les Membres du corps Confédéré ; dans l'Empereur, revêtu du pouvoir exécutif & qui exerce le *Veto* sur les Décrets de la Diete ; enfin dans la Chambre Impériale & le Conseil Aulique, deux Tribunaux judiciaires qui ont une Jurisdiction suprême sur les contestations qui concernent l'Empire ou qui s'élevent entre ses Membres.

La Diete est revêtue du pouvoir général de faire les Loix de l'Empire ; de faire la paix & la guerre ; de répartir les contributions de troupes & d'argent ; de construire des forteresses ; de fixer le coin des monnoies ; d'admettre de nouveaux Membres, de mettre les Membres réfractaires au ban de l'Empire, ce qui entraîne la perte de leurs droits de souveraineté, la confiscation de leurs possessions. Des Loix expresses défendent aux Membres de la Confédération de participer à aucuns traités contraires aux intérêts de l'Empire, d'affujettir leur commerce mutuel à aucuns droits ou péages, fans le confentement de l'Empereur & de la Diete, d'altérer la valeur des monnoie; d'accorder fecours ou afyle aux perturbateurs du repos public : ceux qui enfreindroient ces défenfes, font menacés du ban. Les Membres de la Diete font, en ce qui concerne leur qualité, jugés par l'Empereur & par la Diete, dans leurs rapports individuels, par le Confeil Aulique & la Chambre Impériale.

Les prérogatives de l'Empereur font nombreufes. La plus importante eft le droit exclufif de propofer à la Diete ; d'arrêter l'effet de fes Décrets par fon refus ; de nommer les Ambaffadeurs; de conférer des dignités & des titres ; de nommer aux Électorats vacans; de fonder des Univerfités ; d'accorder les priviléges qui ne bleffent pas les droits des Etats de l'Empire; de percevoir & d'employer le revenu public ; enfin de pourvoir à la fûreté publique par une furveillance générale. Dans certains cas, les Electeurs lui forment un Confeil. En qualité d'Empereur il ne poffede ni territoire dans l'Empire, ni revenu pour fa dépenfe ; mais le revenu & les Etats qu'il possede en d'autres qualités, le rendent un des plus puissans Prince de l'Europe.

D'après un appareil si imposant de pouvoirs Constitutionels dans les Représentans & dans le Chef de cette Confédération, il seroit naturel de penser qu'elle forme une exception au caractere général qui distingue les Gouvernemens de cette nature ; mais rien ne seroit plus éloigné de la réalité que cette conjecture. Le principe fondamental sur lequel il repose, que l'Empire est une association de Souverains ; que la Diete représente des Souverains ; que les Loix sont adressées à des Souverains, ce principe fait de l'Empire un corps sans nerfs, incapable de gouverner ses Membres, sans sécurité contre les dangers extérieurs & perpétuellement agité par des convulsions intestines.

L'Histoire d'Allemagne est une suite de guerres entre l'Empereur & les Princes unis aux Etats, entre les Princes & les Etats eux-mêmes : c'est l'histoire des excès de la force & de l'oppression de la foiblesse. On n'y voit qu'invasions & intrigues étrangeres, demandes d'hommes & d'argent, ou méprisées ou n'ayant qu'un succès partiel ; tentatives pour les appuyer par la force quelquefois sans effet, mais presque toujours fuivies de carnage & de dévaftation, où l'innocent fe trouve enveloppé avec le coupable; enfin par-tout, la foibleffe, la confufion & la mifere.

Dans le feizieme fiecle, on a vu l'Empereur, réuni à une partie de l'Empire, faire la guerre au refte des Princes & des Etats. Dans un des combats, l'Empereur en perfonne fut réduit à fuir & près de fe voir prifonnier de l'Electeur de Saxe.

Le dernier Roi de Pruffe prit plus d'une fois les armes contre l'autorité Impériale, & communément fe trouva le plus fort. Les conteftations & les guerres ont été fi communes entre les Membres du corps Germanique, qu'il n'eft gueres de page de fes Annales qui n'en offre de fanglans détails. Avant la paix de Weftphalie, l'Allemagne fut défolée par une guerre de trente ans, dans laquelle l'Empereur avec une moitié de l'Empire étoit d'un côté; la Suede avec l'autre moitié du côté oppofé. La paix fut enfin négociée & dictée par les Puiffances étrangeres; & ces articles dont les Puiffances étrangeres fe font rendues garantes, forment une partie fondamentale de la Conftitution Germanique.

S'il arrive que la Nation foit plus unie par la néceffité de fa propre défenfe, fa fituation n'en eft pas moins déplorable. Les apprêts de la guerre font néceffairement précédés de tant de difcuffions fatigantes, nées des craintes, de l'orgueil, de la perfonnalité & des prétentions rivales des corps Souverains, qu'avant que les réfolutions de la Diete foient fixées, les ennemis font en campagne & ils entrent en quartier d'hiver avant que les troupes fédérées foient prêtes à marcher.

Le petit corps de Troupes Nationales, qui a été jugé néceffaire en temps de paix eft mal tenu, mal payé, infecté de préventions locales & entretenu par des contributions irrégulieres & difproportionnées.

L'impoffibilité de maintenir l'ordre & de faire refpecter la juftice parmi ces fujets fouverains, a fait imaginer la reffource de divifer l'Empire en 9 ou 10 Cercles ou Diftricts, de leur donner une organifation intérieure, & de les charger de l'exécution militaire des Loix, contre les Membres coupables & réfractaires. Cette épreuve n'a fervi qu'à démontrer plus pleinement le vice radical de la Conftitution. Chaque cercle retrace en petit, les

les difformités de ce monftrueux fyftême. Souvent ils n'exécuterent pas les commiffions qui leur étoient confiées, ou ils le firent avec les dévaftations & le carnage d'une guerre civile. Quelquefois des Cercles entiers étoient coupables des mêmes infractions ; & alors ils augmenterent les défordres auxquels leur inftitution devoit fervir de remede.

Nous pouvons nous faire une idée de ce fyftême d'exécution militaire des Loix, d'après un exemple cité par de Thou. L'Abbé de Sainte-Croix jouiffoit de certaines immunités qui lui avoient été réfervées à Donawert, ville Impériale & libre, du cercle de Suabe. Il fut publiquement outragé dans l'exercice de fes priviléges par le Peuple de cette ville. En conféquence la ville fut mife au ban de l'Empire; le Duc de Baviere, quoique Souverain d'un autre Cerle, obtint la permiffion d'exécuter ce jugement par la force. Il parut bientôt devant la ville avec un corps de dix mille hommes & trouvant une occafion favorable pour exécuter un plan qu'il méditoit dès le principe, il fit revivre une prétention depuis long-temps abandonnée fur cette place qui, difoit-il, avoit été autrefois démembrée des

Etats de ses ancêtres (1). Il en prit possession en son propre nom, désarma & punit les habitans, & réunit la ville à ses Etats.

On demandera peut-être qui a pu conserver si long-temps une machine formée de pieces si mal unies ? La réponse est facile : la foiblesse d'un grand nombre des Membres de la Confédération qui ne veulent pas se livrer sans défense aux Puissances formidables qui les entourent ; le poids énorme & l'influence que l'Empereur reçoit de ses Etats héréditaires & l'intérêt qu'il a de conserver un système auquel est attaché l'orgueil de sa Maison, & qui le rend le premier Prince de l'Europe ; telles sont les causes qui soutiennent une Union foible & précaire, tandis que l'aversion pour les réformes, si naturelles aux Souverains, & que le temps augmente encore en eux, prévient toutes celles qui pourroient donner au Gouvernement une heureuse stabilité. Mais quand cet obstacle pourroit être vaincu, il ne faut pas croire que les Puissances voisines vissent tranquillement s'opérer une révolution

---

(1) Pfeffel. Abr. Chr. de l'Histoire d'All., dit que son prétexte fut de s'indemniser des frais de l'expédition.

qui donneroit à l'Empire la force & la prééminence à laquelle il est appellé. Les Nations Etrangeres se considerent depuis long-temps comme personnellement interressées dans les changemens que cette Constitution peut éprouver, & ont dans différentes occasions, laissé voir l'intention de perpétuer son anarchie & sa foiblesse.

S'il nous falloit des exemples plus directs, il ne seroit peut-être pas hors de propos de parler de la Hollande, dont le Gouvernement s'exerce sur des Souverains particuliers, & l'on ne pourroit trouver de preuve plus convaincante des calamités qu'entraînent les institutions de cette nature. Egalement incapable de se gouverner & se défendre, la Pologne a été long-temps à la discrétion de ses puissans voisins qui dernierement l'ont tranquillement dépouillée d'un tiers de son Peuple & de son territoire.

La Ligue des Suisses peut à peine s'appeller une Confédération, quoiqu'elle ait été quelquefois citée, comme un exemple de la stabilité des Gouvernemens de ce genre.

Les Suisses n'ont point de Trésor commun, point de Troupes communes, même en temps de guerre; point de Monnoie commune; point de Cour de Justice commune ; enfin aucune marque de Souveraineté commune. Ils font réunis par la circonſtance particuliere de leur poſition géographique, par leur foibleſſe & leur nullité individuelle; par la crainte de leurs puiſſans voiſins, à l'un deſquels ils ont été autrefois foumis ; par le peu d'occaſions de querelles entre des Peuples dont les mœurs font ſimples & homogènes, par un intérêt commun pour la conſervation de leurs poſſeſſions ; par le mutuel fecours dont ils ont beſoin pour réprimer les inſurrections & les rebellions; fecours expreſſement ſtipulé, ſouvent réclamé & accordé ; par la néceſſité d'une précaution réguliere & toujours ſubſiſtante pour accommoder les diſputes parmi les Cantons ; & voici la précaution qu'ils ont priſe à cet effet. Lorſqu'il s'éleve une conteſtation, chacune des parties nomme quatre Juges parmi les habitans des Cantons étrangers à la querelle, qui, lorſqu'ils ne peuvent s'accorder, choiſiſſent un arbitre. Ce Tribunal après un ferment d'impartialité, prononce une Sentence définitive, dont tous les Cantons font obligés d'aſſurer l'exécution. On peut juger de l'effet de ce réglement par une clauſe du traité qu'ils firent en 1683. avec Victor Amédée de Savoie, par laquelle il s'engage à interpoſer ſa médiation dans les difputes qui pourroient s'élever entre les Cantons & à employer la force, s'il étoit néceffaire, contre les parties qui refuferoient de s'y foumettre.

Loin que la fituation particuliere de ces Peuples puiffe être comparée à celle des Etats-Unis, elle ne fait que confirmer les principes que nous cherchons à établir. Quelqu'efficacité que leur Union puiffe avoir dans les cas ordinaires, toutes les fois qu'il s'eft élevé des caufes de différens capables de mettre fa force à l'épreuve, elle s'eft trouvée infuffifante. Les opinions religieufes qui à trois époques différentes, ont élevé de violens & de fanglans débats, femblent avoir réellement défuni la Ligue. Les Proteftans & les Catholiques ont toujours eu depuis des Dietes particulieres où font réglés les intérêts les plus importans & qui ne laiffent à la Diete générale, que les foins relatifs aux Baillages communs.

Cette féparation a eu un autre effet qui mérite attention : il a produit des alliances oppofées avec les Puiffances étrangeres; de Berne, comme chef de l'affociation proteftante avec les Provinces-Unies, & de Lucerne, comme Chef de l'affociation Catholique avec la France,

## CHAPITRE XX.

*Continuation du même sujet. Nouveaux exemples.*

LES Pays-Bas-Unis sont une Confédération de Républiques ou plutôt d'aristocraties, dont la forme est très-digne d'attention ; & confirme tous les principes fondés sur les exemples déja cités.

L'Union est composée d'Etats égaux & souverains, & chaque Etat & Province est une réunion de villes égales & indépendantes. Dans toutes les occasions importantes, non-seulement les villes, mais les Provinces doivent être unanimes.

La souveraineté de l'Union réside dans les Etats-Généraux, ordinairement composés de cinquante Députés nommés par les Provinces. Ils reçoivent leurs pouvoirs, les uns pour la vie, les autres pour six, trois ou un an. Dans deux Provinces ils les conservent jusqu'à ce qu'il plaise à leurs Concitoyens de les révoquer.

Les Etats-Généraux ont le droit de conclure des traités & des alliances; de faire la paix & la guerre; de lever des armées & d'équiper des flottes; d'imposer des taxes & de demander des contributions. Dans tous ces cas cependant il faut la sanction unanime de leurs Constituans. Ils ont le droit de nommer & de recevoir des Ambassadeurs; d'exécuter les traités & les alliances déja conclus; de pourvoir à la perception des droits sur les importations & exportations; de regler ce qui concerne les monnoies, sauf les droits des Provinces; de gouverner comme Souverains, les terres appartenantes à la République. Les Provinces ne peuvent sans le consentement général, établir des impôts qui blessent les droits des autres, ou assujettir leurs voisins à des droits plus forts que leurs propres sujets. Un Conseil d'Etat, une Chambre des Comptes avec quatre Colléges de l'Amirauté aident & fortifient l'Administration fédérale.

Le pouvoir exécutif réside dans le Stathouder, qui est maintenant un Prince héréditaire. Le poids & l'influence qu'il a dans la République tiennent principalement à son titre indépendant; à sa grande fortune patrimoniale;

aux liens de parenté qui l'uniſſent aux principaux Souverains de l'Europe ; mais bien plus encore peut-être à ce qu'il eſt Stathouder de chaque province comme de l'Union, & à ce titre, il a, ſous certaines conditions fixées par la loi, la nomination des Magiſtrats des villes ; il exécute les Décrets des Provinces, préſide quand il lui plaît leurs divers Tribunaux & a dans toutes le droit de faire grace. Comme Stathouder de l'Union, il a cependant encore d'importantes prérogatives.

Relativement à la politique, il a le droit de décider dans les conteſtations entre les Provinces, quand les autres moyens ſont impuiſſans ; d'aſſiſter aux délibérations des Etats-Généraux & à leurs conférences particulieres ; de donner audience aux Ambaſſadeurs étrangers & d'entretenir des Agens dans les Cours étrangeres, pour les affaires particulieres.

Son pouvoir militaire conſiſte à commander les Troupes fédérales ; à pourvoir à l'entretien des Garniſons, & à régler toutes les affaires militaires ; à nommer à tous les emplois depuis celui de Colonel juſqu'à celui d'Enſeigne, & à diſpoſer de tous les Gouvernemens & de tous les poſtes des villes fortifiées.

Relativement à la Marine, il est Amiral général; il a la Surintendance & la direction de tout ce qui concerne les forces navales & des autres affaires de la Marine; il préside les Cours d'Amirauté en personne ou par procureur; il nomme des Lieutenans-Amiraux & autres Officiers; il établit des Conseils de guerre, dont les Sentences ne sont exécutées qu'après son approbation.

Son revenu, indépendamment de sa fortune particuliere, monte à 300,000 florins. Les troupes réglées qu'il commande, sont d'environ 40,000 hommes.

Telle est en théorie la forme de la célèbre Confédération Belgique; mais quels sont les caracteres que l'expérience lui a imprimés? Foiblesse dans le Gouvernement; discorde entre les Provinces; influence & insulte des Puissances étrangeres; existence précaire pendant la paix & malheurs extraordinaires dans la gue e.

Grotius a remarqué déja depuis long-temps qur sa Patrie eût péri par les vices de sa Constitution; si elle n'eût été soutenue par sa haine contre la maison d'Autriche.

L'acte d'Union d'Utrecht, dit un autre Ecrivain respectable, confie aux Etats-Généraux une autorité suffisante pour assurer l'harmonie ; mais la rivalité des Provinces la rend en pratique, très-différente de ce qu'elle est en théorie.

Le même acte, dit un troisieme, assujettit chaque Province à lever certaines impositions; mais cet article ne peut & vraisemblablement ne pourra jamais être exécuté ; parce que les Provinces intérieures qui sont peu commerçantes ne peuvent fournir des contributions égales. Ainsi en matiere d'impôts, les articles de la Constitution sont fréquemment éludés. Le danger des délais oblige les Provinces obéissantes à fournir seules la contribution, sans attendre les autres, & ensuite à obtenir leur remboursement, souvent par des Députations ; mais quelquefois aussi par tous les moyens qu'elles peuvent employer. La grande richesse & l'influence puissante de la province de Hollande, la met en état d'effectuer ces deux opérations. Il est arrivé plus d'une fois que les dettes n'ont pu être payées qu'à la pointe de la bayonnette; chose praticable, quoiqu'effrayante, dans une Confédération, dont un des Membres excede en force tous les autres, & où un grand nombre d'entr'eux sont trop petits pour penfer à la réfiftance ; mais entierement impraticable dans celles dont plufieurs Membres égaux l'un à l'autre pour la force & les moyens, feroient capables d'une longue & vigoureufe défenfe. Les Miniftres étrangers, dit fir William Temple, Miniftre étranger lui-même, favent écarter les objets mis en délibération, par leurs manœuvres avec les Provinces & les Villes. Tels furent les moyens par lefquels le traité d'Hanovre en 1726, fut traîné en longueur l'efpace d'un an. Les exemples du même genre font nombreux & connus.

Dans les circonftances critiques, les Etats-Généraux font fouvent obligés de franchir les bornes Conftitutionnelles. En 1688, ils conclurent un traité de leur propre autorité, au péril de leurs têtes. Le traité de Weftphalie en 1648, par lequel leur indépendance fut définitivement reconnue, fut conclu fans le confentement de la Zélande. Récemment encore dans le dernier traité de paix avec l'Angleterre, le principe de l'unanimité a été enfreint. Une Conftitution foible doit néceffairement finir par la diffolution, faute de pouvoirs fuffifans, ou par l'ufurpation des pouvoirs néceffaires à la fûreté publique. L'ufurpation une fois commencée, s'arrête à une hauteur falutaire, ou s'éleve aux plus dangereux excès, fuivant les circonftances. La tyrannie a peut-être plus fouvent été produite par les entreprifes d'un pouvoir établi dans des néceffités preffantes, que par le plein exercice des pouvoirs Conftitutionnels les plus étendus.

Malgré les malheurs caufés par le Stathoudérat, on a toujours cru que fans fon influence fur les provinces, les caufes d'anarchie fi évidentes dans la Confédération, l'auroient depuis long-temps diffoute. Sous un tel Gouvernement, dit M. l'Abbé Mably, l'Union n'eût jamais pu fubfifter, fi les Provinces n'euffent eu en elles un principe capable d'accélérer la lenteur de leurs mouvemens & de réunir leurs opinions à un but commun : ce principe eft le Stathouder. Sir William Temple obferve que dans les intervalle du Stathoudérat, la Hollande qui par fes richeffes & fon autorité met les autres Provinces dans une forte de dépendance, en a tenu la place.

Ces circonftances ne font pas les feules qui ont combattu la tendance de cette République à l'anarchie & à la diffolution. Les Puiffances environnantes lui impofent la néceffité d'entretenir un certain degré d'Union, tandis que, par leurs intrigues, elles perpétuent les vices Conſtitutionels qui tiennent la République en quelque forte dans leur dépendance.

Les vrais Patriotes ont long-temps gémi fur les fuites fatales de ces vices Conſtitutionnels, & ont fait quatre tentatives régulieres pour y remédier, en faifant convoquer pour cet objet fpécial, quatre Aſſemblées extraordinaires. Autant de fois leur zèle, digne d'un plus heureux fuccès, à échoué dans le projet d'unir les conſeils publics & de réformer les vices connus, avoués & funeſtes de la Conſtitution exiſtante. Arrêtons-nous un moment, mes Concitoyens, fur cette triſte & inſtructive leçon de l'hiſtoire, & aux larmes que nous font répandre les malheurs cauſés au genre humain par la diverſité des opinions & l'égoïfme, que notre reconnoiſſance uniſſe des actions de graces au Ciel, pour l'heureuſe concorde qui a diſtingué nos difcuſſions politiques.

On y a auſſi projeté d'établir un impôt général, qui devoit être adminiſtré par le pouvoir fédéral; mais ce projet a trouvé des adverfaires & a été rejeté.

Ce Peuple malheureux femble aujourd'hui être arrivé par les infurrections populaires, les diffentions entre les Etats & l'invafion actuelle des armes étrangeres ; à la crife qui doit décider de fon fort. Toutes les Nations ont les yeux fixés fur ce terrible fpectacle. Le premier vœu que dicte l'humanité, c'eft que cette trifte épreuve produife du moins dans fon Gouvernement une Révolution qui fonde fon Union fur des bafes plus folides & en faffe naître la tranquillité, la liberté & le bonheur : le fecond de leur faire trouver dans ce pays un afyle à l'abri duquel nous efpérons bientôt affurer à jamais la jouiffance de ces biens & de les confoler ainfi du malheur de leur Patrie.

Je ne m'excuferai point de m'être fi long-temps arrêté aux exemples des Gouvernemens fédératifs qui nous ont précédés. L'expérience eft l'oracle de la vérité; & lorfque fes réponfes font fans équivoque, elles doivent être concluantes & facrées. L'importante vérité qu'elle déclare manifeftement fur l'objet qui nous occupe, c'eft qu'une Souveraineté fur des Souverains, un Gouvernement fur des Gouvernemens, une Légiflation qui porte fur des Communautés & non fur des individus, eft une faute énorme en théorie & en pratique, fubvertit l'ordre & détruit les effets de la politique intérieure, en substituant la violence à la loi, & la force destructive des armes à la force paisible & salutaire du pouvoir civil.

## CHAPITRE XXI.

*Nouveaux défauts de la Constitution actuelle.*

APRÈS un récit abrégé des principales circonstances & des faits qui peuvent donner une idée de l'esprit & du sort des autres Gouvernemens Confédérés, je vais faire à présent l'énumération des plus importans de de ces défauts qui ont trompé jusqu'ici les les espérances fondées sur le système reçu parmi nous. Pour porter un jugement sain & suffisamment éclairé sur le remede qui nous convient, il est absolument nécessaire de bien connoître l'étendue & la malignité du mal.

Le premier vice & le plus palpable de la Confédération actuelle, c'est le défaut absolu de sanction à ses loix. Les Etats-Unis dans leur forme actuelle, n'ont pas le pou-

voir d'exiger l'obéissance ou de punir la résistance à leurs Décrets, par des peines pécuniaires, par des suspensions de privileges, ou par aucun autre moyen Constitutionnel. Aucun pouvoir ne leur est expressément délégué pour employer la force contre les Membres coupables ; & si on pouvoit attribuer un tel droit au Gouvernement fédéral, comme une conséquence de la nature du contrat qui unit les Etats, ce feroit par une interprétation directement contraire à cette partie de l'article second qui prononce, que chacun des Etats conservera tout pouvoir, droit & jurisdiction; qui n'est pas expressément délégué aux Etats-Unis en Congrès assemblés. Ne pas accorder au Gouvernement de l'Union le droit de faire exécuter ses Loix, feroit sans doute le comble de l'absurdité. Nous sommes cependant réduits à l'alternative ou de supposer ce défaut absolu de pouvoir, quelqu'absurde qu'il puisse être, ou d'écarter & d'anéantir cette clause que nous venons de citer, qui a été dans les derniers temps l'objet constant de l'admiration des ennemis de la nouvelle Constitution, & dont l'omission lui a attiré de si spécieux reproches & une critique si sévere. Si nous ne voulons rien ôter à la force de la
précaution

précaution contenue dans cette clause, nous ferons obligés de convenir que les États-Unis offrent l'étrange spectacle d'un Gouvernement, sans l'ombre d'un pouvoir constitutionnel pour faire exécuter fes Loix. Il paroît, d'après les exemples que nous avons cités, que la Confédération Américaine diffère à cet égard des institutions du même genre, & présente un phénomène jusqu'alors inconnu dans le monde politique.

Le défaut d'une garantie mutuelle des Gouvernemens des Etats, est encore une des principales imperfections de notre Confédération. Rien de semblable dans les articles qui en composent le plan : & supposer une garantie tacite, par des considérations d'utilité, seroit une infraction bien plus marquée à la clause ci-dessus mentionnée, que de supposer le pouvoir tacite de contraindre à l'exécution des Loix d'après des considérations semblables. Le défaut de garantie, quoique par fes conséquences il puisse mettre l'Union en danger, n'attaque pas d'aussi près son existence, que le défaut de sanction constitutionnelle à fes Loix.

Sans une garantie mutuelle, il faut renoncer au secours que l'Union fourniroit pour écarter les dangers intérieurs qui peuvent menacer l'existence des Constitutions des Etats. L'usurpation pourra élever sa tête dans chaque Etat, & fouler aux

*Tome I.*

pieds la liberté du Peuple ; tandis que, fans force pour arrêter fes progrès, le Gouvernement national n'aura à leur oppofer que fon indignation & fes regrets. Une faction heureufe pourra élever la tyrannie fur les ruines de l'ordre & de la Loi, fans que l'Union ait aucun fecours conftitutionnel à donner aux amis & aux défenfeurs du Gouvernement. La fituation orageufe à laquelle Maffachufets eft à peine échappé, prouve que les dangers de ce genre ne font pas les chimères d'une prévoyance fpéculative. Qui peut dire quelle eût été l'iffue de fes derniers troubles, fi les mécontens euffent eu pour chef un Céfar ou un Cromwel ? Qui peut prévoir l'effet que le defpotifme établi fur Maffachufets auroit eu fur Newhampfire ou fur Rhod-Ifland, fur Connecticut & fur New-York ?

L'orgueil défordonné qui attache les Etats à leur importance particulière, a fuggéré à quelques efprits une objection contre le principe de la garantie dans un Gouvernement fédératif, comme donnant au Gouvernement les moyens de prendre une part officieufe à leurs affaires particulières. Une crainte de cette nature nous priveroit des principaux avantages qu'on doit attendre de l'Union, & ne peut venir que d'une erreur fur la nature même de la garantie. Il ne peut être un obftacle aux réformes des Conftitutions des

Etats, opérées paisiblement & légalement par la majorité du Peuple. Ce droit lui sera conservé dans sa plénitude. La garantie n'auroit d'effet que contre les changemens qui pourroient être causés par la violence. On ne peut opposer trop de digues aux dangers de cette nature. La paix de la Société & la stabilité du Gouvernement dépendra absolument de l'efficacité des précautions qu'on prendra à cet égard. Lorsque tout le pouvoir du Gouvernement est entre les mains du Peuple, moins de prétextes peuvent excuser l'usage des remèdes violens contre les maladies partielles ou accidentelles de l'Etat. Le correctif naturel d'une mauvaise administration, dans une Constitution populaire ou représentative, est le changement des Administrateurs. La garantie du Gouvernement national seroit également dirigée contre les usurpations des Chefs, & contre les agitations & les violences de la faction & de la sédition dans le Peuple.

Une autre erreur fondamentale de la Confédération actuelle, c'est de diviser en contributions particulières les impôts que les Etats paient au Trésor commun. Nous avons déjà parlé de la difficulté de satisfaire par ce moyen aux besoins nationaux ; & notre expérience nous l'a suffisamment démontré. Je n'en parle en ce moment que relativement à l'égalité à établir entre les Etats. Ceux qui ont été accoutumés à réfléchir sur les circonstances qui produisent & qui constituent la richesse nationale, doivent être convaincus qu'il n'est ni mesure ni thermomètre qui en marquent exactement les degrés. Ni la valeur des terres, ni la population, qui ont été successivement proposées comme règles des contributions des Etats, ne peuvent fournir des termes d'estimation exacts. Si nous comparons la richesse de la Hollande avec celle de la Russie, de l'Allemagne, ou même de la France; si nous comparons en même-tems la valeur de leurs terres & leur population respective, nous verrons qu'entre ces deux objets de comparaison & la richesse relative de ces mêmes Nations, il n'y a aucune espèce de rapport. Si l'on établissoit une semblable comparaison entre les différens États de l'Amérique, elle fourniroit des résultats analogues. Comparons la Virginie & la Caroline du nord, la Pensylvanie & le Connecticut, Maryland & New-Gersey, & nous serons convaincus que les facultés relatives de ces Etats, à l'égard du revenu, n'ont que peu ou point de rapports avec leur territoire ou leur population relative.

Le même principe peut être également démontré par une semblable comparaison entre les districts d'un même Etat. Il suffit de connoître l'Etat de New-York, pour savoir que la richesse du district du Roi excède celle de Montgommery dans une proportion beaucoup plus grande qu'on ne pourroit le croire, si l'on prenoit la valeur des terres & le nombre des habitans pour base de son estimation. La richesse d'une Nation dépend d'une variété infinie de causes : la situation, le sol, la nature des productions, la nature du Gouvernement, le caractère des habitans, leur degré d'instruction, l'état du commerce, des arts, de l'industrie ; ces circonstances, & plusieurs autres trop compliquées, trop peu importantes, trop accidentelles, pour être particulièrement désignées, occasionnent des différences à peine concevables dans la richesse relative des différens pays. La conséquence en est évidemment que nous ne pouvons avoir aucune mesure commune de la richesse nationale ; & par une suite nécessaire, aucune règle générale ou invariable qui puisse déterminer ce que chacun des Etats peut supporter d'impôts. Ainsi toute tentative pour déterminer les contributions des différens membres de la Confédération, ne peuvent manquer de produire une inégalité manifeste & une extrême oppression.

Cette inégalité suffiroit seule pour entraîner la

destruction de l'Union, quand le Gouvernement trouveroit le moyen de faire obéir à ses réquisitions. Les Etats qui en souffriroient ne consentiroient pas long-temps à rester associés, d'après un principe qui distribueroit si inégalement le fardeau commun, & dont l'effet nécessaire seroit d'appauvrir & d'opprimer les habitans de quelques Etats, tandis que ceux des autres s'appercevroient à peine de la légèreté du fardeau qui leur seroit imposé. Tel est l'inconvénient inséparable du principe des contributions & des réquisitions.

Il n'y a d'autre moyen d'éviter cet inconvénient, que d'autoriser le Gouvernement National à percevoir ses revenus à sa manière. Les droits d'entrées, les excises, & en général tous les droits sur les consommations, suivent la loi des fluides; avec le temps, ils prennent leurs niveaux selon les moyens qu'on a de les payer. Le montant de la contribution de chaque Citoyen est, jusqu'à un certain point, dépendant de sa volonté, & peut être déterminé par la connoissance qu'il a de ses moyens. Le riche peut être extravagant, le pauvre peut être modéré, & l'oppression particulière peut toujours être prévenue par un choix judicieux des objets soumis aux impositions de ce genre. Si dans quelqu'un des Etats, des droits sur des objets de consommation qui lui sont particuliers, établissent une inégalité à son désavantage, leur effet sera probablement contrebalancé par des inégalités proportionnées dans d'autres cantons, résultantes de droits sur d'autres objets. L'effet du temps & la nature des choses doit enfin établir par-tout l'équilibre le plus parfait qu'il soit possible d'atteindre, sur une matière aussi compliquée, ou s'il existe toujours des inégalités, elles seront moins grandes dans leur quotité, moins uniformes dans leurs effets, moins odieuses dans leur forme, que celles qui résulteroient infailliblement des contributions, dans quelque proportion qu'elles puissent être déterminées.

Un avantage marqué des impôts sur les consommations, c'est qu'ils portent avec eux un remède contre leurs excès. Ils fixent leurs propres limites, qu'on ne peut excéder sans nuire à son but, l'augmentation du revenu. « Dans l'arithmé- » tique politique, deux & deux ne font pas » toujours quatre ». Ce mot est aussi juste que fin, quand il s'applique au sujet qui nous occupe. Si les droits sont portés trop haut, ils diminuent la consommation ; la perception est éludée, & ils produisent moins au Trésor public que s'ils étoient restreints dans des bornes justes & modérées. Tel est l'obstacle insurmontable qui empêche les Citoyens d'être véritablement opprimés par des impôts de cette nature ; & telle est la limite que la Nature a posée au pouvoir de les y assujettir.

Les impôts de ce genre sont ordinairement désignés par le nom d'impôts indirects, & formeront long-temps la principale branche du revenu public dans ce pays : les impôts directs, qui portent particulièrement sur les terres & les maisons, peuvent être portés à une somme précise & déterminée. La valeur des terres ou la population peuvent servir de mesure. L'état de l'agriculture & la population d'un pays sont liés par des rapports intimes. Pour l'estimation de la somme où doit être porté l'impôt, la population a l'avantage de la simplicité & de la certitude. Dans tous les pays, l'estimation de la valeur des terres est un travail qui exige toutes les forces humaines ; dans un pays dont la Constitution est imparfaite, & dont la prospérité s'accroît par degrés, les difficultés vont presque jusqu'à l'impossibilité. La dépense d'une estimation exacte est, dans toutes les situations, un inconvénient formidable. Sur une branche d'impositions, où l'autorité du Gouvernement ne trouve pas des limites dans la nature même de la chose, l'établissement d'une règle fixe & praticable dans l'exécution, peut avoir moins d'inconvéniens que l'exercice d'une autorité sans bornes.

## CHAPITRE XXII.

*Continuation du même Sujet.*

INDÉPENDAMMENT des défauts que nous venons de compter dans le Gouvernement fédératif, aujourd'hui existant, il en est d'autres aussi importans, qui contribuent encore à le rendre peu convenable pour l'administration des affaires de l'Union. Dans tous les partis, on reconnoît au nombre de ces imperfections, le défaut de pouvoir pour régler ce qui concerne le commerce. Nous avons déjà parlé de l'utilité d'un semblable pouvoir, & elle est assez généralement reconnue, pour nous dispenser d'ajouter ici beaucoup de réflexions à cet égard. Il est évident, au premier coup-d'œil, qu'il n'est aucun objet qui, relativement aux intérêts du commerce ou à ceux de la fortune publique, exige plus impérieusement l'inspection du Gouvernement fédéral. Ce défaut a déjà mis obstacle à des traités avantageux avec des Puissances étrangères, & a donné lieu à des mécontentemens entre les Etats. Aucune Nation, instruite de la nature de notre association politique, ne sera assez peu sage pour faire des traités avec les Etats-Unis, lorsqu'elle saura que les engagemens pris par l'Union, peuvent être à chaque instant violés par ses Membres; lorsqu'elle saura encore, par son expérience, qu'elle peut jouir des avantages qu'elle desire dans nos marchés, sans nous accorder aucun autre retour que ceux que les circonstances lui conseilleront. D'après cela, il ne faut pas s'étonner que M. Jenkinson, en proposant à la Chambre des Communes un Bill pour régler provisoirement le commerce entre les deux Nations, ait commencé sa proposition, en déclarant que de pareils règlemens dans des Bills précédens, avoient suffi à tous égards au commerce de la Grande-Bretagne, & qu'il étoit prudent de suivre la même marche, jusqu'à ce qu'on pût juger si le Gouvernement de l'Amérique pourroit ou non acquérir une plus grande consistance.

Quelques Etats ont cherché, par des prohibitions, des restrictions & des exécutions particulières, à influer sur la conduite des Anglois à cet égard; mais le défaut de concert qui naît du défaut d'une autorité générale, & de la différence & de la contrariété des vues des Etats, a jusqu'ici fait échouer toutes les tentatives de cette nature, & produira toujours le même effet, tant que les mêmes obstacles empêcheront l'uniformité dans les mesures.

Les règlemens de quelques Etats, contraires aux intérêts de leurs voisins & au véritable esprit de l'Union, ont plusieurs fois donné à ces derniers de justes causes d'ombrage & de plaintes. Il est à craindre que des exemples de cette nature, s'ils ne sont restreints par la censure nationale, ne se multiplient & ne s'étendent, au point de devenir des causes redoutables d'animosité & de discorde, autant que d'injustes obstacles opposés au commerce des différentes parties de la Confédération. Le commerce de l'Allemagne (Encyclopédie, art. *Empire*) est sans cesse enchaîné par la multiplicité des droits que les différens Princes & les différens Etats exigent sur les marchandises qui passent sur leur territoire; & par-là, les beaux canaux & les rivières navigables, dont elle est si heureusement arrosée, sont presque sans utilité pour elle.

Quoique le caractère du Peuple de ce pays-ci ne permette pas de croire que cet exemple puisse lui être jamais applicable, cependant nous devons attendre que peu à peu, par les conflits que feront naître les règlemens des Etats, leurs habitans se considéreront & se traiteront mutuellement aussi peu favorablement que des étrangers.

Le pouvoir de lever des armées, d'après le sens le plus naturel des articles de la Confédération, n'est que le pouvoir de requérir les Etats de fournir le nombre d'hommes fixé pour chacun d'eux. Cette méthode, dans le cours de la dernière guerre, opposa des obstacles sans fin à l'établissement d'un système de défense vigoureux & économique. Il fit naître entre les Etats une concurrence, qui donna lieu à une espèce d'encan pour les hommes. Pour fournir le nombre d'hommes auxquels ils étoient taxés, les Etats enchérissoient l'un sur l'autre, jusqu'à ce qu'enfin le prix des enrôlemens s'éleva à un taux énorme & impossible à soutenir. L'espérance d'un accroissement successif engageoit ceux qui étoient disposés à servir, à différer leur engagement, & les empêchoit de s'engager pour un temps considérable. De-là vint la lenteur & le petit nombre de recrues aux époques les plus critiques de notre situation; la briéveté du terme des enrôlemens & l'énormité des dépenses; l'état d'agitation continuelle des Troupes, destructive de la discipline, & exposant la sûreté publique aux dangers qu'entraîne une armée débandée : de-là aussi, ces moyens oppressifs plusieurs fois employés pour les recrutemens, & que l'enthousiasme de la liberté peut seule faire supporter au Peuple.

Cette méthode de lever des Troupes n'est pas plus incompatible avec l'économie & la force, qu'avec l'égalité dans la diftribution du fardeau public. Les Etats voifins du fiége de la guerre, déterminés par l'intérêt de leur défenfe perfonnelle, faifoient, pour fournir leurs contributions, des efforts qui excédoient quelquefois leurs moyens; tandis que ceux qui étoient loin du danger, étoient pour la plupart auffi lents à s'exécuter que les premiers étoient diligens. Le poids de cette inégalité n'étoit pas dans ce cas, comme dans celui des contributions en argent, allégé par l'efperance d'une liquidation définitive. Les Etats qui n'avoient pas payé leur contribution en argent pouvoient être à la fin obligés à acquitter leurs dettes; mais à l'égard des recrues, il étoit difficile d'établir un femblable compte. Dans le fait, nous devons peu regretter que cette efpérance ne nous foit pas permife, quand nous confidérons combien il eft peu vraifemblable que les Etats les plus en retard fur leurs paiemens, foient jamais en état d'acquitter même leurs dettes pécuniaires. Le fyftême de contributions & de réquifitions, appliqué aux Troupes ou aux Finances, eft, fous tous les rapports, un fyftême de foibleffe dans l'Union, d'inégalité & d'injuftice entre fes Membres.

L'égalité de fuffrage entre les Etats eft encore un des défauts de notre Confédération. Toutes les idées de juste proportion, toutes les règles de bonne représentation, s'unissent pour condamner un principe qui donne à Rhode-Island un poids dans la balance du pouvoir, égal à celui de Massachusets, de Connecticut & de New-York ; & à Délaware, une influence dans les délibérations nationales, égale à celle de la Pensylvanie, de la Virginie ou de la Caroline du nord. L'effet de ce système est directement contraire à ce principe fondamental des Gouvernemens républicains, qui exige que le vœu de la majorité décide. Des sophistes pourront répondre que des Souverains sont égaux entr'eux, & que la majorité des suffrages des Etats doit être regardée comme la majorité de l'Amérique confédérée. Mais un raisonnement aussi captieux ne pourra détruire les principes évidens de la justice & du sens commun. Il peut arriver que la majorité des États ne forme qu'une très petite minorité du Peuple de l'Amérique (1) ; & les deux tiers de l'Amérique ne consentiront pas long-temps, sur la foi de distinctions imaginaires & de subtilités syllogistiques,

---

(1) New-Hampsire, Rhode-Island, New-Gersey, Délaware, la Géorgie, la Caroline du Sud & Maryland, forment la majorité du nombre des Etats, & ne comprennent pas un tiers de la population.

à confier le soin de leurs intérêts à l'autorité & à la disposition d'un tiers. Les plus grands seront bientôt révoltés de l'idée de recevoir la loi des plus petits. Acquiescer à une semblable privation de l'importance qu'ils doivent avoir dans la balance politique, ce seroit non-seulement être insensible à l'amour du pouvoir, mais même sacrifier le desir de l'égalité. Il ne seroit pas raisonnable de s'attendre au premier, & il seroit injuste d'exiger le second. Les plus petits Etats considérant que leur sûreté & leur prospérité dépend encore plus particulièrement de l'Union, doivent renoncer à une prétention, qui, si elle n'étoit abandonnée, deviendroit fatale à son existence. On répondra que pour les plus importantes résolutions, on exige le consentement, non de sept, mais de neuf Etats, ou des deux tiers de leur nombre total; & on en conclura que neuf Etats comprendront toujours la majorité des Habitans de l'Union; mais ceci ne remédie pas à l'inconvénient de donner un suffrage égal à des Etats inégaux en étendue & en population; & la conclusion même n'est pas exacte en point de fait; car nous pouvons compter neuf Etats, qui ne renferment pas la majorité du Peuple (1); & il

―――――――――――

(1) Ajoutez aux sept précédens Etats, New-York &

est constitutionnellement possible que ces neuf États fassent passer une résolution. En outre, il est des objets d'une grande importance qui peuvent être décidés par une simple majorité; & il en est d'autres sur lesquels on est dans le doute, qui, s'ils pouvoient, d'après le jugement qu'on fera de leur degré d'importance, être décidés par les suffrages de sept États, étendroient leur effet à des intérêts du premier ordre. Il faut observer en outre qu'il y aura vraisemblablement augmentation dans le nombre des États, & qu'on n'a point pourvu à l'augmentation proportionnelle qui en doit résulter dans le calcul des suffrages.

Mais ce n'est pas tout; ce qui au premier coup-d'œil semble un remède, est en réalité un poison. Donner à la minorité la négative sur la majorité, n'est dans le fait autre chose que soumettre le vœu du plus grand nombre à celui du plus petit. Le Congrès s'est souvent trouvé, par la contradiction d'un petit nombre d'États, dans la situation de la Diète de Pologne, dont on a vu un seul *veto* arrêter tous les mouvemens. Un seizième de l'Union (telle est à-peu-près la proportion de Delaware & de Rhode-Island),

---

Connecticut, & ils seront encore au-dessous de la majorité.

a été quelquefois le pouvoir d'opposer un obstacle insurmontable à ses opérations. C'est ici un de ces rafinemens qui ont dans la pratique un effet directement contraire à celui qu'on en attend dans la théorie. La nécessité de l'unanimité ou de la presqu'unanimité dans les délibérations des assemblées politiques, a été fondée sur la supposition qu'elle contribueroit à la sécurité. Mais son effet réel est d'embarrasser l'Administration, de détruire l'énergie du Gouvernement, & de substituer la volonté, le caprice ou les artifices d'une cabale peu nombreuse, mais turbulente ou corrompue, aux délibérations & aux décisions régulières d'une respectable majorité. Dans les situations où la bonté ou la défectuosité, la force ou la foiblesse du Gouvernement deviennent pour une Nation de la plus grande importance, communément il faut agir; il faut que la chose publique marche ou dans un sens ou dans un autre. Si une minorité obstinée peut arrêter l'effet de l'opinion de la majorité, sur la meilleure manière de la conduire, la majorité, pour éviter une inaction dangereuse, se conformera aux idées de la minorité; & ainsi le vœu du plus petit nombre l'emportera sur celui du plus grand, & conduira la marche du Gouvernement. De-là d'ennuyeux délais, des négociations & des in-

Tome I. P.

trigues continuelles, enfin de méprifables tranfactions fur l'intérêt public; & dans un tel fyftême, heureux encore fi l'on peut tranfiger; car il eft des occafions où les affaires ne peuvent admettre d'accommodement, & les mefures du Gouvernement doivent éprouver ou des délais dangereux, ou un échec funefte. Le Gouvernement eft fouvent retenu dans un état d'inaction, par l'impoffibilité d'obtenir le nombre de fuffrages néceffaires. Sa fituation eft un état habituel de foibleffe, & quelquefois touche de bien près à l'anarchie.

Il n'eft pas difficile de s'appercevoir qu'un femblable principe ouvre une plus large carrière à la corruption étrangère, que celui qui n'exige pour les décifions que le vœu de la fimple majorité, quoiqu'on ait préfumé le contraire. La méprife eft venue de ce qu'on n'a pas fait affez d'attention aux malheurs qu'on peut occafionner, en arrêtant la marche du Gouvernement dans des circonftances critiques. Quand la concurrence d'un grand nombre d'hommes eft requife pour faire agir le Gouvernement, nous fommes difpofés à croire que tout eft en sûreté, parce qu'il eft vraifemblable qu'on ne fera rien de mal; mais nous oublions tout le bien qu'on peut empêcher & tout le mal qu'on peut faire, en arrêtant des démarches néceffaires

& en tenant les affaires dans l'état fâcheux où elles peuvent se trouver. Supposons, par exemple, que nous ayons entrepris une guerre en commun avec une Nation étrangère; supposons que notre situation exige que nous fassions la paix, & que l'intérêt ou l'ambition de notre Allié l'engage à chercher à continuer la guerre avec des vues qui nous autorisent à nous en séparer : dans un tel état de choses, cet Allié pourra plus aisément, par ses intrigues & ses largesses, empêcher le Gouvernement de faire la paix, si les deux tiers des voix sont nécessaires pour la résoudre, que si une simple majorité est suffisante. Dans le premier cas, il aura un plus petit nombre d'hommes à corrompre, & un plus grand dans le second.

D'après le même principe, il sera plus aisé à une Puissance étrangère avec qui nous serons en guerre, de mettre le trouble dans nos Conseils & d'embarrasser nos opérations. Relativement à nos intérêts commerciaux, nous éprouverons les mêmes inconvéniens. Une Nation avec laquelle nous aurons un traité de commerce, pourra plus facilement nous empêcher de former des liaisons avec une Nation rivale, quelqu'avantageuses que ces liaisons puissent nous être.

Ces maux ne doivent point être regardés comme

imaginaires. Un des inconvéniens des Républiques, parmi leurs nombreux avantages, c'eſt d'ouvrir un trop facile accès à la corruption étrangère. Un Roi héréditaire, quoique ſouvent diſpoſé à ſacrifier ſes Sujets à ſon ambition, a un intérêt tellement perſonnel au Gouvernement & à la gloire extérieure de la Nation, qu'il n'eſt pas aiſé à une Puiſſance étrangère de le dédommager du ſacrifice qu'il feroit en trahiſſant ſon pays. Le monde, en effet, a vu peu d'exemples de cette eſpèce de proſtitution dans des Rois, & ils n'ont pas été rares dans toutes les autres conditions.

Dans les Républiques, les perſonnes élevées de la claſſe commune, par le vœu de leurs Concitoyens, à des places qui leur donnent une dignité & un pouvoir conſidérables, peuvent trouver, en trahiſſant la confiance publique, un prix qui, à tous les yeux, excepté à ceux de l'homme doué d'une vertu ſupérieure, paroîtroit excéder la portion d'intérêts qu'ils ont dans la fortune publique, & ſuffiroit pour leur faire oublier les loix du devoir. De-là, tant de triſtes exemples que nous offre l'Hiſtoire, de l'influence de la corruption étrangère ſur les Gouvernemens républicains.

Nous avons déjà montré combien cette cauſe avoit contribué à la ruine des anciennes Républiques. On sait que les Députés des Provinces-Unies ont été souvent achetés par les émissaires des Royaumes voisins. Le Comte de Chesterfield (si ma mémoire ne me trompe pas), dans une lettre à sa Cour, fait entendre que sa réussite, dans une importante négociation, est assurée, s'il peut obtenir une commission de Major pour l'un de ces Députés. En Suède, les différens partis étoient alternativement vendus à la France & à l'Angleterre, avec tant de notoriété & si peu de pudeur, que toute la Nation finit par s'en lasser ; & ce fut une des principales causes de la Révolution, par laquelle une des Monarchies les plus limitées de l'Europe, devint en un jour, sans tumulte, sans violence, sans opposition, une des plus absolues & des plus arbitraires.

Il nous reste à parler d'une circonstance qui couronne tous les défauts de la Confédération actuelle. Le défaut de Pouvoir judiciaire : les Loix sont de vains écrits, sans Tribunaux pour en examiner & en déterminer le vrai sens & l'application. Les traités faits par les Etats-Unis, si l'on veut qu'ils aient quelque force, doivent être considérés comme faisant partie des Loix du pays. Leur véritable sens, dans le rapport qu'ils ont avec les individus, doit être, comme celui des autres Loix, fixé par des décisions judiciaires. Pour que ces décisions soient uniformes, elles doivent être soumises en dernier ressort à un Tribunal suprême, & ce Tribunal doit être institué par la même autorité qui a fait les traités eux-mêmes.

Ces deux conditions sont également indispensables. S'il y a dans chaque Etat une Cour de Justice suprême, il y aura autant de différentes décisions suprêmes sur le même point, que de Cours de Justice. Les opinions des hommes varient à l'infini. Nous voyons souvent, non-seulement différentes Cours, mais les Juges de la même Cour, ne pouvoir s'accorder. Pour éviter la confusion qui naîtroit infailliblement des décisions contradictoires de plusieurs Tribunaux indépendans, toutes les Nations ont cru nécessaire d'établir une Cour souveraine, chargée d'une surveillance générale, & autorisée à fixer & à déclarer en dernier ressort, quelle doit être la règle uniforme de la Justice civile.

Si cette institution est nécessaire, c'est lorsque la forme du Gouvernement est si compliquée, que les loix de la totalité peuvent être contrariées par les loix des parties. Dans ce cas, si les Tribunaux particuliers sont investis d'une jurisdiction souveraine, outre les contradictions résultantes de la différence des opinions, on aura encore à craindre l'effet des vices & des préventions locales & l'oppofition des loix locales. Toutes les fois que cette oppofition aura lieu, il eft à craindre que les difpofitions des loix particulières ne foient préférées à celui des loix générales; d'après la déférence naturelle aux gens qui occupent une place pour l'autorité dont ils la tiennent. Les traités faits avec les Etats-Unis, dans la Conftitution actuelle, peuvent être enfreints par treize différentes Légiflatures, & par autant de Cours fouveraines, agiffant fous l'autorité des Légiflatures. La foi, la réputation, la paix de l'Union eft ainfi continuellement à la merci des préjugés des paffions & des intérêts des membres qui la compofent. Eft-il poffible qu'un tel Gouvernement infpire du refpect ou de la confiance aux Nations étrangères? Eft-il poffible que le Peuple de l'Amérique confente plus long-temps à placer fon honneur, fon bonheur, fa fûreté fur une bafe auffi peu folide?

Dans cet examen de la Confédération, je me fuis borné à en expofer les principaux défauts, laiffant de côté ces imperfections de détail, qui détruifent, en grande partie, l'effet du pouvoir même qu'on a prétendu lui conférer. Il doit être à présent évident pour tous les hommes qui réfléchissent, qui sont libres de préjugés, ou qui peuvent s'en dépouiller, que ce syftême eft fi radicalement vicieux, qu'il ne peut recevoir d'amélioration que par un changement abfolu dans fes principaux traits & dans fon caractère effentiel.

L'organifation même du Congrès n'eft nullement propre à l'exercice des pouvoirs qu'il eft néceffaire de conférer à l'Union. Une feule Affemblée peut recevoir fans inconvénient cette autorité foible & dépendante, qui a été jufqu'ici déléguée au Gouvernement fédéral; mais il feroit contraire à tous les principes d'un bon Gouvernement de lui confier cette augmentation de pouvoir, dont les adverfaires modérés & raifonnables de la Conftitution propofée, fentent eux-mêmes la néceffité. Si ce plan ne peut être adopté, & fi la néceffité de l'Union peut la foutenir contre les vues ambitieufes de ces hommes qui ont fondé fur fa diffolution de magnifiques projets pour leur agrandiffement perfonnel, il eft vraifemblable que nous adopterons le projet de donner une augmentation de pouvoirs au Congrès, tel qu'il eft aujourd'hui conftitué. Alors, où la machine tombera en pouffière par la foibleffe de fa ftructure intérieure, en dépit de nos efforts mal dirigés pour l'étayer, ou par les augmentations succeſſives de ſa force & de ſon énergie, que la néceſſité pourra indiquer ; nous finirons par accumuler dans un ſeul Corps toutes les plus importantes prérogatives de la ſouveraineté, & nous tranſmettrons à notre poſtérité une des plus exécrables formes de Gouvernement que l'extravagance des hommes ait jamais inventées. Ainſi nous aurons créé en réalité cette même tyrannie, l'objet des inquiétudes réelles ou ſimulées des adverſaires de la nouvelle Conſtitution.

Ce qui n'a pas peu contribué à la foibleſſe du Gouvernement fédéral exiſtant, c'eſt qu'il n'a jamais été ratifié par le Peuple. Fondé ſur une baſe auſſi peu ſolide que le conſentement de chaque Légiſlature, il a ſouvent été expoſé à de fréquentes & obſcures diſcuſſions ſur la validité de ſes pouvoirs, & a pluſieurs fois donné naiſſance à l'abſurde ſyſtême de la révocation légiſlative. Comme il devoit ſa ratification à une Loi de chaque Etat, on a prétendu que la même autorité qui avoit fait cette Loi, qui l'a ratifié, pouvoit la révoquer. C'eſt aſſurément une erreur groſſière de prétendre qu'une partie contractante a le droit d'annuler le contrat auquel elle a accédé ; & cependant ce ſyſtême a eu de respectables défenseurs. La possibilité d'une telle question prouve la nécessité de poser les fondemens de notre Gouvernement National plus profondément que sur la simple sanction du Pouvoir délégué. L'édifice de la Constitution Américaine doit reposer sur la solide base du consentement du Peuple. Le Pouvoir national doit découler immédiatement de cette pure & primitive source de toute autorité légitime.

## CHAPITRE XXIII.

*Nécessité d'un Gouvernement au moins aussi énergique que celui qui nous est proposé.*

IL nous reste à examiner la nécessité d'un Gouvernement au moins aussi énergique que celui qui nous est proposé, pour le maintien de l'Union.

Cette recherche se divise naturellement en trois branches : les fonctions du Gouvernement Fédéral ; le degré de pouvoir nécessaire pour les remplir ; les personnes sur lesquelles ce pouvoir doit agir. Nous nous occuperons plus particulièrement de sa distribution & de son organisation, dans la seconde Partie de cet Ouvrage.

Les principales fonctions de l'Union sont de défendre tous les membres, de garantir la paix publique des convulsions intérieures & des attaques du dehors; de régler le commerce avec les Nations étrangères, & entre les États; d'entretenir nos relations politiques & commerciales avec les Nations étrangères.

Les pouvoirs essentiels, pour le soin de la défense commune, sont de lever des troupes; de construire & d'équiper des flottes; de prescrire les loix qui les gouvernent; de diriger leurs opérations; de pourvoir à leur entretien. Ces pouvoirs doivent être sans bornes, parce qu'il est impossible de prévoir ou de fixer l'étendue & la variété des moyens nécessaires pour y satisfaire. Les circonstances, qui exposent la sûreté des Nations, sont infinies; ainsi on ne peut raisonnablement donner d'entraves au pouvoir à qui le soin en est confié. Ce pouvoir doit s'étendre à toutes les combinaisons possibles de ces circonstances, & doit s'exercer sous la direction des mêmes Conseils, nommés pour veiller à la défense commune.

C'est ici une de ces vérités, qui pour un esprit sans préjugés, portent avec elles leur évidence, & que des explications & des raisonnemens peuvent obscurcir, mais ne peuvent jamais rendre plus claires: elle repose sur des principes aussi simples qu'ils sont universels; les moyens doivent être proportionnés à la fin. Lorsqu'on veut que des hommes arrivent à un but quelconque, il faut leur donner des moyens qui y conduisent.

Devons-nous avoir un Gouvernement fédéral, chargé du soin de la défense commune ? telle est la première question, soumise à notre discussion; mais du moment où elle est décidée à l'affirmative, il s'en suit que ce Gouvernement doit être revêtu de tous les pouvoirs nécessaires pour remplir les fonctions qui lui sont confiées; à moins qu'il ne soit démontré que les circonstances, qui intéressent la sûreté publique, peuvent être comprises dans des bornes déterminées; à moins que la proposition contraire ne soit combattue par des raisons claires & convainquantes, il faut admettre, comme une conséquence nécessaire, l'impossibilité de donner des bornes à l'autorité chargée de la défense & de la protection de la communauté, sur aucun des points essentiels à son efficacité : c'est-à-dire, sur tout ce qui regarde la formation, la direction ou l'entretien des Forces Nationales. Quelque défectueuse que soit à l'épreuve la Confédération actuelle, ce principe paroît avoir été parfaitement reconnu par ceux qui l'ont formée, quoiqu'ils n'aient pas pris des précautions convenables & suffisantes pour qu'il fût observé dans l'exécution. Le Congrès a un pouvoir illimité de faire des réquisitions d'hommes & d'argent, de gouverner l'armée & la flotte, de diriger leurs opérations. Comme ses réquisitions sont constitutionnellement obligatoires pour les Etats, qui ne peuvent, sans manquer au plus impérieux devoir, se dispenser de fournir les secours demandés, l'intention des législateurs étoit évidemment que les Etas-Unis pussent exiger toutes les ressources qu'ils jugeroient nécessaires pour la défense & la prospérité commune. Ils pensoient que dans les membres de la Confédération la connoissance de leurs vrais intérêts & la soumission aux principes de la bonne foi, seroit un gage assuré de leur exactitude à remplir leurs devoirs vis-à-vis du Gouvernement fédéral.

L'expérience a prouvé que leur attente étoit mal fondée & illusoire; & les observations, faites dans le dernier chapitre, suffiront pour convaincre les hommes éclairés & impartiaux qu'il est absolument nécessaire de changer entièrement le premier principe de notre système politique; que si nous voulons donner à l'Union de l'énergie & de la stabilité, il faut abandonner le vain projet de faire des loix pour les Etats en corps; que les loix du Gouvernement fédéral doivent s'étendre individuellement à tous les habitans de l'Amérique ; que nous devons écarter la forme vicieuse des contributions & des réquisitions, comme injuste & comme impraticable. Le résultat de ces réflexions est que l'Union doit être revêtue du plein pouvoir de lever des troupes, de construire & d'équiper des flottes, de lever les sommes nécessaires pour la formation & l'entretien de l'armée & de la marine, suivant le mode communément observé dans les autres Gouvernemens.

Si l'état de notre pays exige un Gouvernement composé, plutôt qu'un Gouvernement simple, une Confédération, plutôt qu'un Empire unique, le point essentiel sera de tracer le plus clairement possible les limites des fonctions des différens pouvoirs, en accordant à chacun la plus ample autorité possible, pour remplir les fonctions qui lui sont confiées. Si l'Union est chargée du soin de la sûreté publique ; si les flottes, les armées & le Trésor public sont nécessaires à cet effet, le Gouvernement de l'Union doit avoir le droit de faire toutes les loix & tous les réglemens qui y sont relatifs. Il doit avoir le même droit relativement au commerce & aux autres objets auxquels s'étend son autorité. Si l'administration de la justice entre les habitans du même Etat appartient naturellement aux Gouvernemens particuliers, ils doivent avoir tous les pouvoirs relatifs à cet objet & à tous ceux qui feront foumis à leur examen & à leur décifion. Ne pas conférer, dans tous ces cas, un degré de pouvoir proportioné au but qu'on fe propofe, c'eft violer les premières règles de la raifon & de la prudence, & confier indifcrétement les plus grands intérêts de l'Etat à des mains hors d'état de les adminiftrer avec vigueur & fuccès.

Perfonne n'eft plus en état de pourvoir efficacement à la défenfe publique, que le Corps chargé du foin de la fûreté publique, qui, au centre des informations, fera le mieux inftruit de l'étendue & de l'urgence des dangers dont l'Etat pourra être menacé, &, comme repréfentant du tout, fe trouvera le plus intéreffé à la confervation de chacune des parties qui le compofent; qui, par la refponfabilité attachée à fes fonctions, fentira le plus fortement la néceffité de les bien remplir, & qui, par l'extenfion de fon autorité fur tous les Etats, peut feul établir l'uniformité & le concert dans les plans & dans les mefures propres à affurer la tranquillité publique. N'y a-t-il pas une inconféquence manifefte à confier au Gouvernement fédéral le foin de la défense commune, en laissant aux gouvernemens des Etats l'autorité nécessaire pour y pourvoir ? & la foiblesse, le désordre, l'inégale distribution du fardeau & des calamités de la guerre, un accroissement inutile & insupportable dans les dépenses, n'en seront-ils pas les suites naturelles & inévitables ? N'avons-nous pas fait une épreuve certaine de ses effets, dans le cours de la Révolution que nous venons de terminer ?

Sous quelque rapport que nous examinions ce sujet, si nous cherchons de bonne foi la vérité, nous nous convaincrons de plus en plus qu'il est insensé & dangereux de refuser au Gouvernement fédéral une autorité sans bornes, relativement aux objets confiés à ses soins. Le Peuple doit examiner avec la plus grande & la plus scrupuleuse attention, s'il est organisé de manière à pouvoir être, sans danger, revêtu de l'autorité nécessaire ; parmi les plans soumis à notre délibération, tous ceux qui, après un examen impartial, ne nous paroîtroient pas remplir cette condition, doivent être rejettés. Un Gouvernement auquel son organisation ne permet pas de confier tous les pouvoirs qu'un Peuple libre doit toujours accorder à son Gouvernement, ne peut recevoir, sans inconvénient & sans danger, le
dépôt

dépôt des intérêts nationaux : & si les intérêts nationaux peuvent lui être confiés avec raison, on peut y joindre sans danger des pouvoirs proportionnés. Tel est le résultat de tout raisonnement juste sur ce sujet, & les adversaires du plan publié par la Convention auroient donné une meilleure idée de leur sincérité, s'ils se fussent bornés à prétendre que l'organisation intérieure du Gouvernement proposé le rendroit indigne de la confiance du Peuple. Ils auroient dû s'épargner des déclamations incendiaires & des sophismes dénués de sens sur l'étendue des pouvoirs. Les pouvoirs ne sont pas trop étendus pour les objets de l'Administration fédérale, ou en d'autres termes, pour le soin des intérêts nationaux ; & l'on ne peut alléguer une raison satisfaisante pour en démontrer l'excès.

S'il est vrai, comme l'ont insinué quelques écrivains du parti contraire, que la difficulté vienne de la nature de la chose, & que l'étendue du pays ne nous permette pas de former un Gouvernement à qui l'on puisse confier une autorité si considérable, cela nous prouveroit que nous devons rétrécir nos vues, & recourir à l'expédient des Confédérations séparées, dont les mouvemens s'exécuteront dans des espaces plus commodes; car, enfin, c'est une absurdité dont

Tome I.                                        Q

nous devons rougir, de confier à un Gouvernement le soin des intérêts nationaux les plus essentiels, sans oser lui assurer l'autorité nécessaire pour les administrer convenablement & avec succès. Sans chercher à concilier des choses contradictoires, fixons-nous à une alternative raisonnable.

J'espère cependant qu'on ne parviendra pas à prouver l'impossibilité d'un système général. Je suis fort trompé, si l'on a donné une raison solide à l'appui de cette opinion, & je me flatte que les observations faites dans le cours de cet Ouvrage ont porté la proposition contraire à la plus haute évidence, dont puisse être susceptible une opinion qui n'a pas subi l'épreuve du temps & de l'expérience. Ce qu'il y a de certain, c'est que la difficulté même qu'on fait résulter de l'étendue du pays est l'argument le plus puissant en faveur d'un Gouvernement énergique; car sans cela, il seroit insuffisant pour maintenir l'union d'un si grand Empire. Si nous adoptons les principes des adversaires de la Constitution nouvelle, nous vérifierons la triste prévoyance de ceux qui soutiennent l'impossibilité d'un Gouvernement général.

## CHAPITRE XXIV.

*Continuation du même sujet. Réponse à une Objection relative aux Armées sur pied.*

JE ne connois qu'une objection qui porte particulièrement sur les pouvoirs que la nouvelle Constitution attribue au Gouvernement fédéral, relativement à la formation & à la direction des forces nationales. Si je l'ai bien comprise, elle est fondée sur ce qu'on n'a pas pris de précautions suffisantes contre l'existence des armées sur pied en temps de paix. Je vais m'efforcer de prouver qu'elle est fondée sur des bases foibles & peu solides.

Elle a été exprimée dans les termes les plus généraux & les plus vagues, & soutenue par des assertions hardies, sans l'apparence d'un raisonnement, sans même l'appui de la théorie : elle contredit l'expérience des autres Nations, & l'opinion générale de l'Amérique, exprimée dans la plus grande partie des Constitutions existantes. On sentira que cette remarque n'est pas déplacée, quand on songera que l'objection que nous examinons roule sur la nécessité supposée de restreindre l'autorité législative du Gouvernement

National fur l'article des Etabliffemens militaires, principe jufqu'à préfent inoui, fi ce n'eft dans une ou deux Conftitutions des Etats, & rejeté par toutes les autres.

Un homme étranger à notre état politique, qui liroit à préfent nos papiers publics, fans avoir auparavant examiné le plan propofé par la Convention, en concluroit, ou que ce plan contient une difpofition pofitive qui exige qu'on entretienne pendant la paix des armées fur pied, ou qu'il donne au Pouvoir exécutif tout droit de lever des Troupes, fans foumettre, en aucune manière, fes volontés à cet égard à l'examen de la Légiflature. S'il venoit enfuite à lire le plan lui-même, il verroit avec furprife qu'il ne contient aucune de ces difpofitions; que le droit de lever des Troupes appartient à la Légiflature & non au Pouvoir exécutif; que cette Légiflature eft un Corps populaire compofé des Repréfentans du Peuple périodiquement élus, & il y trouveroit, au lieu de la difpofition qu'il auroit fuppofée en faveur des armées fur pied, une importante reftriction à l'autorité légiflative même, dans la claufe qui défend d'employer les fonds publics à l'entretien d'une armée pendant plus de deux ans, précaution qui, à un plus mûr examen, paroîtra un obftacle fuffifant à tout établiffement

militaire qui ne feroit pas juftifié par une néceſ-
fité évidente.

Détrompé de fa première idée, l'homme que je fuppofe pouffera plus loin fes conjectures : il fe dira vraifemblablement que des déclamations fi véhémentes & fi paffionnées doivent avoir du moins un prétexte qui les colore. Il faut nécef-fairement, fe dira-t-il, que ce Peuple fi inquiet pour fa liberté, ait dans les plans de Conftitution qu'il a précédemment établis, inféré les difpofi-tions les plus précifes & les plus rigides à cet égard. Il ne les voit pas dans le nouveau plan; & c'eft cette omiffion qui a donné lieu à toutes ces appréhenfions & à ces clameurs.

Si d'après cette idée il entreprend de paffer en revue les différentes Conftitutions des Etats, quel fera fon étonnement, lorfqu'il verra qu'il n'eft que deux d'entr'elles (1) qui contiennent

―――――――――――――――――――――――――

(1) Cette affertion eft fondée fur la Collection im-primée des Conftitutions des Etats. La Penfylvanie & la Caroline du Nord font les deux feules qui aient prononcé l'interdiction. Elle eft conçue en ces termes : « Comme » les armées fur pied en temps de paix mettent la liberté » en danger, elles ne doivent pas être entretenues après » la fin de la guerre ». Cet article contient plutôt une précaution qu'une prohibition. New-Hampfire, Maffa-chufets, Delaware & Maryland ont une claufe relative

une prohibition des armées fur pied en temps de paix; que les onze autres, ou ont obfervé le plus profond filence à cet égard, ou reconnoiffent expreffément dans la Légiflature le droit d'autorifer l'exiftence des armées fur pied? Il refteroit toujours perfuadé que tant de clameurs fur cet objet ne font pas fans un prétexte plaufible. Il ne pourroit jamais imaginer, tant qu'il lui refteroit d'autres conjectures à former, que ce n'eft autre chofe qu'une expérience fur la crédulité publique, dictée ou par l'intention réfléchie de tromper, ou par l'excès d'un zèle trop immodéré pour être fincère. Il croiroit vraifemblablement trouver les difpofitions en queftion dans

---

à cet objet dans leurs Bills des Droits. « L'exiftence des » armées fur pied eft dangereufe à la liberté, & elles » ne doivent être levées ni entretenues fans le confen- » tement de la Légiflature ».

C'eft une reconnoiffance formelle de l'autorité de la Légiflature. New-York n'a pas de Bill des Droits, & fa Conftitution ne dit pas un mot à cet égard. Il n'y a point de Bills de Droits annexés aux Conftitutions des autres Etats, & leurs Conftitutions font encore muettes fur ce fujet. On m'a dit cependant qu'un ou deux de ces Etats ont des Bills de Droits qui ne font pas inférés dans la Collection, & qu'ils reconnoiffent également le droit du Pouvoir légiflatif à cet égard.

le pacte primitif fait entre les Etats. Il espéreroit, enfin, y trouver le mot de l'énigme. Il n'est pas douteux, se diroit-il, que les Confédérations aujourd'hui existantes, ne contiennent les dispositions les plus précises contre les établissemens militaires en temps de paix : on s'est écarté de ce modèle sur un article, & c'est pour la défense de cet article favori, que combattent tant de grands politiques.

S'il examinoit avec une attention scrupuleuse & réfléchie les articles de la Confédération, son étonnement deviendroit bien plus grand, & l'indignation s'y joindroit, lorsque, contre son attente, il trouveroit que ces articles au lieu de contenir la prohibition qu'il y chercheroit, restreignent, avec une inquiète circonspection, l'autorité des Législatures des Etats à cet égard, mais ne mettent aucunes bornes à celle des Etats-Unis. Si c'étoit un homme d'un caractère vif & ardent, il prononceroit à l'instant que ces clameurs sont les artifices malhonnêtes d'une opposition sinistre & sans principes, contre un plan que doivent examiner attentivement & de bonne foi tous ceux qui aiment sincérement leur pays. Par quel autre motif, diroit-il, auroit-on exhalé de si violentes déclamations contre ce plan, sur un article dans lequel il semble conforme au vœu général de l'Amérique, exprimé dans les Conſtitutions des Etats particuliers qui la compoſent, & qui y ajoute pour la ſécurité publique, un nouveau & puiſſant moyen qu'elles avoient ignoré? Si, au contraire, c'étoit un homme calme & ſans paſſion, il ſe contenteroit de gémir ſur la foibleſſe de la nature humaine, & ſur ce que, dans la diſcuſſion d'un objet ſi intéreſſant pour le bonheur de pluſieurs millions d'hommes, le vrai rapport, ſous lequel la queſtion doit être enviſagée, ſoit embrouillé & obſcurci par des moyens ſi contraires à une déciſion ſage & impartiale. Un homme même de ce caractère ne pourroit s'abſtenir de remarquer qu'une ſemblable conduite ſemble trop déterminée par l'intention d'égarer le Peuple, en agitant ſes paſſions au lieu de le convaincre par des argumens propres à éclairer ſon eſprit.

Quoique cette objection ne ſoit pas appuyée par l'autorité de nos premières inſtitutions, il ne ſera pas inutile d'examiner ce qu'elle vaut par elle-même. Après un mûr examen, on trouvera qu'il ſeroit peu ſage de tracer des limites au pouvoir de la Légiſlature, relativement aux établiſſemens militaires, & que ſi l'on en traçoit, les beſoins de la Société forceroient vraiſemblablement à les franchir.

Quoiqu'une vaste mer nous sépare de l'Europe, diverses considérations doivent nous défendre d'un excès de confiance ou de sécurité. D'un côté s'étendent le long de nos frontières de nouveaux Etablissemens soumis à la puissance de l'Angleterre : de l'autre côté nous sommes bornés par des Colonies & des Etablissemens appartenans à l'Espagne, qui touchent aux Etablissemens Anglois. Cette situation & la proximité des îles de l'Amérique établit entre ces deux Nations un intérêt commun, relativement à leurs possessions américaines & relativement à nous. Les Peuplades sauvages, qui habitent près de nos frontières occidentales, doivent être regardées comme nos ennemis & leurs alliés naturels, parce qu'ils ont beaucoup à craindre de nous & beaucoup à espérer d'eux. Les progrès de l'art de la navigation ont, par la facilité des communications, rendu voisines les Nations les plus éloignées. L'Angleterre & l'Espagne sont au nombre des principales Puissances maritimes de l'Europe. Il n'est pas hors de la vraisemblance que nous voyions un jour ces deux Nations s'accorder dans leurs vues. L'éloignement progressif du degré de parenté diminue chaque jour la force du pacte de famille entre la France & l'Espagne ; & tous les Publicistes ont toujours regardé avec raison les liens du fang comme de douteux & foibles gages de la durée des liaisons politiques. Ces circonstances réunies nous avertissent de ne pas nous livrer à une excessive sécurité contre un danger trop réel.

Avant la Révolution & depuis la paix, il a toujours fallu entretenir de petites garnisons sur nos frontières occidentales. Personne ne doute qu'elles ne soient toujours également nécessaires, ne fût-ce que pour prévenir les incursions & le pillage des Indiens. Ces garnisons seront recrutées ou par des détachemens de milice, formés à cet effet, ou par un corps permanent à la solde du Gouvernement. Le premier moyen est impraticable & deviendroit pernicieux, s'il étoit possible. Les hommes qui composent la milice ne se soumettront pas à se voir arrachés à leurs occupations & à leurs familles, pour remplir ce pénible devoir en temps de paix ; ou s'ils s'y soumettent, ce ne sera pas pour long-temps. Quand même ils y consentiroient, ou seroient forcés à le souffrir, l'accroissement de dépense occasionné par le retour fréquent des momens de service, la perte du travail & le dérangement dans les recherches de l'industrie des individus, seroient des raisons suffisantes pour faire rejetter ce plan. Il seroit aussi à charge & nuisible au public, que ruineux pour les particuliers. La seconde resfource, qui confifte en un Corps permanent à la folde du Gouvernement, néceffite une armée fur pied en temps de paix. Ce fera une petite armée, à la vérité, mais ce fera toujours une armée. Ce fimple coup-d'œil fur le fujet qui nous occupe, fuffit pour démontrer à la fois l'inconvénient de l'interdiction conftitutionnelle des Etabliffemens de cette nature, & la néceffité de laiffer cet objet à l'autorité & à la prudence de la Légiflature.

Il eft vraifemblable & même certain que l'Angleterre & l'Efpagne augmenteront leurs Etabliffemens militaires dans notre voifinage, en proportion de l'augmentation de nos forces. Si nous ne voulons pas être expofés fans défenfe à leurs infultes & à leurs ufurpations, il eft néceffaire d'augmenter les garnifons de nos places frontières, en raifon des forces par lefquelles nos Etabliffemens de l'Oueft pourroient être inquiétés. De ce côté il exifte & il exiftera toujours des poftes d'où l'on commande une vafte étendue de notre territoire, & qui peuvent faciliter l'invafion de tout le pays. Il faut ajouter que quelques-uns de ces poftes font les feules routes ouvertes à notre commerce avec les Nations Indiennes. Eft-il un homme qui pût trouver raifonnable de laiffer de femblables poftes dans un état où ils pourroient être à chaque inftant faifis par l'une ou l'autre de deux Nations voifines & formidables? cette conduite feroit l'abandon des règles les plus communes de la prudence & de la politique.

Si nous prétendons être un Peuple commerçant, fi nous voulons feulement défendre nos côtes, nous devons faire nos efforts pour avoir le plutôt poffible une marine. Pour y parvenir, il faut des chantiers, des arfenaux, & pour leur défenfe, des fortifications & vraifemblablement des garnifons. Quand une Nation eft devenue affez puiffante fur mer, pour pouvoir protéger fes chantiers par fes flottes, elle n'a plus befoin de garnifons pour cet objet; mais lorfque les Etabliffemens maritimes font dans leur enfance, il faut, fuivant toute apparence, quelques garnifons, peu nombreufes, pour prévenir les defcentes des ennemis qui pourroient venir détruire les arfenaux, les chantiers & quelquefois la flotte même.

# CHAPITRE XXV.

## Même Sujet.

ON répondra peut-être que les objets détaillés dans le Chapitre précédent doivent être confiés aux soins des Gouvernemens des Etats, sous la direction de l'Union; mais ce seroit un renversement absolu des premiers principes de notre association; ce seroit dans l'exécution ôter le soin de la défense commune au Gouvernement fédéral, pour le transférer à des membres particuliers; opération oppressive pour quelques Etats, dangereuse pour tous, & mortelle pour la Confédération.

Les territoires de l'Angleterre, de l'Espagne, & des Nations Indiennes dans notre voisinage, ne confinent pas seulement quelques Etats particuliers, ils enferment toute l'étendue de l'Union, depuis Maine jusqu'à la Géorgie. Le danger, quoiqu'il ne soit pas au même degré pour tous, est cependant commun. Des Conseils communs & un Trésor commun doivent conséquemment fournir les moyens d'y résister. Quelques Etats, par leur position géographique, y sont particulièrement exposés. New-York est dans cette classe. D'après le plan de défense séparée, New-York auroit à supporter tout le poids des Etablissemens nécessaires, d'abord pour sa défense immédiate, & en dernier lieu pour la protection médiate de ses voisins, ce qui ne seroit ni juste pour New-York, ni sûr pour les autres Etats. Divers inconvéniens résulteroient de ce système.

Les Etats obligés, par le hasard de leur position, à entretenir des Etablissemens nécessaires, n'auroient de long-temps ni la possibilité ni la volonté d'en supporter le fardeau. La sûreté commune seroit subordonnée à la parcimonie, à l'imprévoyance ou à l'incapacité d'une partie. Si les moyens de cette partie de l'Association, devenant plus étendus, ses Etablissemens s'agrandissoient en proportion, les autres Etats prendroient bientôt l'alarme, en voyant toute la force militaire de l'Union dans les mains de deux ou trois de ses membres, qui seroient vraisemblablement les plus puissans. Chacun d'eux voudroit contrebalancer leur supériorité, & ils trouveroient facilement des prétextes. Alors les Etablissemens militaires, entretenus par les rivalités mutuelles, s'accroîtroient au-delà des bornes fixées par la nature & par le besoin, & se trouvant à la disposition des membres individuels, ils deviendroient les inſtrumens de l'affoibliſſement ou de la deſtruction de l'autorité nationale.

Nous avons déja expoſé les raiſons qui peuvent faire croire que les Gouvernemens des Etats feront toujours naturellement trop diſpoſés à entretenir, avec celui de l'Union, une rivalité qui aura pour principe l'amour du pouvoir, & que dans les débats entre le Gouvernement fédéral un de ſes membres, le Peuple ſera toujours prêt à s'unir avec ſon Gouvernement local. Si, indépendamment de cet immenſe avantage, l'ambition d'un des membres de la Confédération eſt encore ſtimulée par la poſſeſſion excluſive & indépendante des forces militaires, il en réſultera pour lui une tentation trop forte, & une trop grande facilité d'entreprendre ſur l'autorité conſtitutionnelle de l'Union, & enfin de la détruire. D'un autre côté, la liberté du Peuple ſeroit moins aſſurée dans cet état de choſes, que dans celui qui laiſſeroit les forces nationales dans les mains du Gouvernement national. Si une armée peut être regardée comme une dangereuſe arme du pouvoir, elle doit être moins redoutable dans des mains dont le Peuple ſe défiera, que dans celles à qui il accorderoit une confiance illimitée. C'eſt une vérité atteſtée par l'expérience de tous les siècles, que le Peuple est plus souvent en danger, quand les moyens d'attaquer ses droits sont au pouvoir de ceux dont il ne soupçonne pas les intentions.

Les fondateurs de la Confédération existante, ont bien senti le danger qu'il y auroit pour l'Union à laisser à chaque État en particulier la disposition des forces militaires, lorsqu'il leur a défendu expressément d'entretenir des vaisseaux ou des troupes, sans le consentement du Congrès. La vérité est que l'existence d'un Gouvernement National n'est pas moins incompatible avec les Établissemens militaires, sous l'autorité des États, que l'entretien d'un Trésor fédéral avec le système des contributions & des réquisitions.

Indépendamment des considérations que nous venons d'exposer, il en est d'autres qui démontrent aussi évidemment l'inconvénient de restreindre l'autorité nationale. Le motif de l'objection que nous combattons, est de prévenir l'entretien des armées sur pied en temps de paix; mais on ne nous a jamais dit jusqu'où cette prohibition désirée devoit s'étendre. Doit-elle porter sur la formation des armées comme sur leur entretien en temps de paix ? Si elle se borne au dernier, elle n'aura pas une signification précise

&

& ne produira pas l'effet qu'on en attend. Une armée une fois levée, qu'appellera-t-on l'entretenir contre le vœu de la Constitution? Quel tems sera requis pour constater l'infraction de ses loix? Sera-ce une semaine, un mois, un an? ou existera-t-elle aussi long-temps que le danger qui l'a rendue nécessaire? Ce seroit admettre qu'on peut entretenir une armée sur pied en temps de paix, pour repousser un danger menaçant ou prochain: ce seroit en même temps s'écarter du sens littéral de la prohibition, & donner une latitude extrême à l'interprétation. Qui pourra juger de l'existence du danger? Ce sera sans doute le Gouvernement National. Il pourra donc, à la première occasion, lever des troupes & les tenir sur pied, aussi long-temps qu'il supposera que la paix & la sûreté de la Nation sont exposées à quelque attaque. Il est aisé de voir qu'une autorité aussi étendue, donneroit une grande facilité pour éluder la disposition dont il s'agit.

L'utilité qu'on suppose à une disposition pareille, doit être fondée sur la probabilité présumée, ou au moins sur la possibilité d'une réunion du Pouvoir législatif avec le Pouvoir exécutif, pour l'exécution de quelques plans d'usurpation. Mais si cela arrive jamais, quelle facilité

*Tome I.* R

n'aura-t-on pas de faire naître des prétextes de danger prochain? On aura toujours prêtes au besoin les hostilités des Indiens poussés par l'Espagne ou l'Angleterre. Pour justifier les craintes qu'on annoncera, on pourra même aller jusqu'à provoquer quelque puissance étrangère, sauf à l'appaiser par des concessions faites à propos. Si nous pouvons raisonnablement supposer la possibilité d'un tel plan, formé avec quelqu'apparence de succès, il est certain qu'une armée une fois levée par quelque motif, sous quelque prétexte que ce soit, pourra être employée à l'exécution du projet.

Si, pour obvier à ce danger, nous prenons le parti d'étendre la prohibition jusqu'à la levée des troupes en temps de paix, les Etats-Unis offriront alors le plus bisarre spectacle que l'univers ait jamais vu, celui d'une Nation que sa Constitution mettroit hors d'état de se préparer à la défense, avant d'être subjuguée.

Comme la cérémonie d'une déclaration de guerre est tombée en désuétude, la présence de l'ennemi sur notre territoire pourroit seule autoriser le Gouvernement à lever des Troupes pour la défense de l'Etat. Il faudroit recevoir le coup avant d'être en état d'y répondre. Ce genre de politique par lequel les Nations préviennent un danger éloigné, & vont au-devant de l'orage qui se forme, nous seroit défendu comme contraire aux vrais principes d'un Gouvernement libre. Il faudroit exposer nos propriétés & notre liberté à la merci des usurpateurs étrangers, & les inviter par notre foiblesse à se saisir d'une proie sans défense, parce que nous craignons que des Chefs créés par nos suffrages, dépendans de notre volonté, ne puissent mettre en danger cette liberté, en abusant des moyens nécessaires pour sa conservation.

Ici je m'attends qu'on me répondra que la Milice de ce pays est son rempart naturel, & suffira toujours pour la défense commune. Cette opinion, pour tout dire en un mot, a pensé nous faire perdre notre indépendance. Elle coûte aux Etats-Unis des millions qui auroient pu être épargnés. Les faits que notre propre expérience nous offre pour nous dissuader d'une semblable confiance, sont trop récens, pour que nous puissions adopter ce conseil. La sûreté dans les opérations militaires, nécessaire contre une armée régulière, ne peut exister que dans des forces du même genre. Les motifs d'économie s'unissent à l'intérêt de notre sûreté & de notre puissance pour confirmer cette opinion. Dans le cours de la dernière guerre, la Milice américaine s'est acquis une gloire immortelle, par la valeur qu'elle a souvent montrée ; mais les plus braves de ceux qui la composent, savent que la liberté de leur pays n'eût jamais été établie par leurs seuls efforts, quelque puissans, quelque glorieux qu'ils aient été. La science de la guerre s'acquiert & se perfectionne comme les autres, par l'étude, par la persévérance, par le temps & par la pratique. Toute politique forcée, contraire au cours naturel & ordinaire des choses humaines, se détruit d'elle-même. La Pensylvanie offre dans ce moment une preuve de la vérité de cette observation. Le Bill des Droits de cet Etat déclare que les armées sur pied sont dangereuses pour la liberté, & ne doivent pas être entretenues en temps de paix. La Pensylvanie cependant, au sein de la paix la plus profonde, a résolu de lever un corps de Troupes, parce qu'il existe dans l'un de ses Comtés quelques désordres partiels; & vraisemblablement elle les entretiendra aussi long-temps que la tranquillité publique sera menacée de quelques dangers. La conduite de Massachusets nous donne sur le même sujet une leçon utile, quoique relative à un autre principe. Cet Etat (sans attendre le consentement du Congrès, requis par les articles de la Confédération) a été forcé de lever des Troupes pour réprimer une infurrection intérieure, & entretient toujours un corps de Troupes à fa folde, pour prévenir l'efprit de révolte qui pourroit fe réveiller. La Conftitution particulière de Maffachufets ne s'oppofe point à cette mefure ; mais cet exemple peut toujours fervir à nous apprendre que, dans nos Gouvernemens comme dans ceux des autres Nations, il peut fe trouver des occafions qui rendent l'exiftence d'une force militaire en temps de paix effentielle au repos de la fociété, & que, par cette raifon, il feroit déraifonnable de borner à cet égard l'Autorité légiflative. Appliqué aux Etats-Unis, cet exemple nous apprend à quel point les droits d'un Gouvernement foible font communément peu refpectés, même par ceux qui l'ont établi. Il nous apprend, enfin, combien des difpofitions légales font de vains & impuiffans écrits, quand ils font en oppofition avec les befoins de la fociété.

Une maxime fondamentale de la République de Sparte défendoit que le pofte d'Amiral fût trois fois conféré à la même perfonne. Les membres de la Ligue du Péloponèfe, complettement vaincus fur mer par les Athéniens, demandèrent Lyfander, qui avoit fervi deux fois en cette qualité, pour commander leurs flottes combinées. Les Lacédémoniens, pour fatisfaire leurs alliés & conferver l'apparence de l'attachement à leurs anciennes inftitutions, eurent recours au foible fubterfuge de conférer à Lyfander tous les pouvoirs d'Amiral avec le nom de Vice-Amiral. Cet exemple, choifi parmi une multitude de femblables, peut être cité pour confirmer une vérité qui nous eft déjà connue & démontrée par notre expérience perfonnelle : cette vérité eft, que les Nations ont peu d'égard aux maximes dont l'effet naturel eft de contrarier les befoins de la fociété. Les fages Politiques doivent prendre garde d'enchaîner le Gouvernement par des reftrictions qui ne peuvent être obfervées ; ils favent que chaque infraction des Loix fondamentales, quoique dictée par la néceffité, altère le refpect facré que les Magiftrats doivent conferver dans leur cœur pour la Conftitution de leur pays, & prépare à d'autres infractions qui ne feroient plus juftifiées par une néceffité auffi impérieufe & auffi évidente.

# CHAPITRE XXVI.

*Continuation du même Sujet, envisagé sous les mêmes rapports.*

ON ne pouvoit guère espérer que dans une Révolution populaire, les esprits s'arrêtassent au point desiré, qui fixe les bornes salutaires du Pouvoir & de la Liberté, & accorde l'énergie du Gouvernement avec la sûreté des droits individuels. Les inconvéniens que nous éprouvons tirent en grande partie leur source d'une erreur sur cet objet important & délicat. Si nous n'évitons d'y retomber, dans toutes les tentatives que nous pourrons faire pour corriger & améliorer notre Gouvernement, nous irons de chimère en chimère; nous essayerons changemens sur changemens; mais nous n'en ferons vraisemblablement jamais aucun d'important qui rende notre Etat plus heureux.

L'idée de restreindre le Pouvoir législatif dans les moyens de pourvoir à la défense commune, est une de ces innovations qui doivent leur origine à un amour de la liberté plus ardent qu'éclairé. Nous avons vu cependant qu'elle n'a pas eu un succès bien étendu dans ce pays même où elle a pris naissance : la Pensylvanie & la Caroline du Nord sont les deux seuls Etats qui l'aient jusqu'à un certain point défendue : tous les autres ont refusé de lui donner le moindre appui, jugeant sagement qu'il falloit placer quelque part sa confiance; que déléguer des pouvoirs, c'est en reconnoître la nécessité; qu'il vaut mieux s'exposer à l'abus de cette confiance, que d'embarrasser le Gouvernement, & de mettre en danger la sûreté publique, par d'impolitiques restrictions de l'Autorité législative. Les opposans à la Constitution proposée combattent la décision générale de l'Amérique à cet égard, & loin de sentir, d'après l'expérience, la nécessité de corriger quelques excès dans lesquels nous pouvons être tombés, ils veulent nous entraîner dans de nouveaux excès, toujours plus dangereux & plus extravagans. Comme si les ressorts des Gouvernemens étoient déjà trop forts & trop tendus, ils enseignent des principes dont l'effet seroit de les affoiblir & de les relâcher, par des moyens qui, dans d'autres occasions, ont déjà été rejettés ou abandonnés. On peut affirmer, sans crainte de mériter le reproche d'animosité, que si les principes qu'ils cherchent à établir à quelques égards, réussissoient à obtenir l'assentiment général, ils mettroient le Peuple de ce pays dans l'impossibilité de supporter aucune espèce de Gouvernement. Mais nous n'avons point à redouter un semblable danger : les Citoyens de l'Amérique ont trop de discernement pour se laisser conduire à l'anarchie ; & je suis bien trompé, si l'expérience n'a pas gravé en caractères ineffaçables dans l'esprit du Peuple, la nécessité d'un Gouvernement plus énergique, pour la prospérité commune.

Il ne paroîtra peut-être pas hors de propos d'observer rapidement l'origine & les progrès de l'opinion qui proscrit les établissemens militaires en temps de paix. Quoique, dans les esprits accoutumés à la réflexion, elle puisse tenir à l'observation de la nature & des effets des institutions de ce genre, fortifiée par les exemples des autres siècles & des autres pays, cependant, considérée comme opinion nationale, on en doit chercher la source dans ces idées anciennes & habituelles que nous tenons de la Nation, dont la plupart des Habitans de ce pays tirent leur origine.

En Angleterre, long-temps après la conquête des Normands, l'autorité des Rois fut presque illimitée. Les Barons, & ensuite le Peuple, firent sur la puissance royale des conquêtes successives en faveur de la Liberté, jusqu'au moment où ses plus redoutables prétentions difparurent. Mais la Liberté ne triompha complettement en Angleterre, qu'à l'époque de la Révolution de 1688, qui plaça le Prince d'Orange fur le Trône de la Grande-Bretagne. Par une conféquence du pouvoir indéfini de faire la guerre, qui étoit regardé comme une prérogative de la Couronne, Charles II entretint, de fa feule autorité, un corps de 5000 hommes de Troupes régulières. Jacques II porta ce nombre à 30,000, qui étoient payés indépendamment de fa lifte civile. A l'époque de la Révolution, l'exercice d'une fi dangereufe faculté fut profcrit par un article du Bill des Droits, qui fut alors rédigé : cet article déclare qu'il eft contraire aux Loix de lever ou d'entretenir une armée en temps de paix, fans le confentement du Parlement.

Dans ce Royaume, au moment où la liberté étoit dans toute fa vigueur, on ne crut devoir prendre contre le danger des armées fur pied, d'autre précaution que de défendre au dépofitaire du Pouvoir exécutif de lever ou d'entretenir des troupes par fa propre autorité. Les patriotes qui accomplirent cette mémorable Révolution, étoient trop modérés & trop inftruits pour fonger à reftreindre en aucun point l'autorité légiflative. Ils favoient qu'il faut, pour la défenfe d'un pays &

pour former des garnisons, une certaine quantité de troupes ; qu'on ne peut circonscrire les besoins nationaux dans des bornes certaines ; qu'il doit exister dans quelque partie du Gouvernement un pouvoir suffisant dans toutes les circonstances possibles, & qu'après avoir soumis l'exercice de ce pouvoir au jugement de la Législature, ils avoient atteint le plus haut degré de précaution conciliable avec la sûreté publique.

C'est de la même source que le Peuple de l'Amérique tire ces craintes héréditaires que lui inspire pour sa liberté l'existence des armées sur pied en temps de paix. L'effet de la Révolution a été d'aiguillonner sa sensibilité sur tout ce qui est lié avec le soin de la conservation de ses droits ; & telle est la cause de l'excès d'un zèle qui nous égare. Les tentatives de deux des Etats, pour restreindre l'autorité de la Législature, sont au nombre de ces circonstances. Les principes, qui nous ont appris à craindre le pouvoir d'un Monarque héréditaire, ont été, par un déraisonnable excès, appliqués aux assemblées populaires composées des Représentans du Peuple ; &, même dans les constitutions de quelques-uns des Etats, qui ne sont pas tombées dans la même erreur, nous trouvons d'inutiles déclarations qui portent qu'on ne doit point entretenir de troupes en temps de paix, sans le consentement de la Législature. J'appelle ces déclarations inutiles, parce que le motif, qui a fait introduire cette disposition dans le Bill des Droits de l'Angleterre, n'est applicable à aucune des Constitutions de nos Etats. Le pouvoir de lever des troupes ne résidoit absolument que dans les Législatures; & il étoit superflu, pour ne pas dire absurde, de déclarer qu'une chose ne pourroit être faite sans le consentement d'un Corps, qui seul avoit le droit de la faire. En effet, quelques-unes de ces Constitutions, & particulièrement celle de New-York, justement célèbre, tant en Europe qu'en Amérique, comme une des meilleures formes de Gouvernement établies dans ce pays, gardent sur ce sujet le plus profond silence.

On doit remarquer que même, dans les deux Etats dont l'intention semble avoir été d'interdire les Etablissemens militaires en temps de paix, l'expression qu'ils emploient semble plutôt indiquer un avertissement qu'une prohibition. Il n'est pas dit qu'on n'entretiendra pas, mais qu'on ne doit pas entretenir de troupes en temps de paix. Cette ambiguité dans les termes paroît avoir été le résultat d'un combat entre la crainte & la conviction, entre le defir de prohiber les Etabliffemens militaires, quoi qu'il en puiffe arriver, & la perfuafion qu'il feroit infenfé & dangereux de les profcrire entièrement. Peut-on douter qu'une telle difpofition ne foit interprétée par la Légiflature comme un fimple avertiffement, toutes les fois que la fituation des affaires publiques paroîtra exiger qu'on s'en écarte, & ne céde aux befoins ou réels ou fuppofés de l'Etat? L'exemple de la Penfylvanie, déja cité, peut décider la queftion, & alors on peut demander quelle eft l'utilité d'une difpofition qui perd fon effet, toutes les fois qu'on a intérêt à l'enfreindre.

Examinons à préfent fi l'on peut comparer pour l'efficacité, la difpofition dont il s'agit à celle qui eft contenue dans la nouvelle Conftitution, & qui reftreint l'emploi des deniers publics aux dépenfes militaires à un efpace de deux ans. La première, à qui on a voulu donner trop d'effet, n'en produira aucun; la feconde, en s'écartant d'un imprudent excès, compatible avec les précautions qu'exigent les befoins de la Nation, aura une influence falutaire & puiffante. Les membres de la Légiflature des Etats-Unis feront obligés, par cette difpofition, de délibérer, au moins une fois tous les deux ans, sur les motifs qui pourront nécessiter l'entretien d'une force militaire ; de prendre à cet égard une résolution nouvelle, & de déclarer leur avis par un suffrage régulier & connu de leurs Constituans. Ils n'auront pas la faculté d'accorder au Pouvoir exécutif des fonds permanens pour l'entretien d'une armée, quand même ils pourroient être disposés à une aussi imprudente confiance. Comme tous les Corps politiques sont, à différens degrés, tous infectés de l'esprit de parti, il se trouvera infailliblement dans la Législature Nationale des personnes assez disposées à accuser les démarches & à calomnier les intentions de la majorité. Une décision en faveur des Etablissemens militaires sera toujours un lieu commun favorable à la déclamation. Toutes les fois que la question se présentera, l'attention publique sera éveillée & attirée sur ce sujet par le parti de l'opposition ; & si la majorité est réellement disposée à outrepasser les justes limites, la Nation sera avertie du danger & aura la facilité de prendre des mesures pour s'en garantir. Indépendamment des partis qui se trouveront dans la Législature elle-même, toutes les fois que la discussion se renouvellera, les membres des Législatures des Etats, défenseurs non-seulement vigilans, mais inquiets & soupçonneux des droits des citoyens contre les attaques du Gouvernement fédéral, auront conftamment les yeux ouverts fur la conduite des chefs nationaux, & feront toujours affez tôt préparés, s'ils voient quelque chofe d'irrégulier dans leur conduite, à donner l'allarme au Peuple & à devenir non-feulement les organes, mais même les inftrumens de fon mécontentement.

Des plans pour détruire la liberté d'une grande Nation ne s'exécutent pas en un moment; il faut du temps pour les mûrir. Une armée affez confidérable pour menacer réellement la liberté publique, ne pourroit fe former que par des augmentations progreffives, qui fuppoferoient non un accord momentané entre la Légiflature & le Pouvoir exécutif, mais une confpiration long-temps continuée. Eft-il vraifemblable qu'il exifte jamais un femblable projet? Eft-il probable qu'il foit conservé & tranfmis à travers les changemens fucceffifs du Corps légiflatif, opérés par les élections biennales dans les deux Chambres? Peut-on préfumer que tout homme, en prenant place dans le Sénat ou dans la Chambre des Repréfentans, deviendra traître à fes Conftituans & à fa Patrie? Peut-on fuppofer encore qu'il ne fe trouvera aucun homme affez clairvoyant pour découvrir une si atroce conspiration; ou assez courageux & assez honnête pour instruire ses Constituans du danger qu'ils courent ? Si l'on peut raisonnablement concevoir de pareils soupçons, il faut renoncer à toute délégation d'autorité quelconque; il faut que le Peuple se détermine à reprendre tous les pouvoirs qu'il a donnés, & à se diviser en autant d'Etats qu'il y a de Comtés, afin de pouvoir prendre soin de ses intérêts par lui-même.

Quand même on pourroit raisonnablement admettre de semblables suppositions, il faut convenir qu'il seroit impossible de cacher long-temps ce projet. Une augmentation si considérable de l'armée en temps de paix suffiroit pour le trahir. Quelle raison plausible pourroit-on alléguer dans un pays situé comme celui-ci, pour motiver un accroissement si prodigieux des forces militaires ? Il seroit impossible que le Peuple fût long-tems trompé, & la perte du projet & de ceux qui l'auroient formé, en suivroit bientôt la découverte.

On a dit que la disposition, qui limite à un espace de deux ans l'emploi du revenu public à l'entretien d'une armée, seroit insuffisante, parceque le Pouvoir exécutif, une fois investi d'une force assez considérable pour réduire le Peuple à la

soumission

soumission par la crainte, trouveroit par ses seules forces des ressources suffisantes pour le mettre en état de se passer des secours accordés par les suffrages de la Législature. Mais la même question se présente encore ici : sous quel prétexte le Pouvoir exécutif pourroit-il se trouver en possession d'une force aussi redoutable en temps de paix ? Si nous supposons qu'elle ait été nécessitée par une insurrection ou une guerre étrangère, c'est une circonstance nouvelle à laquelle ne peut s'appliquer l'objection que nous discutons; puisque cette objection n'est dirigée que contre le pouvoir d'entretenir des troupes en temps de paix. Peu de personnes pousseront la démence jusqu'à soutenir qu'il ne faut pas lever de troupes pour réprimer une insurrection ou repousser une attaque; & si la défense de la Nation nécessite une armée assez nombreuse pour mettre en danger sa liberté, c'est un de ces malheurs auxquels on ne peut trouver ni préservatif ni remède : aucune forme de Gouvernement ne pourroit le prévenir; une simple ligue offensive & défensive pourroit même y donner lieu, si la nécessité de la défense commune forçoit les confédérés ou les alliés à entretenir une armée.

Tome I. S

Mais c'eſt un malheur auquel nous ſerons bien moins expoſés ſi nous reſtons unis, que ſi nous nous ſéparons : il eſt même trop vraiſemblable que nous y ſuccomberions dans la dernière ſuppoſition. Il eſt difficile de ſe figurer l'Union menacée par des dangers aſſez formidables pour néceſſiter une force militaire, capable de nous inſpirer pour notre liberté de juſtes alarmes; ſur-tout ſi l'on réfléchit aux ſecours que nous pouvons tirer de la milice, qui doit toujours être regardée comme une force auxiliaire très-puiſſante dans l'état de déſunion; le contraire ſeroit non-ſeulement vraiſemblable, mais preſqu'inévitable, comme nous l'avons déjà démontré dans un autre Chapitre.

## CHAPITRE XXVII.

*Continuation du même Sujet.*

ON a ſouvent répété qu'une Conſtitution, du genre de celle qui nous eſt propoſée par la Convention, ne pouvoit ſubſiſter ſans le ſecours d'une force militaire, pour faire exécuter ſes Loix. Cette objection, reproduite ſous tant de formes différentes, repoſe, comme la plupart de celles qui ont été faites par le même parti, sur une simple & vague assertion. On n'y a rien ajouté qui puisse nous indiquer clairement les raisons sur lesquelles elle est fondée. Autant que j'en ai pu saisir le sens caché, elle semble tenir, à ce qu'on suppose, que le Peuple sera opposé à l'exercice du Pouvoir fédéral sur tous les objets d'administration intérieure.

Sans entrer dans aucun détail sur le peu de netteté & de précision de la distinction établie entre les objets d'administration intérieure & extérieure, sur quel fondement pose-t-on dans le Peuple cet éloignement? A moins qu'on ne suppose en même temps que le Gouvernement général remplisse plus mal que les Gouvernemens des Etats les fonctions qui lui seront confiées, il n'y a nulle raison de présumer qu'il trouve dans le Peuple de la malveillance, de l'éloignement ou de l'opposition. Je crois qu'on peut établir, comme un principe général, que l'obéissance du Peuple à un Gouvernement, la confiance qu'il lui accorde sont toujours en raison de sa bonne ou mauvaise administration. Cette règle peut recevoir quelques exceptions; mais elles tiennent tellement à des causes accidentelles, qu'on n'en peut tirer aucune conséquence pour la bonté ou la défectuosité d'une

Constitution : on n'en peut juger que par des principes ou des maximes générales.

Nous avons apporté, dans le cours de cet écrit, différentes raisons, qui peuvent faire croire que le Gouvernement général sera dirigé par de plus sages principes que les Gouvernemens particuliers. De plus grands espaces présenteront au jugement du Peuple un plus grand nombre de personnes éligibles : le Sénat National, formé par les Législatures des Etats, dont les membres sont eux-mêmes des hommes choisis, au moyen de l'interposition de ce milieu, sera vraisemblablement composé avec un soin & un jugement particulier. Ces circonstances promettent plus de connoissances & une instruction plus étendue dans les Conseils nationaux. D'après l'étendue du pays d'où seront tirés les membres qui les composeront, il est vraisemblable qu'ils seront moins infectés par l'esprit de parti, & plus à l'abri de ces mécontentemens, de ces préventions ou de ces passions du moment, qui, dans les sociétés moins nombreuses, souillent les délibérations publiques, livrent une partie de la société à l'injustice & à l'oppression, & font naître des entreprises qui satisfont des dispositions & des desirs actuels, mais finissent par le malheur, le mécontentement & la désapprobation générale. Nous trouverons d'autres raisons bien fortes qui viennent à l'appui de cette probabilité, quand nous voudrons examiner, avec des yeux plus attentifs, la structure intérieure de l'édifice qu'on nous engage à élever. Il suffit d'observer ici que, jusqu'à ce qu'on ait établi, par des raisons satisfaisantes, que le Gouvernement fédéral sera conduit de manière à le rendre odieux ou méprisable au Peuple, il n'y a pas de motif raisonnable pour supposer que les Loix de l'Union éprouveront de sa part une plus grande résistance, ou qu'elles ne pourront être exécutées par les mêmes moyens que celles des Etats particuliers.

L'espérance de l'impunité encourage puissamment l'esprit de révolte; la crainte des punitions l'affoiblit dans la même proportion. Le Gouvernement de l'Union, qui, s'il est revêtu du degré de puissance nécessaire, pourra appeler à son aide toutes les forces de la Confédération, ne sera-t-il pas plus en état de réprimer le premier sentiment & d'inspirer le second, que le Gouvernement d'un seul Etat, qui ne pourra disposer que de ses propres forces?

Je hasarderai ici une observation, qui, si elle peut paroître neuve, n'en sera peut-être pas moins juste. Plus les opérations de l'autorité nationale seront entremêlées aux fonctions ordinaires du

Gouvernement; plus les Citoyens sont accoutumés à la rencontrer dans les circonstances communes de leur existence politique, à en voir & à en ressentir l'action ; plus il embrasse les objets qui touchent les plus sensibles cordes & mettent en mouvement les ressorts les plus actifs du cœur humain, & plus il aura de moyens pour se concilier le respect & l'attachement de la société. L'homme obéit toujours à l'empire de l'habitude. Une chose qui frappe rarement ses sens n'aura jamais qu'une influence passagère sur son esprit. Le Peuple est difficilement attaché à un Gouvernement éloigné & qu'il ne voit pas. Il faut en conclure que l'autorité de l'Union & l'attachement des Citoyens pour elle, loin d'être affoiblis, seront augmentés, lorsque les fonctions s'étendront à ce qu'on appelle objets d'administration intérieure, & qu'il aura moins d'occasion de recourir à la force, en proportion de la fréquence & de l'énergie de son action. Plus, dans les opérations journalières, il suivra le cours des passions humaines, & moins il sera obligé d'appeler à son aide les moyens dangereux & violens de la contrainte.

Il est évident, en tous cas, qu'un Gouvernement, tel que celui qui nous est proposé par la Convention, sera moins sujet à la nécessité d'employer la force, que l'espèce de Ligue pour laquelle se sont déclarés la plupart de ses adversaires, & dont l'autorité n'agiroit sur chacun des Etats, que comme sur un Corps politique isolé. Il a été démontré que, dans une telle Confédération, il n'y auroit de sanction pour les Loix que la force; que des résistances fréquentes dans les membres de la Confédération seroient l'effet naturel de cette forme de Gouvernement; & qu'autant de fois qu'elles se reproduiroient, s'il existoit un moyen de les réprimer, ce ne seroit que par les armes.

Le plan proposé par la Convention, en étendant l'autorité du Gouvernement fédéral, aux individus citoyens des Etats particuliers, le mettra à portée d'employer les Magistrats ordinaires de chacun d'entr'eux à l'exécution de ses Loix. Il est aisé d'appercevoir que l'exercice commun & dirigé vers un même but, de ces deux autorités, tendra à faire disparoître toute distinction entre les sources dont elles découlent, & donnera au Gouvernement fédéral les mêmes moyens que possède chaque Etat, pour maintenir l'obéissance due à ses Loix. Il faut ajouter à cela l'influence sur l'opinion publique, que lui assurera l'important avantage de pouvoir appeler à son aide, & pour sa défense, toutes les forces de l'Union. Ce qui mérite ici une attention particulière, c'eſt que les Loix de la Confédération, quant aux objets déterminés ſoumis à ſon autorité légitime, deviendront la Loi ſuprême du pays, à l'obſervation de laquelle tous les Officiers exerçant des fonctions légiſlatives, exécutives ou judiciaires, ſeront liés par la religion du ſerment. Ainſi les Légiſlatures, les Tribunaux, tous les Magiſtrats des différens Etats, ſeront aſſociés aux opérations du Gouvernement national, qui n'excéderont pas les bornes de ſon autorité légitime & conſtitutionnelle, & lui aſſureront un nouveau ſecours pour l'exécution de ſes Loix (1). Tout homme qui ſuivra dans ſes réflexions les conſéquences naturelles de cette ſituation, trouvera qu'on peut compter ſur une exécution régulière & poſſible des Loix de l'Union, ſi les pouvoirs qui lui ſeront confiés ſont exercés avec un degré commun de prudence.

Si nous ſuppoſons arbitrairement le contraire, nous pourrons tirer de cette ſuppoſition toutes les conſéquences qu'il nous plaira; car il eſt certainement poſſible de porter le Peuple aux der-

---

(1) Le ſophiſme employé pour démontrer que cela tendroit à détruire les Gouvernemens des Etats, ſera pleinement réfuté, lorſqu'il en ſera temps.

niers excès, par un usage imprudent des pouvoirs du meilleur des Gouvernemens qui ait jamais été ou qui puisse jamais être établi. Les adversaires de la nouvelle Constitution peuvent présumer que les Dépositaires de l'autorité nationale seront sans zèle pour le bien public & sans respect pour leurs devoirs ; mais je leur demanderai en quoi une telle conduite favoriseroit les intérêts de leur ambition ou leurs projets d'usurpation ?

## CHAPITRE XXVIII.

### Continuation du même Sujet.

IL n'est pas douteux qu'il ne puisse arriver telle circonstance qui oblige le Gouvernement national à recourir à la force. Notre expérience personnelle s'unit aux exemples des autres Nations, pour nous prouver que toutes les sociétés, de quelque manière qu'elles soient constituées, peuvent être réduites à cette triste nécessité ; que les séditions & les insurrections sont malheureusement des maladies aussi inévitables dans les corps politiques que les tumeurs & les éruptions dans les corps physiques ; que l'idée de gouverner dans tous les momens par la seule force de la Loi, qu'on nous a donnée comme le feul principe raifonnable d'un Gouvernement républicain, ne peut trouver place que dans les rêveries de ces fpéculateurs politiques qui dédaignent les confeils de l'expérience.

Si le Gouvernement national fe trouvoit dans une pofition qui ne lui laifsât de reffource à mettre en ufage que la force, il faudroit que le remède fût proportionné à l'étendue du mal. S'il n'y avoit qu'une légère commotion dans une petite partie d'un Etat, la Milice du refte fuffiroit pour la faire ceffer; & vraifemblablement elle feroit difpofée à faire fon devoir. L'effet d'une infurrection, quelle que puiffe être fa caufe immédiate, eft toujours de mettre en danger le Gouvernement. L'intérêt de la tranquillité publique, au défaut du zèle pour les droits de l'Union, fuffiroit pour engager les Citoyens à qui la contagion ne fe feroit point encore communiquée, à s'oppofer aux efforts des Infurgens; & fi, dans le fait, le Gouvernement général conduit le Peuple au bonheur, il eft déraifonnable de croire qu'il ne fera pas difpofé à le défendre.

Si, au contraire, l'infurrection s'eft étendue dans tout l'Etat ou dans fa principale partie, il deviendra peut-être indifpenfable de mettre en ufage un autre genre de force. Il paroît que Maffachufets a cru néceffaire de lever des Troupes, pour réprimer les défordres qui font arrivés dans fon intérieur ; que la Penfylvanie, par la feule crainte de quelques mouvemens dans une partie de fes Habitans, a jugé à propos d'employer le même moyen. Suppofons que l'Etat de New-York eût été difpofé à rétablir fur les Habitans de Vermont l'autorité qu'il a perdue, eût-il pu fonder quelqu'efpoir dans une telle entreprife, fur les feuls efforts de fa Milice ? N'eût-il pas été forcé de lever & d'entretenir des Troupes plus régulières pour l'exécution de fon projet? S'il faut reconnoître que les Gouvernemens des Etats peuvent être eux-mêmes expofés à la néceffité de recourir à une force différente de la Milice dans des cas extraordinaires, comment la poffibilité d'une néceffité femblable pour le Gouvernement national, dans des circonftances pareilles, pourroit-elle devenir une objection contre fon exiftence ? N'eft-il pas étonnant que des hommes qui profeffent un fi grand attachement pour l'Union confidérée abftractivement, citent, comme une objection contre la Conftitution foumife à notre examen, une circonftance qu'on peut oppofer avec bien plus de fuccès au plan qu'ils foutiennent ; circonftance qui, fi elle eft réelle & confirmée par l'obfervation, eft la conféquence inévitable de toute société civile d'une certaine étendue ? Pourroit-on raisonnablement préférer à cette possibilité les agitations sans fin & les révolutions fréquentes, qui sont les fléaux éternels des petites Républiques.

Poursuivons notre examen sous un autre point de vue. Supposons, au lieu d'un système général, deux, trois, ou même quatre Confédérations. Chacune d'entr'elles n'éprouveroit-elle pas la même difficulté pour l'exécution de ses Loix ? chacune d'entr'elles ne seroit-elle pas exposée aux mêmes événemens, &, s'ils arrivoient, réduite, pour soutenir son autorité, aux mêmes moyens objectés contre un Gouvernement général ? Dans cette supposition, la Milice auroit-elle plus, ou la volonté, ou le pouvoir de soutenir le Gouvernement fédéral, que dans la supposition d'une Union générale ? Tout homme sincère & intelligent, après une mûre réflexion, conviendra certainement que le principe sur lequel est fondée cette objection, est également applicable à l'un & à l'autre des deux cas. En effet, soit que nous ayons un Gouvernement général pour tous les Etats, ou un certain nombre de Gouvernemens, ou autant de Gouvernemens isolés qu'il y a d'Etats, il faudra quelquefois une force constituée autrement que la Milice, pour conserver la paix dans la Nation,

& maintenir la juste autorité des Loix contre ces infractions, qui sont de véritables insurrections & des révoltes.

En mettant de côté tous les raisonnemens qu'on peut faire sur ce sujet, on répondra suffisamment à ceux qui veulent des précautions plus sûres contre les établissemens militaires en temps de paix, en disant que dans le Gouvernement proposé, tout le pouvoir sera dans les mains des Représentans du Peuple. C'est la sauvegarde la plus nécessaire, & après tout la seule efficace pour les droits & les privileges du Peuple, à laquelle on puisse parvenir dans les sociétés civiles.

Si les Représentans du Peuple trahissent leurs commettans, il ne reste de ressource que dans l'exercice du droit que la nature a donné aux hommes de se défendre eux-mêmes, droit qui est au-dessus de toutes les formes de Gouvernemens établis, & qui peut s'exercer avec infiniment plus d'espoir de succès contre les usurpations des Membres du Conseil National, que contre celles des Chefs des Etats particuliers. Dans un seul Etat, si les Dépositaires du principal pouvoir veulent usurper les différentes parties, subdivisions ou districts dont il est composé, n'ayant pas chacun un Gouvernement séparé, ne peuvent prendre de mesures régulieres pour leur défense. Alors les Citoyens courront tumultueusement aux armes, sans concert, sans plan, sans autre ressource que leur courage & leur désespoir. Les usurpateurs revêtus des formes de l'autorité légale, pourront étouffer l'opposition dans son germe. Plus l'étendue du territoire est bornée, plus il est difficile pour le Peuple qui l'habite, de former un plan d'opposition régulier & réfléchi, & plus il est aisé de vaincre ses premiers efforts. On est plus promptement instruit de ses préparatifs & de ses mouvemens, & la force militaire qui est dans les mains des usurpateurs, peut être plutôt dirigée contre le pays où s'est déclarée l'opposition. Dans cette situation il faut un concours de circonstances bien singulières, pour assurer le succès de la résistance du Peuple.

Les obstacles à l'usurpation & la facilité de la résistance s'accroissent en proportion de l'étendue des Etats; pourvu que les Citoyens connoissent leurs droits & soient disposés à les défendre. La force naturelle du Peuple, comparée à la force artificielle du Gouvernement, est plus considérable dans un grand Etat, que dans un petit, & par conséquent, plus en état de lutter contre les tentatives du Gouvernement pour établir la tyrannie. Mais dans une Confédération, on peut dire sans exagération, que le Peuple est maître de son fort. Le pouvoir étant toujours en rivalité avec le pouvoir, le Gouvernement général fera toujours prêt à repouffer les ufurpations des Gouvernemens des Etats; & ceux-ci auront vis-à-vis de lui la même difpofition. Le Peuple fera toujours pencher la balance du côté où il fe placera. Si fes droits font attaqués par l'un des concurrens, l'autre lui fervira d'inftrument pour les défendre. Il aura donc bien raifon de conferver par fon attachement à l'Union, un avantage ineftimable.

On peut reconnoître avec confiance, comme un principe de notre fyftême politique, que les Gouvernemens des Etats fuffiront toujours pour défendre la liberté publique, des attaques qu'elle pourroit éprouver de la part du Gouvernement National. Des projets d'ufurpations ne peuvent être déguifés fous des prétextes affez plaufibles pour échapper à la pénétration de corps compofés d'hommes choifis, comme ils pourroient échapper aux yeux du Peuple. Les Légiflatures auront des moyens plus fûrs de fe procurer des informations. Elles pourront découvrir le danger, encore dans l'éloignement; & poffédant tous les inftrumens du Pouvoir civil joint à la confiance du Peuple, elles pourront adopter enfemble un fyftême d'oppofition régulier par lequel elles combineront toutes les reffources de la Nation. Elles pourront communiquer aiſément les unes avec les autres dans les différens Etats, & unir leurs forces communes pour la défenſe de leur liberté commune.

La grande étendue du pays, eſt un nouveau motif de ſécurité. Nous en avons déjà éprouvé l'utilité contre les attaques d'une Puiſſance étrangère. Elle auroit préciſément le même effet contre les entrepriſes que pourroient former des Membres ambitieux du Conſeil National. En ſuppoſant que l'Armée fédérale pût étouffer la réſiſtance d'un Etat, les Etats plus éloignés pourroient lui tenir tête avec des forces nouvelles. Il faudroit abandonner les avantages obtenus d'un côté, pour combattre l'oppoſition qui s'éleveroit ailleurs, & le moment où un pays réduit à la ſoumiſſion, ſeroit laiſſé à lui-même, on verroit ſes efforts ſe renouveler & ſa réſiſtance renaître.

Il faut nous rappeler que l'étendue de la force militaire ne peut être dans aucun cas déterminée que par les reſſources du pays. D'ici à un temps fort éloigné, il ne ſera pas poſſible d'entretenir une grande Armée; & en même temps que nous en acquerrons les moyens, la population & la force naturelle de la Nation croîtront dans une progreſſion égale. Quelle ſera l'époque, où le Gouvernement fédéral pourra lever & entretenir une Armée capable d'établir le deſpotiſme ſur le
Peuple

Peuple nombreux d'un immenfe Empire, toujours difpofé, par le moyen des Gouvernemens des Etats à prendre des mefures pour fa défenfe, avec autant de célérité, d'ordre & de combinaifons, que s'il formoit plufieurs Nations indépendantes? La défiance eft un mal pour lequel les preuves & les raifonnemens font fans pouvoir.

---

## CHAPITRE XXIX.

### De la Milice.

LE pouvoir de décider ce qui regarde la Milice & de requérir fes fervices, dans un moment d'invafion ou d'infurrection, eft naturellement attaché aux fonctions relatives à la défenfe commune & au maintien de la paix intérieure de la Confédération. Sans être profond dans l'art de la guerre, il eft aifé de fentir que l'uniformité dans l'organifation & la difcipline de la Milice doit produire le plus heureux effet toutes les fois qu'elle fera appelée à la défenfe publique, la metre en état de camper & de combattre avec plus d'intelligence & de concert; avantage bien important dans les opérations d'une armée, & lui faire beaucoup plutôt acquérir ce degré d'habileté dans les fonctions militaires, qui seul pourra la rendre utile. Nous ne pouvons parvenir à cette desirable uniformité, qu'en confiant au Conseil National le soin de régler ce qui concerne la Milice. C'est donc évidemment avec raison que le plan de la Convention propose d'autoriser l'Union à pourvoir à l'organisation, à l'armement & à la discipline de la Milice, à gouverner la partie qui sera employée au service des Etats-Unis; réservant aux Etats particuliers la nomination des officiers, & la fonction d'exercer la Milice suivant la discipline prescrite par le Congrès. De toutes les objections qui ont été faites contre le plan de la Convention, il n'en est pas de plus étonnante & de plus insoutenable que celle qui attaque en particulier cette disposition. Si une Milice bien disciplinée est la plus naturelle défense d'un pays libre, ce doit être assurément lorsqu'elle est sous les ordres & à la disposition du Corps institué pour veiller à la sûreté de la Nation. Si des troupes réglées sont dangereuses pour la liberté, le moyen de prévenir tout motif ou tout prétexte qui pourroit mener à ces institutions malfaisantes, est assurément d'armer le Corps fédéral d'une autorité suffisante sur la Milice. Si, dans ces circonstances qui obligent à soutenir le Pouvoir civil par le fecours des armes, le Gouvernement peut avoir à fa difpofition la Milice, ce fera le meilleur préfervatif contre la néceffité d'un autre genre de forces. Mais fi le premier lui manque, il faudra recourir au dernier. Rendre une armée inutile, fera une méthode plus fûre pour prévenir fon exiftence, que toutes les prohibitions écrites.

Afin de rendre odieux le pouvoir d'employer la Milice à l'exécution des loix de l'Union, on a remarqué que la Conftitution propofée ne contient aucune difpofition qui autorife à requérir le *poffe comitatus* pour aider le magiftrat dans fes fonctions, & l'on en a conclu que la force militaire devoit être fon feul appui. Il y a dans les différentes objections faites fouvent par le même parti, une contradiction peu faite pour donner une opinion favorable de ceux qui en font les auteurs. Les mêmes perfonnes nous difent dans une phrafe, que l'autorité du Gouvernement fédéral fera defpotique & illimitée, & nous apprennent dans la fuivante qu'il n'aura pas un pouvoir fuffifant même pour invoquer le *poffe comitatus*. Heureufement cette dernière affertion eft auffi en-deçà de la vérité, que la première eft au-delà. Le droit de faire toutes les Loix néceffaires & convenables pour l'exercice des pouvoirs qui lui font affignés, comprend néceffairement celui de réclamer l'affiftance des citoyens pour les officiers chargés de l'exécution de ces Loix. Il feroit auffi abfurde d'en douter, que de croire que le droit de faire les Loix relatives aux impôts & à leur perception comprend celui de changer les Loix fur les fucceffions ou fur l'aliénation des propriétés territoriales, ou d'abolir le jugement par jurés. Ainfi, comme il eft évident que la fuppofition du défaut de pouvoir pour la réquifition du *poffe comitatus* eft entièrement deftituée de vraifemblance, il en réfulte que la conféquence qu'on en a tirée, dans fon application à l'autorité du Gouvernement fédéral fur la Milice, annonce auffi peu de fincérité que de logique. Eft-on autorifé à croire que le Gouvernement n'aura d'autre inftrument que la force, parce qu'il a le pouvoir d'en faire ufage dans les occafions où elle deviendra néceffaire ? Que devons-nous penfer des motifs qui font raifonner des hommes de fens d'une manière fi extraordinaire ? Comment prévenir un combat entre la clarté & l'évidence ?

Par un rafinement fingulier de la défiance républicaine, on nous apprend qu'il faut redouter même la Milice dans les mains du Gouvernement fédéral. On obferve qu'il pourra être formé des Corps d'élite, compofés d'hommes jeunes

& ardens, qu'il feroit facile de faire servir au deſſein d'établir le Pouvoir arbitraire. Il eſt impoſſible de prévoir quel plan ſera ſuivi par le Gouvernement National, pour l'organiſation de la Milice ; mais loin d'enviſager la queſtion ſous le même jour que ceux qui s'oppoſent à la création des Corps d'élite, comme dangereux, ſi la Conſtitution étoit reçue, & que j'euſſe à dire mon ſentiment à un membre de la Légiſlature ſur la forme à donner à la Milice, tel eſt à peu-près le diſcours que je lui tiendrois :

« Le projet de diſcipliner toute la milice des Etats-Unis, eſt auſſi impraticable qu'il feroit funeſte, s'il pouvoit recevoir ſon exécution. Une habileté commune dans les exercices militaires, ne peut s'acquérir ſans le ſecours du temps & de l'habitude. Un jour, une ſemaine, un mois feroient inſuffiſans. Aſſujettir tous les propriétaires fonciers & toutes les autres claſſes de citoyens à être ſous les armes, pour s'occuper des exercices & des évolutions militaires, auſſi ſouvent que cela feroit néceſſaire pour parvenir au degré de perfection qui conſtitue une Milice bien diſciplinée, ce feroit impoſer un fardeau réel aux individus, & faire éprouver à la Nation un déſavantage & une perte conſidérable. Il en réſulteroit chaque année une déduction ſur le travail

T 3

productif de tout le pays, qui, d'après le nombre actuel de ses habitans, ne pourroit être estimée au-dessous d'un million de livres. Une tentative, dont l'effet seroit de diminuer à ce point la somme du travail & de l'industrie, ne seroit assurément pas prudente, & l'expérience même, si on la tentoit, ne pourroit être consommée; car on ne supporteroit pas long-tems un semblable état de choses. On ne pourroit guère demander raisonnablement à la totalité des Habitans, autre chose que d'avoir les armes & l'équipage nécessaires; & pour savoir si cette disposition n'auroit pas été négligée, il faudroit les assembler deux ou trois fois l'année.

» Mais quoique le plan de discipline pour toute la Milice doive être abandonné comme nuisible ou impraticable, il est cependant de la plus grande importance d'adopter, aussi-tôt qu'il sera possible, un plan bien conçu pour l'organisation de la Milice. L'attention du Gouvernement doit tendre particulièrement à la formation d'un corps d'élite, dans une proportion modérée, sur des principes qui puissent le rendre réellement utile en cas de besoin. En circonscrivant ainsi le plan, il sera possible d'avoir un excellent corps de Milice bien exercé, prêt à entrer en campagne toutes les fois que la défense de l'Etat l'exigera. Non-seulement cela éloignera les motifs qui pourroient introduire les établiſſemens militaires ; mais ſi les circonſtances obligeoient jamais le Gouvernement à former une armée d'une certaine force, cette armée ne pourroit jamais devenir redoutable pour la liberté du Peuple, tandis qu'un corps conſidérable de Citoyens qui, s'il ne lui étoit comparable, lui feroit du moins peu inférieur pour la diſcipline & le maniement des armes, feroit prêt à défendre & ſes droits & ceux de ſes Concitoyens. Cette inſtitution me ſemble le ſeul équivalent qu'on puiſſe trouver à une armée ſur pied, & le meilleur appui contr'elle, s'il en exiſtoit jamais ».

C'eſt ainſi qu'en traitant ce ſujet, je raiſonnerois autrement que les adverſaires de la Conſtitution propoſée ; je trouve des gages de notre ſûreté dans les ſources d'où ils font ſortir nos dangers & notre perte. Mais comment la Légiſlature nationale enviſagera-t-elle la queſtion ? C'eſt ce que ni eux ni moi nous ne pouvons prévoir.

L'idée de nous faire craindre la Milice pour notre liberté, eſt tirée de ſi loin, & ſi extravagante, qu'on ne ſait ſi on doit y répondre ſérieuſement ou par la raillerie ; ſi on doit voir en elle un ſimple eſſai de ſubtilité, comme les paradoxes des Rhéteurs, un coupable artifice pour faire naître des préjugés à quelque prix que ce ſoit, ou l'effet réel d'un fanatisme politique. Au nom du sens commun, quel sera le terme de nos craintes, si nous ne pouvons nous fier à nos fils, à nos frères, à nos voisins, à nos Concitoyens? Quelle ombre de danger peut-on voir dans des hommes journellement confondus avec leurs compatriotes, unis avec eux de sentimens, d'opinions, d'intérêts & d'habitudes? Quel est le motif d'appréhension raisonnable auquel puisse donner lieu le pouvoir confié à l'Union, de prescrire l'organisation de la Milice, & de requérir ses services quand ils seront nécessaires; tandis que les Etats particuliers auront seuls & exclusivement la nomination des Officiers?

S'il étoit possible d'entretenir quelque défiance au sujet de la Milice soumise au Gouvernement fédéral, sous quelque forme qu'elle puisse être, la nomination des Officiers par les Etats devroit à l'instant la faire cesser. On ne peut douter que cette circonstance ne leur assure une influence prépondérante sur la Milice.

En lisant quelques-uns des écrits publiés contre la Constitution, on seroit tenté de croire qu'on lit des romans ou des contes mal écrits, qui, au lieu d'images naturelles & agréables, n'offrent à l'esprit que des phantômes effrayans & difformes, qui décolorent, défigurent tout ce qu'ils représentent, & transforment en monstres tout ce qu'ils touchent.

On en voit un exemple dans les suggestions exagérées & invraisemblables qui ont eu lieu relativement au pouvoir d'appeler le secours de la Milice. Celle du New-Hampsire marchera en Géorgie, celle de Géorgie dans le New-Hampsire, celle de New-York à Kentuké & celle de Kentuké au Lac Champlain, & même les dettes vis-à-vis de la France & de la Hollande seront payées en hommes de milice, au lieu de ducats & de louis d'or. Tantôt c'est une grande armée qui détruira la Liberté du Peuple; tantôt la Milice de la Virginie sera entraînée à cinq ou six cens milles de son pays, pour dompter l'opiniâtreté républicaine de Massachusets, & celle de Massachusets sera transportée à une égale distance pour humilier l'orgueil intraitable de l'Aristocratie Virginienne. Les personnes qui extravaguent à cet excès, imaginent sans doute qu'il n'est pas de rêverie ou d'absurdité, que leur adresse ou leur éloquence ne puissent faire adopter aux Américains comme d'infaillibles vérités.

S'il doit exister une Armée dont on se serve comme d'un instrument de despotisme, qu'aurat-on besoin de la Milice ? S'il n'existe pas d'Armée, la Milice irritée de se voir commandée pour entreprendre une lointaine & pénible expédition dont l'objet sera de charger de fers une partie de ses Concitoyens, portera-t-elle ses pas ailleurs qu'à la demeure des Tyrans, auteurs d'un projet aussi fou que coupable, pour les écraser au milieu des usurpations qu'ils méditent & en faire un exemple de la juste vengeance d'un Peuple trompé & furieux ? Est-ce là le chemin que suivent des usurpateurs, quand ils veulent asservir une Nation nombreuse & éclairée ? Commencent-ils par exciter la haine des instrumens mêmes de leurs projets ambitieux ? Se signalent-ils ordinairement à l'entrée de leur carrière par des actes de pouvoir extravagans & méprisables, qui ne peuvent avoir d'autre effet que d'attirer sur eux la haine & l'exécration universelle ? Des suppositions de cette nature sont-elles les sages avertissemens de Patriotes éclairés à leurs Concitoyens éclairés; ou les folles & incendiaires visions de factieux mécontens, ou d'enthousiastes en délire ? Quand même nous supposerions les Chefs du Conseil national conduits par l'ambition la plus effrénée, il seroit impossible de croire qu'ils se déterminassent jamais à employer d'aussi absurdes moyens pour l'exécution de leurs projets. Dans des tems d'insurrection ou d'invasion, il pourroit être naturel & utile de faire marcher la Milice d'un Etat sur le territoire d'un autre Etat pour repouffer un ennemi commun, ou pour défendre la République des dangers de la faction ou de la fédition. La première de ces circonftances s'eft renouvelée fréquemment dans le cours de la dernière Guerre, & l'utilité de ce mutuel fecours a été un des principaux motifs de notre affociation politique. Si le pouvoir d'en diriger l'effet eft placé dans les mains du Confeil de l'Union, nous n'aurons pas à redouter cette lâche indifférence qui endort trop fouvent l'attention fur les dangers d'un voifin, jufqu'au moment où l'approche de ces mêmes dangers ajoute la néceffité de la défenfe perfonnelle à la trop foible impulfion du devoir & de l'attachement.

## CHAPITRE XXX.

### De l'Impôt.

ON a déjà obfervé que le Gouvernement National devoit être autorifé à pourvoir à l'entretien des forces nationales, qui comprend les dépenfes néceffaires pour lever des Troupes, conftruire & équipper des Vaiffeaux, enfin toutes les autres dépenfes dont le foin doit naturellement être confié à ceux qui font chargés des difpofitions &

des opérations militaires. Mais ces objets ne font pas les seuls sur lesquels, relativement aux finances, l'autorité de l'Union doive s'étendre. Elle doit, par des dispositions particulières, embrasser l'entretien de la liste civile nationale, le paiement des dettes déjà contractées & de celles qui pourroient l'être encore, & en général tout emploi des fonds du Trésor National. Il en résulte qu'il doit entrer dans l'organisation du Gouvernement un pouvoir général d'imposer sous une forme ou sous une autre.

L'argent est regardé avec raison comme le principe vital du Corps politique, comme un ressort essentiel d'où dépendent son existence & son mouvement, & qui le met en état de remplir ses plus essentielles fonctions. Ainsi un pouvoir suffisant pour créer un revenu proportionné aux besoins & aux facultés de la Nation, peut être regardé comme une partie nécessaire de toute Constitution. Sans cette condition indispensable, l'Etat éprouvera l'un des malheurs suivans : ou le Peuple sera soumis à une déprédation continuelle, faute d'un moyen raisonnable de pourvoir aux besoins publics, ou le Gouvernement tombera dans une funeste immobilité, suivie d'une prompte mort.

Dans l'Empire Ottoman le souverain, quoiqu'à

d'autres égards maître abfolu de la vie & de la fortune de fes fujets, n'a pas le droit d'établir un nouvel impôt. En conféquence, il permet à fes pachas ou gouverneurs de piller le Peuple à leur gré, & à fon tour il arrache d'eux les fommes néceffaires à fes befoins ou à ceux de l'Etat. En Amérique une caufe femblable a fait tomber par degré le Gouvernement de l'Union dans un état de dépériffement qui touche à l'anéantiffement abfolu. Qui pourroit douter que dans ces deux pays une autorité fuffifante, placée dans des mains fûres, pour procurer à l'Etat des revenus proportionnés à fes befoins, ne contribuât au bonheur du Peuple?

Le but de la Confédération actuelle, quelque foible qu'elle foit, étoit de confier aux Etats-Unis un pouvoir illimité pour fatisfaire aux befoins pécuniaires de l'Union. Mais agiffant d'après un faux principe, on s'eft écarté du but. Le Congrès par les articles de notre acte d'Union, ainfi qu'on l'a déjà établi, eft autorifé à fixer & à demander les fommes d'argent qu'il jugera néceffaires pour les dépenfes des Etats-Unis, & fes réquifitions, fi elles font conformes à la proportion convenue entre les Etats, font pour eux conftitutionnellement obligatoires. Ils n'ont pas le droit de difcuter les motifs de la demande qui leur eft faite,

& leur pouvoir ne confifte qu'à choifir les voies & les moyens de fournir les fommes demandées. Mais quelqu'inconteftable que cette propofition puiffe être, quoique l'ufurpation d'un tel droit fût une infraction des articles de l'Union, quoique rarement ou jamais il n'ait été formellement invoqué dans le fait, il a été conftamment exercé & le fera toujours tant que les revenus de la Confédération dépendront de l'action immédiate de fes Membres? Les hommes les moins inftruits de notre état politique, favent quels ont été les effets de ce fyftême, & nous l'avons fuffifamment expofé dans les différentes parties de ces recherches. C'eft une des caufes qui aient le plus contribué à nous réduire à une fituation qui nous donne tant de fujets d'humiliation & tant de fujets de triomphe à nos ennemis.

Quel remede à cette fituation, fi ce n'eft le changement du fyftême qui l'a produite, le changement du faux & trompeur fyftême des contributions & des réquifitions? Quel équivalent fubftituer à ce vain preftige en finance, fi ce n'eft le droit accordé au Gouvernement national, de lever fes propres revenus par les méthodes communes d'impofition qui font établies dans tout Gouvernement civil bien organifé? Il n'eft point de fujet fur lequel des hommes adroits ne puiffent déclamer avec quelqu'apparence de raison ; mais aucun homme de bonne-foi ne pourra indiquer d'autre moyen de nous délivrer des abus & des embarras résultans d'une méthode si défectueuse d'entretenir le Tréfor public. Les adversaires les plus éclairés de la nouvelle Constitution reconnoissent la force de ce raisonnement ; mais ils ajoutent à leur aveu, une distinction entre les impôts intérieurs & extérieurs. Ils réservent les premiers aux Gouvernemens des Etats ; quant aux seconds, qui sont les impôts sur le commerce, ou, pour s'exprimer plus clairement, les droits sur les importations, ils déclarent qu'ils consentent à les confier au Conseil fédéral. Cette distinction violeroit ce principe fondamental du bon sens & de la saine politique ; tout pouvoir doit être proportionné à son objet & laisseroit le Gouvernement général sous une espèce de tutelle exercée par les Etats particuliers, qui exclut toute idée de vigueur & d'énergie. Prétendra-t-on que les seuls impôts sur le commerce soient ou puissent être proportionnés aux besoins actuels ou futurs de l'Union ? Calculant la dette actuelle étrangère & domestique, d'après le plan d'extinction le plus avantageux que puisse approuver un homme tant soit peu pénétré de l'importance de la justice publique & du crédit public, y ajoutant les établisfemens reconnus nécessaires par toutes les parties, nous ne pouvons nous flatter raisonnablement que cette ressource unique mise en œuvre par la méthode la plus productive, suffise même aux besoins actuels. Quant aux besoins futurs, on ne peut ni les calculer, ni en fixer les bornes; & d'après le principe tant de fois rappelé, le pouvoir établi pour y satisfaire, doit être également illimité. La proposition suivante me paroît confirmée par l'histoire du genre-humain ; dans la marche ordinaire des événemens, on trouvera toujours les besoins d'une Nation au moins égaux à ses moyens, à toutes les époques de son existence.

Dire que l'on pourra satisfaire aux besoins accidentels par des réquisitions adressées aux Etats, c'est reconnoître en même temps que l'on ne peut se confier à ce système, & s'y confier cependant pour tout ce qui excédera de certaines limites. Tous ceux qui auront attentivement réfléchi à ses vices & à ses absurdités démontrés par l'expérience & détaillés dans le cours de cet écrit, éprouveront une répugnance invincible à exposer de quelque manière que ce soit l'intérêt de la Nation à ses effets. Dans quelque moment qu'il soit mis à exécution, il tendra infailliblement à affoiblir l'Union & à semer des germes de discorde & de rivalité entre le Corps fédératif & ses membres

&

& entre les membres dans leurs rapports les uns vis-à-vis des autres. Peut-on espérer que cette méthode satisfasse plus sûrement aux besoins accidentels, qu'elle n'a satisfait jusqu'ici à la totalité des besoins de l'Union ? On doit songer que moins on demandera aux Etats, moins ils auront de moyens de répondre aux demandes. Si les opinions de ceux qui veulent faire admettre la distinction ci-dessus mentionnée étoient reçues comme des vérités évidentes, il en résulteroit qu'il est dans l'administration des affaires de la Nation un point où il est sage de s'arrêter & de dire, c'est jusqu'à ce terme qu'il faut contribuer au bonheur du peuple en satisfaisant aux besoins du Gouvernement, & tout ce qui est au-delà ne mérite pas nos soins & notre inquiétude. Comment un Gouvernement à moitié entretenu & toujours pauvre pourra-t-il atteindre au but de son institution, pourvoir à la sécurité, accélérer la prospérité & maintenir la réputation de la République ? Comment pourra-t-il jamais avoir de l'énergie & de la stabilité, de la dignité ou du crédit, de la confiance au-dedans ou de la considération au-dehors ? Comment son administration pourroit-elle être autre chose qu'un tissu d'expédiens lents, impuissans, honteux ? Comment sera-t-il en état d'éviter le sacrifice fréquent de ses engagemens à une nécessité pressante ? Comment pour-

Tome I.            V.

ra-t-il jamais entreprendre ou exécuter aucun plan hardi ou étendu pour le bien public ? Examinons quels feroient les effets d'une pareille fituation lors de la première guerre où nous pourrions être engagés. Suppofons, par exemple, que le revenu des droits fur les importations eft fuffifant pour l'acquittement de la dette & pour les dépenfes de l'Union en tems de paix. Dans ces circonftances la guerre fe déclare. Quelle pourroit être la conduite du Gouvernement dans une telle pofition ? Inftruit par l'expérience du peu de fuccès qu'on doit efpérer des réquifitions, hors d'état de fe procurer de nouvelles reffources par fa propre autorité, preffé par la confidération du danger public, ne feroit-il pas réduit à l'expédient de détourner pour la défenfe de l'Etat des fonds déjà deftinés à un objet déterminé ? Il n'eft pas aifé de voir comment il pourroit éviter de prendre ce parti, & du moment où il feroit adopté, il eft évident qu'il entraîneroit la perte du crédit public au moment même où il deviendroit effentiel à la fûreté publique. Imaginer que dans une crife pareille on pourroit fe paffer de crédit, feroit l'excès de la prévention. Dans le fyftême moderne de la guerre, les Nations les plus opulentes font obligées d'avoir recours à des emprunts confidérables. Un pays auffi peu riche que le nôtre, éprouveroit cette néceffité bien plus impérieusement encore. Mais qui voudroit prêter à une Nation qui feroit précéder l'ouverture d'un emprunt d'une démarche qui démontreroit qu'on ne peut avoir aucune confiance dans ses mesures pour le paiement ? Les prêts qu'elle parviendroit à se procurer, seroient aussi bornés pour l'étendue qu'onéreux pour les conditions. Ils seroient faits sur les principes suivant lesquels les usuriers prêtent communément aux banqueroutiers & aux débiteurs frauduleux, d'une main avare & à un énorme intérêt.

On imaginera peut-être que la médiocrité des ressources du pays forcera toujours dans le cas que nous venons de supposer, le Gouvernement national à détourner des fonds destinés à un emploi déjà fixé, quand même d'ailleurs, il seroit investi d'un pouvoir illimité pour imposer. Mais deux considérations serviront à calmer les craintes à cet égard; premierement toutes les ressources de la Nation dans leur plénitude, seront employées pour satisfaire aux besoins de l'Union; en second lieu, s'il reste encore quelque déficit, il sera rempli facilement par des emprunts. Le pouvoir de créer de sa propre autorité, de nouveaux fonds par de nouvelles impositions, mettra le Gouvernement en état d'emprunter autant que ses besoins l'exigeront. Les Etrangers aussi bien que les Habitans de l'Amérique, pourront alors avoir quelque confiance dans ses engagemens; mais pour se fier à un Gouvernement, soumis lui-même à treize autres Gouvernemens, quant aux moyens de remplir ses engagemens, lorsque sa situation sera bien connue, il faudroit un degré de crédulité qui préside rarement aux conventions pécuniaires des hommes & qui s'accorde bien peu avec la pénétration clairvoyante de l'avarice.

Des réflexions de ce genre auront peu de succès auprès de ceux qui espèrent voir réaliser en Amérique les prodiges des temps poétiques ou fabuleux; mais ceux qui croient que nous ne sommes pas exempts des vicissitudes & des malheurs qui ont été le partage des autres Nations, ne les croiront pas indignes d'une attention sérieuse. Dans cette disposition, ils doivent envisager la situation actuelle de leur pays avec une pénible inquiétude, & prier le Ciel d'écarter les maux dont l'ambition ou la vengeance pourroient trop facilement l'acccabler.

## CHAPITRE XXXI.

*Continuation du même Sujet.*

Dans les recherches de tout genre, il est des vérités premières & de premiers principes, d'où découlent tous les raisonnemens qui les suivent. Ils portent avec eux une évidence antérieure à toute réflexion, à toute combinaison, qui commande l'assentiment de la raison. Lorsqu'ils ne produisent pas cet effet, il faut en chercher la cause ou dans quelqu'altération des organes de l'entendement, ou dans l'influence d'un intérêt, d'une passion, ou d'un préjugé quelconque. De cette nature, sont certaines regles de géométrie, comme par exemple, que le tout est plus grand qu'une de ses parties; que deux choses toutes deux égales à une troisième, sont égales entr'elles ; que deux lignes droites ne peuvent enfermer un espace; que tous les angles droits sont égaux entr'eux. De la même nature sont ces principes en morale & en politique; il ne peut exister d'effet sans cause; les moyens doivent être proportionnés à la fin; tout pouvoir doit être mesuré sur son objet; on ne doit point donner de bornes à un pouvoir destiné à produire un effet qu'on ne peut renfermer dans des bornes précises. Il est encore dans ces deux dernières sciences, d'autres vérités, qui si elles ne peuvent être rangées dans la classe des principes, en sont du moins des conséquences si directes, si aisées à saisir & si conformes aux simples & naturelles lumières du bon sens, qu'elles entraînent l'assentiment de tout esprit sain & sans préjugés avec un degré de force & de conviction presque également irrésistible.

Les objets des recherches géométriques sont si parfaitement isolés de ces intérêts qui excitent & mettent en mouvement les passions irrégulières du cœur humain, que les hommes admettent sans peine, non-seulement les plus simples théorèmes de cette science, mais encore ces propositions qui, quoique susceptibles de démonstration, contredisent les idées naturelles, que l'esprit, sans le secours de l'instruction, se formeroit des choses. La divisibilité de la matière à l'infini, ou en d'autres mots, la divisibiilté à l'infini d'une chose finie, s'étendant aux plus imperceptibles atômes, est un point reconnu parmi les Géomètres, & n'est cependant pas moins incompréhensible au sens commun, qu'aucun de ces mystères de la Religion contre lesquels les attaques de l'incrédulité ont été dirigées avec tant d'adresse.

Mais en morale & en politique, les hommes sont bien moins faciles à persuader. Leur résistance eft raifonnable & utile jufqu'à un certain point. La défiance & l'examen font une barrière néceffaire contre l'erreur & l'impofture. Mais cette réfiftance peut être portée trop loin ; elle peut dégénérer en obftination, ou mauvaife foi. On ne peut prétendre que les principes de la morale & de la politique aient le même degré de certitude que ceux des mathématiques; mais ils en ont plus qu'on ne feroit difpofé à leur en attribuer, à en juger d'après la conduite des hommes dans les différentes fituations où ils fe trouvent. L'obfcurité eft plus fouvent dans les paffions ou les préjugés du raifonneur que dans l'objet du raifonnement. Trop fouvent les hommes ne laiffent pas à leur raifon la liberté de fe déployer, mais s'égarant dans de fauffes routes, ils s'embarraffent dans des mots & fe perdent dans des fubtilités.

Quelle autre raifon pourroit faire trouver des adverfaires parmi des hommes fenfés à des propofitions auffi évidentes, que celles qui nous prouvent la néceffité d'un pouvoir indéfini d'impofer dans le Gouvernement de l'Union, fi nous fuppofons ces adverfaires de bonne foi dans leur oppofition ? Quoique ces propofitions ayent déjà été pleinement établies, il ne fera peut-être pas hors de propos de les récapituler, avant d'entrer dans l'examen des prétendues objections qu'on leur a oppofées.

Un Gouvernement doit renfermer tous les pouvoirs nécessaires pour remplir les fonctions confiées à ses soins, & exécuter les entreprises des succès desquelles il est responsable, sans être dirigé par aucune influence autre que celle de l'amour du bien public & du respect pour l'opinion publique.

Comme la fonction de veiller à la défense nationale, & d'assurer la paix publique contre les violences étrangères ou domestiques, nécessite des précautions relatives aux hasards & aux dangers, auxquels on ne peut assigner de bornes, le pouvoir chargé de ces précautions ne peut connoître d'autres bornes que celles des besoins & des moyens de la Nation.

Comme ce n'est qu'avec de l'argent qu'on peut acquérir les moyens de satisfaire aux besoins de la Nation, le pouvoir de s'en procurer dans sa plénitude doit être compris dans le pouvoir de satisfaire à ces besoins de la Nation.

Comme la théorie & la pratique s'accordent pour prouver que le pouvoir de percevoir les revenus de l'Etat est sans effet, quand il est exercé sur les Etats considérés comme Corps politiques, le Gouvernement fédéral doit être investi d'un pouvoir illimité d'imposer suivant les formes ordinaires.

Si l'expérience ne démontroit le contraire, on seroit disposé à croire, qu'appuyés sur des propofitions auffi évidentes, les avantages d'un pouvoir général d'impofer entre les mains du Gouvernement fédéral n'ont befoin ni de nouvelles preuves ni de nouvelles explications. Mais dans le fait, loin d'acquiefcer à leur juftefſe & à leur vérité, les antagoniftes de la Conftitution propofée femblent diriger leur plus grand zèle & leurs plus puiffans efforts contre cette partie du plan de la Convention. Il ne fera donc pas inutile d'analyfer les argumens par lefquels ils le combattent.

Tel eft à peu-près le réfultat de celles qui femblent avoir été préparées avec le plus de foin dans cette vue. Si les befoins de l'Union ne peuvent être renfermés dans des limites précifes, il n'eft pas vrai que, par cette raifon, elle doive jouir d'un pouvoir illimité d'impofer. Il faut de l'argent auffi pour l'exercice des fonctions des adminiftrations locales non moins importantes pour le bonheur du Peuple, que celles de l'Union. Il eſt donc néceſſaire que les Gouvernemens des Etats ayent à leur difpofition les moyens de fatisfaire à leurs befoins, comme le Gouvernement fédéral à ceux de l'Union. Mais un pouvoir indéfini d'impofer dans celui-ci pourroit priver & priveroit probablement en effet les premiers des moyens de s'afſurer les revenus néceſſaires, & les mettroit entièrement dans la dépendance de la Législature Nationale. Les Loix de l'Union doivent devenir la Loi suprême du pays ; l'Union aura le droit de faire toutes les Loix nécessaires pour l'exercice des pouvoirs qu'on propose de lui confier ; le Gouvernement National pourra toujours abolir les impôts établis pour des objets d'administration locale, sous prétexte qu'ils sont en concurrence avec les impôts établis par lui-même. Il pourra prétendre qu'il se trouve dans la nécessité de le faire pour assurer le succès de la perception des revenus nationaux, & ainsi, usurpant, tarissant toutes les sources des impositions, exclure & détruire les Gouvernemens des Etats.

Ces raisonnemens tantôt supposent l'usurpation dans le Gouvernement National, & tantôt semblent indiquer seulement les effets naturels de l'exercice constitutionnel des pouvoirs qui doivent lui être conférés. Ce n'est que sous ce dernier point de vue qu'on peut croire à la sincérité de leurs auteurs. Du moment où nous nous livrons aux conjectures sur les usurpations du Gouvernement fédéral, précipités dans un abyme sans fond, nous sommes bientôt hors de l'atteinte de tout raisonnement. L'imagination peut errer à loisir, jusqu'au moment où perdue dans un labyrinthe inextricable, elle ne sait où tourner pour échapper aux fantômes qu'elle-même a créés. Quelles que puissent être les limites ou les modifications des pouvoirs de l'Union, il est aisé d'imaginer une suite inépuisable de dangers possibles, & en nous livrant à un excès de défiance & de timidité, nous finirons par tomber dans un état incurable de septicisme & d'irrésolution. Je répète ici ce que j'ai dit ailleurs; les observations relatives au danger de l'usurpation doivent porter sur l'organisation & la structure du Gouvernement, non sur l'étendue de ses pouvoirs. Les Gouvernemens des Etats, par leurs constitutions primitives, sont investis de la plénitude de la souveraineté. Qui peut nous rassurer contre la crainte de leurs usurpations ? C'est sans doute leur forme & le besoin que les hommes, qui en exercent les fonctions, auront toujours de la confiance du Peuple. Si la forme que l'on propose de donner au Gouvernement fédéral, est de nature à produire, après un mûr examen, une égale sécurité, il faut écarter toute crainte d'usurpation.

Il ne faut pas oublier que les Gouvernemens des Etats ne seront pas moins disposés à usurper les droits de l'Union, que l'Union à s'emparer des leurs. Mais de quel côté sera l'avantage dans cette lutte ? Cela dépendra des moyens que les partis rivaux employeront pour s'assurer le succès. Dans les Républiques la force est toujours du côté du Peuple, & de puissantes raisons nous portent à croire que les Gouvernemens des Etats auront communément plus d'influence sur lui. Il est donc vraisemblable que l'événement de ces combats sera défavorable à l'Union, & que ses membres empiéteront sur ses droits, plutôt qu'elle sur les leurs. Mais il est évident que toutes les conjectures de ce genre ne peuvent être qu'extrêmement vagues & sujettes à erreur, & qu'il est beaucoup plus sûr de les écarter absolument & de fixer toute notre attention sur la nature & l'étendue des pouvoirs, tels qu'ils sont tracés par la Constitution. Tout le reste doit être laissé à la prudence & à la fermeté du Peuple, qui tient dans ses mains la balance, & qui, il faut l'espérer, prendra toujours soin de maintenir l'équilibre constitutionnel entre le Gouvernement général & les Gouvernemens des Etats. D'après ce principe qui est évidemment vrai, il ne sera pas difficile d'écarter les objections qui ont été faites contre le pouvoir indéfini d'imposer, accordé aux Etats-Unis par le plan de la Convention.

# CHAPITRE XXXII.
## *Continuation du même Sujet.*

JE suis loin de partager les craintes qu'on semble concevoir pour les Etats, du pouvoir accordé à l'Union, d'influer sur leurs opérations relativement à la perception des impôts ; parce que je suis persuadé que l'opinion publique, l'extrême danger de s'attirer le ressentiment des Gouvernemens des Etats, la conviction de l'utilité, de la nécessité des administrations locales, pour les objets d'un intérêt local, opposeroient un suffisant obstacle à l'abus de ce pouvoir. Mais je veux bien admettre dans toute sa force le raisonnement de ceux qui veulent donner aux Etats particuliers une autorité indépendante & sans résistance, pour percevoir les impôts qui leur seront nécessaires, & en l'admettant, j'affirme que ( si l'on excepte les droits sur les importations & les exportations ) ils conserveroient par l'admission du plan de la Convention, cette autorité dans sa plénitude & son intégrité, & qu'une tentative de la part du Gouvernement National, pour en restreindre l'exercice, seroit une usurpation violente, dont aucun article, aucune clause de la Constitution, ne peut fournir le prétexte.

D'une consolidation absolue des Etats en un seul Gouvernement National souverain, résulteroit une entière subordination dans les parties qui la composeroient, & quelque pouvoir qu'il leur restât, il seroit toujours subordonné à la volonté générale. Mais comme le plan de la Convention n'établit qu'une union ou consolidation partielle, il est évident que les Gouvernements des Etats conserveront tous les droits de souveraineté qu'ils avoient antérieurement, & qui, par la Constitution, n'auront pas été exclusivement délégués aux Etats-Unis. Cette délégation exclusive n'existera que dans trois cas; quand la Constitution accorde expressément une autorité exclusive à l'Union ; quand par une clause elle accorde à l'Union une autorité, que par une seconde clause elle défend aux Etats d'exercer ; enfin quand elle accorde à l'Union une autorité, qu'il seroit contradictoire & impossible de laisser en même tems aux Etats. Je me sers de ces termes contradictoire & impossible, pour distinguer ce cas particulier d'un autre avec lequel on pourroit lui trouver de la ressemblance, mais qui, dans le fait, en diffère essentiellement ; je parle de celui où la concurrence de deux autorités égales pourroit produire des chocs mutuels dans les détails de l'administration, mais n'établiroit pas une contradiction & une incompatibilité abfolue entre les autorités conftitutionnelles. Les exemples fuivans pourront donner une idée des trois cas où une autorité exclufive eft attribuée à l'Union. L'avant-derniere de la huitieme fection du premier article décide expreffément que le Congrès exercera une légiflation exclufive fur le Diftrict choifi pour le fiège du Gouvernement : cette difpofition rentre dans le premier cas. La première claufe de la même fection donne au Congrès le pouvoir d'établir & de percevoir des taxes fur les terres, des droits & des impofitions fur les marchandifes étrangères & fur les confommations. Et la feconde claufe de la vingtieme fection du même article décide qu'aucun Etat ne pourra fans le confentement du Congrès, établir aucuns droits ou impôts fur les importations ou exportations, fi ce n'eft pour l'exécution *de fes loix d'infpection*. De là réfultera un pouvoir exclufif pour l'Union d'établir des droits fur les importations & exportations, fauf l'exception mentionnée dans la claufe dont il s'agit ; mais ce pouvoir eft reftreint par une autre claufe qui décide que les objets exportés des Etats ne pourront être foumis à aucuns droits ou taxes : ainfi d'après cette reftriction il fe trouve réduit aux droits fur les importations. C'eft le fecond cas que nous avons prévu. Le troifième eft réalifé dans la claufe qui décide que le Congrès aura le pouvoir d'établir une règle uniforme de naturalisation dans tous les Etats-Unis ; ce pouvoir doit être nécessairement exclusif ; car si chaque Etat avoit le droit d'établir une différente règle, il n'y auroit plus de règle uniforme. Un cas auquel on trouvera peut-être de la ressemblance avec le dernier, mais qui dans le fait en diffère essentiellement, c'est celui qui s'applique à la question qui nous occupe en ce moment : il s'agit du pouvoir d'établir des impôts sur tous autres objets que les importations & exportations. Je prétens que ce pouvoir appartient également & aux Etats-Unis & aux Etats particuliers. Dans la clause qui l'établit il n'y a rien qui en attribue exclusivement la jouissance à l'Union ; aucune autre clause ou décision ne défend aux Etats de l'exercer ; loin de là, la preuve directe & concluante du contraire découle de la restriction même apportée au pouvoir des Etats relativement aux importations & exportations ; cette restriction renferme une reconnoissance tacite du pouvoir que les Etats auroient à cet égard s'il ne leur étoit expressément ôté par cette clause ; elle renferme encore la reconnoissance tacite du pouvoir qu'ils conservent relativement à tous les autres genres d'impositions, autrement elle seroit inutile & dangereuse ; inutile, parce que si l'attribution faite

à

à l'Union du pouvoir d'imposer entraînoit l'exclusion des Etats ou du moins leur subordination à cet égard, quel besoin de restreindre un pouvoir qu'ils n'eussent pas conservé ? dangereuse, en ce qu'elle mène directement à la conclusion que nous avons indiquée, & qui, si l'on en croit nos adversaires, est contraire à l'intention des Législateurs. En effet n'est-il pas naturel d'en conclure que les Etats dans tous les cas auxquels ne s'applique pas la restriction, auront le pouvoir d'imposer concurremment avec l'Union. La restriction dont il s'agit ressemble à ce que les hommes de loi appellent une négative utile, c'est-à-dire, la négation d'une chose & l'affirmation d'une autre ; une négation du pouvoir des Etats pour établir des droits sur les importations & exportations, & une affirmation de leur autorité pour en établir sur tous les autres objets. Ce seroit un pur sophisme de prétendre qu'on a voulu leur ôter tout pouvoir relativement au premier genre d'imposition, & sur tous les autres, les soumettre à la volonté de la Législature Nationale ; la clause limitative ou prohibitive dit seulement qu'ils n'établiront pas les droits ci-dessus mentionnés sans le consentement des Etats-Unis ; & si l'on devoit l'entendre dans le dernier sens, la Constitution auroit admis une disposition claire & précise pour le

*Tome I.* X

plaisir d'en faire résulter une conclusion absurde, savoir, que les Etats avec le consentement de la Législature Nationale, pourront taxer les importations & exportations, & qu'ils ne pourront taxer tous les autres objets sans le consentement du même Corps. Si telle eut été l'intention des Législateurs, & s'il est vrai, comme on le prétend, que cette intention soit remplie par la première clause qui confère à l'Union un pouvoir général d'imposer, pourquoi ne s'en feroient-ils pas tenus à cette clause unique ? Il est évident que cette intention n'a pu exister, & que la clause dont il s'agit ne peut admettre une telle interprétation. Quant à la supposition d'incompatibilité entre le pouvoir d'imposer dans les Etats & dans l'Union, on ne peut la soutenir dans le sens qui entraîneroit l'exclusion des Etats. A la vérité il est possible qu'un Etat perçoive sur un objet quelconque une taxe qui mette le Congrès dans l'impossibilité de mettre sans inconvénient un nouvel impôt sur le même objet. La quotité de l'imposition, les avantages ou les inconvéniens attachés à une augmentation par l'un ou l'autre des deux Pouvoirs, pourront être pour tous les deux des questions de prudence ; mais il n'en résultera entr'eux aucune incompatibilité réelle. L'administration des finances de l'Union & de celle des

Etats pourra de tems en tems ne pas s'accorder dans les détails & néceſſiter des complaiſances réciproques ; mais ce n'eſt pas la ſimple poſſibilité d'un inconvénient quelconque dans l'exercice des pouvoirs, c'eſt une incompatibilité conſtitutionnelle & abſolue qui pourroit entraîner par une conſéquence néceſſaire l'aliénation & l'extinction d'un droit de ſouveraineté antérieurement exiſtant.

La néceſſité de deux autorités rivales dans certains cas réſulte de la diviſion du pouvoir ſouverain, & le principe que tous les droits dont les Etats ne ſont pas expreſſément dépouillés en faveur de l'Union, leur ſont conſervés dans toute leur étendue, n'eſt pas ſeulement une conſéquence théorique de cette diviſion, il eſt clairement reconnu dans toute la teneur de l'Acte Conſtitutionnel. En accordant affirmativement à l'Union des pouvoirs généraux, les Légiſlateurs ont eu le plus grand ſoin, lorſqu'ils voyoient de l'inconvénient à ce que les mêmes droits réſidaſſent en même tems dans les Etats, d'inférer des clauſes négatives pour leur en interdire l'exercice. La dixieme ſection du premier article préſente pluſieurs diſpoſitions de cette nature : cette circonſtance nous indique clairement l'intention des Légiſlateurs & nous fournit une règle d'interprétation tirée de l'Acte Constitutionnel même, qui justifie la proposition que j'ai avancée, & détruit toute hypothèse contraire.

## CHAPITRE XXII.

### *Continuation du même Sujet.*

LA seconde partie du raisonnement qui attaque les dispositions de la Constitution relativement à l'impôt, est fondée sur les clauses suivantes; la derniere clause de la huitieme section du premier article autorise la Législature Nationale à faire toutes loix nécessaires ou convenables pour assurer l'exercice des pouvoirs dont la Constitution a revêtu le Gouvernement des Etats-Unis, quelqu'une de ses parties constituantes ou quelqu'un de ses membres; & la seconde clause du sixieme article décide que la Constitution des Etats-Unis, les Loix qu'ils auront faites en conséquence de la clause que nous venons de citer & les traités conclus par leur autorité, seront la Loi suprême du pays, nonobstant toute disposition contraire dans la Constitution ou les Loix des Etats particuliers.

Ces deux clauses ont produit les plus virulentes invectives & les plus violentes déclamations contre la Conſtitution propoſée ; elles ont été préſentées au Peuple avec les traits chargés de la plus fauſſe interprétation, comme les inſtrumens par leſquels il devoit voir ſes Adminiſtrations locales détruites & ſa liberté anéantie ; comme un monſtre hideux dont la dent meurtrière n'épargneroit ni ſexe ni âge, ni grands ni petits, ni ſacré ni profane ; & cependant quelqu'étrange que cela puiſſe paroître après tant de clameurs, lorſqu'on ne les aura pas enviſagées ſous le même point de vue que nous, on peut aſſurer avec confiance que les effets conſtitutionnels du Gouvernement propoſé ſeroient préciſément les mêmes que ces clauſes fuſſent entièrement effacées ou qu'elles fuſſent répétées à chaque article. Elles ſont de ſimples déclarations d'une vérité qu'on ne peut ſe diſpenſer d'admettre comme une conſéquence néceſſaire & inévitable, lorſqu'on établit un Gouvernement fédératif & qu'on lui confère des pouvoirs déterminés ; c'eſt une propoſition ſi évidente que la modération même ne peut entendre les injures accumulées contre cette partie de la Conſtitution, ſans voir ſa tranquillité troublée par l'indignation.

Qu'eſt-ce que le pouvoir, ſi ce n'eſt la faculté de faire une choſe ? Qu'eſt-ce que la faculté de faire une choſe, ſi ce n'eſt le pouvoir d'employer les moyens néceffaires pour fon exécution ? qu'eft ce que l pouvoir légiflatif fi ce n'eft le pouvoir de faire des Loix ? quels font les moyens d'exercer le pouvoir légiflatif, autres que les Loix ? qu'eft ce que le pouvoir de créer & de percevoir des impôts, autre chofe que le pouvoir légiflatif, ou le pouvoir de faire des Loix pour la création & la perception des impôts ? quels font les moyens convenables d'exercer ce genre de pouvoir, autre que les Loix néceffaires & convenables pour cet effet ?

Cette fuite de queftions fuffit pour nous indiquer la véritable nature de la claufe dont on fe plaint. Elle nous conduit à cette vérité, que le pouvoir de créer & de percevoir des impôts doit être le pouvoir de faire les Loix néceffaires & convenables pour l'exercice de ce pouvoir. Je demande à préfent fi cette difpofition, fi mal reçue & fi calomniée, fait autre chofe que de déclarer cette même vérité ; favoir, que le Gouvernement National, à qui le pouvoir de créer & de percevoir des impôts a antérieurement été accordé, peut, pour l'exercice de ce pouvoir, faire toutes les Loix néceffaires & convenables ? J'ai fait de ces obfervations une application particulière au pouvoir d'impofer ; parce que c'eft l'objet qui nous occupe en ce moment, & parce que c'eft le plus important des droits que l'on propofe de conférer à l'Union. Mais la même marche meneroit au même réfultat, relativement à tous les autres pouvoirs détaillés dans la Conftitution. C'eft expreffément pour l'exercice de ce genre de pouvoirs, que la claufe *deftructive* comme on a affecté de l'appeler, autorife la Légiflature Nationale à faire toutes les Loix néceffaires & convenables.

Si on peut la défapprouver en quelques points, c'eft d'appliquer une décifion générale à des pouvoirs particuliers. Mais cette difpofition, qui peut mériter le reproche de répétition & de redondance, eft du moins parfaitement innocente.

Mais la défiance pourra demander, quel motif l'a fait admettre? On répondra qu'il n'en exifte pas d'autre que le defir d'oppofer un obftacle plus puiffant aux détours artificieux de ceux qui pourroient chercher à reftreindre les pouvoirs conftitutionnels de l'Union, ou à fe fouftraire à fon autorité légitime. La Convention a probablement apperçu une vérité que nous avons principalement eu en vue de répandre par cet écrit; c'eft que le danger qui menace le plus notre bonheur politique, eft celui de voir les Gouvernemens des Etats finir par faper les fondemens de l'Union, & en conféquence elle a cru devoir, fur un point fi important, ne rien laiffer à l'interprétation. Quelqu'ait pu être son motif, le cri qui s'est élevé contre la précaution qu'elle a prise en démontre la sagesse ; en effet ce cri manifeste une disposition à révoquer en doute la grande & essentielle vérité qu'elle a manifestement eu en vue de déclarer par cette disposition.

Mais on pourra encore demander qui jugera de la nécessité & de la justice des Loix qui seront faites pour l'exercice des pouvoirs de l'Union ? Je réponds en premier lieu que la même difficulté s'élève sur la simple délégation de ces pouvoirs, que sur la clause qui en déclare la nature : je réponds encore que ce sera le Gouvernement National, qui, comme tous les autres, jugera en première instance de l'usage qu'il devra faire de ses pouvoirs ; ses commettans jugeront en dernier ressort. Si le Gouvernement fédéral outre-passe les justes bornes de son autorité, & en fait un tyrannique usage, le Peuple dont il est l'ouvrage le rappellera à sa forme primitive, & prendra, pour réparer l'outrage fait à la Constitution, les mesures que la nécessité suggérera & qu'approuvera la prudence. La justice d'une Loi, sous le rapport constitutionnel, doit être toujours déterminée d'après la nature des pouvoirs sur lesquels elle est fondée. Supposez que, contre toute vraisemblance, par une interprétation forcée des dispositions sur lesquelles est fondée son autorité, la Législature fédérale entreprît de changer les Loix sur les successions dans quelqu'Etat. Ne seroit-il pas évident que par cette tentative il auroit excédé son pouvoir & empiété sur celui de l'Etat en question? S'il a pu exister un doute à cet égard, il n'a dû son succès qu'à ces raisonneurs, qui dans l'imprudente chaleur de leur animosité contre le plan de la Convention, ont cherché à l'envelopper d'un nuage fait pour obscurcir les vérités les plus simples & les plus évidentes.

Mais on observe encore que les Loix de l'Union deviendront les Loix souveraines du pays. Quelle conséquence en peut-on tirer? & que seroient des Loix, si elles n'étoient souveraines? il est évident qu'elles ne seroient rien du tout. Le mot de Loi renferme l'idée de souveraineté, c'est une règle à laquelle sont obligés d'obéir ceux sur qui elle porte; c'est une suite nécessaire de toute association politique. Quand des individus entrent en société, les Loix de la société doivent devenir le suprême régulateur de leur conduite. Si un certain nombre de sociétés politiques forment entr'elles une société politique plus étendue, les Loix faites par la dernière, conformément aux pouvoirs qui lui auront été délégués par la Constitution, doivent nécessairement être souveraines sur ces sociétés & les individus qui les composent. Autrement ce seroit un simple traité qui reposeroit sur la bonne foi des parties & non un Gouvernement, mot qui exprime un pouvoir & une suprématie politique. Mais il ne s'en suit pas de cette doctrine, que les actes de la grande société qui ne sont pas conformes à son autorité constitutionnelle, mais qui sont des usurpations des pouvoirs réservés aux sociétés individuelles, doivent devenir les Loix souveraines du pays. Ils ne sont que des actes d'usurpation & ne méritent pas d'être traités autrement. Delà résulte que toute clause qui déclare la souveraineté des Loix de l'Union, comme celle que nous venons d'examiner, ne fait que déclarer une vérité qui découle immédiatement & nécessairement de l'institution d'un Gouvernement fédératif.

On observera, j'espère, que cette clause borne la souveraineté aux Loix qui auront été faites conformément à la Constitution ; ce dont je ne fais mention, au reste, que comme d'une précaution da la Convention : car quand cette limitation n'eût pas été exprimée, elle eut été certainement sous-entendue.

Ainsi quoiqu'une Loi, qui établit un impôt pour l'usage des Etats-Unis, soit souveraine par sa nature & qu'on ne puisse y opposer aucun obstacle ou contradiction légale, cependant une Loi, pour faire cesser ou prévenir la perception d'un impôt mis par l'autorité d'un Etat, ( si ce n'est sur les importations & exportations ) ne seroit pas une des Loix suprêmes du pays, mais l'usurpation d'un pouvoir que la Constitution n'auroit pas donné. Comme une imprudente accumulation d'impôts sur le même objet en rendroit la perception difficile & incertaine, elle seroit un inconvénient résultant, non de la supériorité ou du défaut de pouvoir d'un côté ou d'un autre, mais d'un usage peu raisonnable du pouvoir dans l'un ou dans l'autre, qui deviendroit également préjudiciable à tous les deux. Le résultat de tout ceci est que les Etats particuliers, par la Constitution proposée, conservent une autorité indépendante & sans obstacle, pour lever touts les subsides, dont ils pourront avoir besoin, par toute forme d'imposition, autre que les droits sur les importations & exportations. Nous montrerons dans le Chapitre suivant que cete autorité partagée est le seul équivalent admissible à une entière subordination des Etats à l'Union, relativement à cette branche de pouvoir.

## CHAPITRE XXIV.

*Continuation dn même Sujet.*

JE me flatte d'avoir clairement démontrée dans le dernier chapitre, que la Constitution proposée donnoit aux Etats particuliers une autorité égale à celle de l'Union, relativement aux impôts, en exceptant les droits sur les importations. Comme cette décision laisse à la disposition des Etats la plus grande partie des ressources de la Nation, il ne reste plus de prétexte pour prétendre qu'ils n'auront pas tous les moyens qu'ils pourront désirer de satisfaire à leurs besoins, sans avoir à craindre aucune contradiction; il deviendra plus évident encore qu'ils auront un vaste champ pour recueillir ce qui leur sera nécessaire, quand nous en viendrons à compter le petit nombre de besoins publics auxquels les Etats sont chargés de subvenir.

Prétendre d'après des principes abstraits que ces deux autorités égales ne pourroient exister ensemble, ce seroit opposer la théorie & la supposition aux faits & à la réalité. Si des raisonnemens abstraits peuvent être admissibles, quand il s'agit de prouver qu'une chose ne doit pas exister, ils doivent être rejettés, lorsqu'on en fait usage pour prouver, contre l'évidence des faits, qu'elle n'existe pas. On sait que dans la République Romaine, l'autorité législative en dernier ressort résida pendant des siècles dans deux différens corps politiques, qu'on ne doit pas envisager comme deux parties intégrantes du même corps législatif, mais comme deux corps séparés & indépendans, dans lesquels dominoient deux intérêts opposés : dans l'un, celui des Patriciens, dans l'autre, celui des Plébéiens. On auroit pu rassembler un assez grand nombre de raisonnemens pour prouver les inconvéniens de deux autorités qui sembloient contradictoires, puisqu'elles avoient le droit d'annuler réciproquement leurs actes, ou d'en arrêter l'exécution. Mais on auroit regardé à Rome comme un fou celui qui auroit tenté de révoquer en doute leur existence. On comprendra aisément que je parle des Comices par centuries, & des Comices par tribus. La premiere de ces formes de délibération étoit combinée de maniere à donner l'avantage à l'intérêt des Patriciens : dans la seconde où le nombre faisoit la loi, l'intérêt des Plébéiens avoit une supériorité absolue, & cependant ces deux Assemblées législatives co existèrent pendant des siècles, & la République Romaine atteignit le faîte de la grandeur humaine.

Dans le cas particulier soumis aujourd'hui à

notre examen, on ne voit point la contradiction qui se trouve dans l'exemple cité, aucun des deux pouvoirs ne peut annuler les actes du pouvoir rival, & dans la pratique nous avons peu d'inconvéniens à redouter de cet ordre de choses, parce qu'en peu de temps les besoins des Etats seront resserrés dans un cercle étroit, & jusque-là le Gouvernement des Etats-Unis aura vraisemblablement la prudence d'abandonner entièrement aux Etats les objets qu'ils seront disposés à adopter.

Pour porter un jugement plus sûr, relativement à cette question, il sera bon de jetter un coup-d'œil sur la proportion qui existe entre les objets de dépense de l'Union, & ceux des Etats; nous nous convaincrons que les premiers sont absolument illimités, tandis que les seconds sont circonscrits dans des limites étroites. Dans le cours de nos réflexions, nous devons songer qu'il ne faut pas arrêter nos regards à l'époque actuelle, mais les porter dans l'avenir. La Constitution d'un Gouvernement civil ne doit pas être faite d'après le calcul des besoins actuels; il faut y ajouter les besoins des siècles à venir, qu'on doit évaluer d'après le cours naturel & commun des choses humaines. On se tromperoit grossièrement, en jugeant de l'étendue de pouvoir qu'on doit conférer au Gouvernement national, par fes befoins du moment. Il doit avoir les moyens de pourvoir aux befoins futurs, à mefure qu'ils fe feront fentir; & comme par leur nature ils font fans bornes, il ne faut point borner les moyens qui doivent y correfpondre. Il eft vrai qu'on peut faire avec une exactitude fuffifante, le calcul de la quotité du revenu néceffaire pour acquitter les engagemens actuels de l'Union, & entretenir les établiffemens qui, pendant un certain nombre d'années fuffiront en temps de paix. Mais feroit-il fage, ou plutôt ne feroit-ce pas le dernier degré de la folie, de s'arrêter à ce point, & de laiffer le Gouvernement chargé du foin de la défenfe publique, dans l'impoffibilité abfolue de réfifter à des guerres étrangeres, ou à des convulfions intérieures? Si nous fommes obligés d'aller au-delà, à quelle diftance nous arrêterons-nous d'un pouvoir illimité pour pourvoir aux befoins qui pourront furvenir? Quoiqu'il foit aifé de foutenir, en termes généraux, la poffibilité de calculer fûrement le degré de précaution néceffaire contre les dangers que nous devons prévoir, cependant nous pouvons, fans crainte, défier ceux qui foutiennent cette opinion de produire leur calcul, bien fûrs qu'il feroit auffi vague & incertain que ceux qu'on pourroit faire fur la durée probable du monde. Les conjectures particulières aux attaques intérieures ne font pas d'une haute importance, & cependant celles-là mêmes ne peuvent être soumises à un calcul satisfaisant. Mais si nous voulons être un peuple commerçant, la prudence exige que nous cherchions à être un jour en état de défendre notre commerce. L'entretien d'une marine, les dépenses des guerres navales, entraîneront des hasards qui confondront tous les calculs politiques.

En admettant que nous devions essayer la nouvelle & absurde doctrine qui lie au Gouvernement les mains sur toute guerre offensive que pourroient motiver des raisons d'Etat, du moins ne devons-nous pas le mettre dans l'impuissance de défendre la Nation contre l'ambition ou l'inimitié des puissances étrangères. Un nuage est depuis quelque temps suspendu sur l'ancien monde : si l'orage se déclare, qui peut nous assurer que dans ses progrès, il n'étendra pas jusqu'à nous une partie de sa furie ? on ne peut raisonnablement assurer que nous soyons hors de son atteinte. Si les matières combustibles qui semblent se réunir, sont dissipées avant d'avoir pu s'enflammer, ou si le feu s'allume sans s'étendre jusqu'à nous, n'est-il pas d'autres causes, d'autres lieux d'où peuvent naître des dangers qui menacent notre tranquillité ? souvenons-nous que nous n'aurons pas toujours

jours à choisir entre la paix & la guerre, que quelque modérés & dépourvus d'ambition que nous puissions être, nous ne devons pas compter sur la modération, ou espérer d'éteindre l'ambition des autres. Aurions-nous imaginé à la fin de la derniere guerre, que la France & l'Angleterre également fatiguées & épuisées, auroient pris l'une vis-à-vis de l'autre une attitude si hostile? En consultant l'histoire du genre humain, nous serons naturellement menés à conclure, que les passions féroces & destructives de la guerre regnent plus impérieusement dans le cœur des hommes, que les doux & bienfaisans sentimens de la paix, & que fonder notre systême politique sur l'espérance d'une tranquillité durable, c'est compter sur les plus foibles ressorts du caractère humain.

Quelles sont les principales causes de dépense dans les differens Gouvernemens? Quel concours de circonstances a occasionné cette énorme accumulation de dettes, dont quelques Nations Européennes sont accablées? Les guerres & les rébellions, ces deux maladies mortelles de la société. Les dépenses résultantes des institutions relatives à la simple administration de l'Etat, à l'exercice du pouvoir législatif, exécutif & judiciaire, enfin à tout ce qui en dépend, à l'encouragement de l'agriculture & des manufactures, ( ce qui comprend tous les objets de dépenses des Etats, ne sont rien en comparaison de celles qu'exige la défense de l'Etat.

Dans le royaume de la Grande-Bretagne qui a à soutenir l'appareil imposant de la monarchie, les dépenses ci-dessus mentionnées ne vont pas à la quinzième partie du revenu de la Nation : les $\frac{14}{15}$ qui restent sont absorbés par le payement de l'intérêt des dettes contractées pour soutenir les guerres où s'est trouvée engagée cette puissance, & par l'entretien de ses flottes & de ses armées. Si d'un côté l'on observe que les dépenses causées par l'exécution des projets ambitieux & le vain desir de gloire, trop fréquens dans les monarchies, ne peuvent servir d'exemple pour juger de celles qui pourront être nécessaires à une république, il faut remarquer en même temps, qu'il y a une aussi grande différence entre la profusion & l'extravagance d'un puissant royaume dans son administration intérieure, & la frugalité & l'économie qui, à cet égard, convient à la modeste simplicité d'un Gouvernement Républicain. Si nous balançons les déductions qu'on doit faire de chaque côté, nous les trouverons à peu près égales.

Réfléchissons seulement à la dette énorme que

nous avons nous-mêmes contractée dans la dernière guerre, & en comptant pour nous sur une foible partie des accidens qui troublent la paix des Nations, nous serons à l'instant convaincus, sans le secours d'une pénible réflexion, qu'il y aura toujours une différence énorme entre les objets de dépense du Gouvernement fédéral & ceux des Etats. Il est vrai que quelques-uns des Etats en particulier sont accablés de dettes considérables, restes de la dernière guerre; mais cela ne pourra plus arriver si le plan proposé est adopté; & quand ces dettes seront aquittées, le seul objet de dépense considérable qui restera aux Gouvernemens des Etats, sera l'entretien de leurs propres listes civiles: si nous y joignons les dépenses accidentelles, la somme totale dans chaque Etat ne doit pas excéder deux cens mille livres.

S'il est vrai qu'en organisant notre Gouvernement, nous devions dans des dispositions qui seront invariablement fixées, calculer, non les besoins du moment, mais ceux qui existeront toujours, nous devons fixer au Gouvernement des Etats une somme annuelle de 200,000 livres, tandis que les besoins de l'Union ne peuvent admettre de bornes, même en imagination. D'après cette considération, sur quel fondement peut-on soutenir que les administrations locales doivent avoir toujours à leur difpofition une fource exclufive de revenu, au-delà de la fomme de 200,000 livres? Etendre plus loin fon pouvoir au préjudice de celui de l'Union, ce feroit arracher les reffources de la Nation d'entre des mains qui en ont befoin pour affurer la profpérité publique, & les placer dans d'autres mains qui n'ont aucune occafion de l'employer utilement.

Suppofez que la convention eût voulu partager les objets de revenu entre l'Union & fes membres, en proportion de leurs befoins comparés, quel fonds particulier auroit-on pu affigner aux Etats, qui n'eût été ou trop ou trop peu confidérable? Quant à la ligne de démarcation entre les impôts intérieurs & extérieurs, ce feroit abandonner aux Etats, d'après le calcul le plus défavorable, la difpofition des deux tiers des revenus de la Nation pour acquitter d'un dixième à un vingtième de fes dépenfes, & à l'Union un tiers du revenu de la Nation, pour acquitter des neuf dixièmes aux dix-neuf vingtièmes de fes dépenfes. Si nous abandonnons ce partage, & que nous nous contentions de laiffer aux Etats le droit exclufif d'impofer les maifons & les terres, il y aura toujours une grande difproportion entre les moyens & la fin, puifqu'un tiers des revenus de la Nation fera appliqué à un vingtième au plus de les besoins. Si on eut fixé un fonds qui eût été dans une proportion exacte avec l'objet de sa destination, il eut été insuffisant pour acquitter les dettes actuelles des Etats particuliers, & les eut laissés dans la dépendance de l'Union à cet égard.

Cette suite d'observations suffira pour démontrer la proposition ci-dessus avancée, que le partage de l'autorité en matiere d'imposition, est le seul équivalent admissible à l'entière subordination des Etats à l'Union, relativement à cette branche d'administration. Toute séparation des objets de revenu, quelque forme qu'on eût adoptée à cet égard, eut entraîné le sacrifice des grands intérêts de l'Union au pouvoir des Etats. La convention a préféré le partage du pouvoir à la subordination ; & il est évident que son plan a du moins le mérite d'accorder un pouvoir illimité d'imposer dans le Gouvernement fédéral, avec un pouvoir égal & indépendant dans les Etats pour pourvoir à leurs propres besoins. Il reste encore quelques points de vue sous lesquels l'importante question de l'imposition appelle notre attention.

# CHAPITRE XXXV.

*Continuation du même Sujet.*

AVANT d'entrer dans l'examen d'aucune autre des objections qui ont été faites contre le pouvoir illimité d'impofer, conféré à l'Union, je ferai une obfervation générale : fi l'autorité du Gouvernement National, en matière d'impofition, eft reftreinte à des objets particuliers, l'effet naturel d'une femblable difpofition fera de faire porter fur ces objets une portion trop confidérable du fardeau public. Il en réfultera deux inconvéniens, l'oppreffion de quelque branche d'induftrie particulière, & une inégale diftribution des impôts entre les Etats auffi bien qu'entre les citoyens du même Etat.

Suppofez, que conformément au vœu de quelques perfonnes, le pouvoir d'impofer dans le Corps fédéral foit borné aux droits fur les importations, il eft évident que le Gouvernement, faute d'autres reffources, feroit fréquemment tenté de donner à ces droits une extenfion contraire à l'intérêt public. Plufieurs perfonnes croient que cela ne peut jamais arriver ; plus les droits s'éleveront, difent-elles, plus ils tendront à décourager une confommation extravagante, à faire pencher de notre côté la balance du commerce,

& à favoriser nos manufactures. Mais tous les excès produisent des effets toujours nuisibles. Des droits exorbitans sur les importations produisent un esprit de fraude général, qui est toujours préjudiciable aux Commerçans de bonne foi, & par-là diminuent souvent le revenu, loin de l'augmenter: leur effet naturel est de rendre jusqu'à l'excès toutes les classes de la société tributaires de celle des manufacturiers, & de lui assurer d'avance le monopole dans les marchés; ils changent souvent le cours naturel de l'industrie, pour lui en donner un où elle s'exerce avec moins d'avantage. Enfin, ils oppriment le marchand qui est souvent obligé de les payer lui-même, sans en être indemnisé par le consommateur. Quand les demandes égalent la quantité des denrées qui sont au marché, en général c'est le consommateur qui paie les droits. Mais quand le marché est surchargé, une portion considérable tombe sur le marchand, & quelquefois épuise non-seulement ses profits, mais entame sur son capital. Je crois que le vendeur partage avec l'acheteur le fardeau de l'imposition plus souvent qu'on ne l'imagine. Il n'est pas toujours possible d'élever le prix d'une denrée dans une proportion exacte avec chaque imposition additionnelle dont elle est chargée. Le marchand, spécialement dans un pays

Y 4

où les capitaux employés au commerce font peu confidérables, eft fouvent obligé de baiffer le prix de fa denrée, pour en accélérer la vente.

C'eft le confommateur qui paie : cette propofition eft plus fouvent conforme à la vérité, que la propofition contraire ; & c'eft pour cette raifon que les droits fur les importations doivent entrer dans la maffe commune, au lieu de tourner au profit excluſif des Etats qui importent des marchandifes étrangères. Mais cependant elle n'eft pas affez généralement vraie, pour qu'il foit jufte de faire de ces droits le feul fonds du revenu national. Quand ils font payés par les marchands, ils chargent d'une fomme d'impôt additionnelle les Etats qui importent des marchandifes étrangères, & dont les habitans paient déjà leur part de ces droits, comme confommateurs. Sous ce point de vue ils produifent une inégalité entre les Etats, & cette inégalité s'accroîtroit en proportion de l'accroiffement des droits. Si l'on bornoit le revenu national à cette efpèce d'impôt, il en réfulteroit une autre inégalité, produite par une caufe différente entre les Etats qui ont des manufactures & ceux qui n'en ont point. Les Etats qui peuvent fatisfaire à leurs befoins par leurs propres manufactures, ne confommeroient pas, relativement à leur population & à leurs richeffes, une fi grande quantité de denrées étrangères, que les Etats qui ne se trouveroient pas dans une situation aussi favorable, & en conséquence, d'après l'adoption de cet unique mode d'imposition, ils ne contribueroient pas aux charges publiques, en raison de leurs facultés. Pour les y forcer, il faut avoir recours à l'accise qui s'applique aux différens genres de manufactures.

Ces considérations sont pour New-York d'un plus grand intérêt que ne semblent l'imaginer ceux de ses habitans qui veulent limiter le pouvoir de l'Union aux impôts extérieurs. New-York importe des marchandises étrangères, &, par une plus grande disproportion entre son territoire & le nombre de ses habitans, a moins que les autres Etats l'espérance d'acquérir bientôt des manufactures. Il souffriroit donc doublement de la limitation du pouvoir de l'Union aux impôts sur le commerce.

Pour rassurer sur le danger d'une extension excessive des droits sur les consommations, on observera peut-être, conformément à une remarque faite dans une autre partie de cet Ouvrage, que l'intérêt même des finances suffiroit pour prévenir un tel excès. Je conviens qu'il pourroit suffire, tant qu'il resteroit d'autres ressources ; mais si toute autre étoit interdite, l'espérance, stimulée par la nécessité, pourroit donner lieu à des épreuves appuyées de précautions rigoureuses, & de nouvelles peines qui produiroient l'effet desiré, jusqu'à ce qu'on eût trouvé des expédiens pour échapper à ces nouvelles précautions. Le premier succès donneroit des idées fausses, qui ne pourroient être détruites que par une longue suite d'épreuves nouvelles. La nécessité produit souvent, sur-tout en politique, de fausses espérances, de faux raisonnemens, & en conséquence un plan de conduite erronné. Mais en supposant même que la limitation du pouvoir de l'Union ne produisît pas l'excès que nous prévoyons, il en résulteroit toujours les inégalités dont nous avons fait sentir les causes.

Revenons à l'examen des objections.

Une de celles à laquelle nos adversaires semblent attacher le plus de prix, à en juger par la fréquence avec laquelle elle est répétée, consiste à dire que le Corps constituant n'est pas suffisamment nombreux, pour qu'il puisse s'y trouver des hommes de toutes les différentes classes de citoyens, pour concilier les intérêts & les sentimens de toutes les parties de la société, & produire une véritable sympathie entre le Corps représentatif & ses Constituans. Cet argument se présente sous une forme spécieuse & séduisante, & il est de nature à agir sur les préjugés des hommes auxquels il s'adresse. Mais si nous l'examinons avec attention, nous n'y trouverons que des mots vuides de sens. Il est impossible de parvenir au but qu'il semble indiquer ; & cela est inutile pour l'objet dont nous nous occupons. Je discuterai dans un autre moment la question relative à l'insuffisance prétendue du nombre des membres du Corps des Représentans ; je me contenterai d'examiner l'usage particulier qu'on a fait de cette objection, relativement au sujet actuel de nos recherches.

L'idée d'une Représentation exacte de toutes les classes du Peuple, par des personnes de chacune de ces classes, est une pure vision. A moins que la Constitution ne décidât expressément que chaque profession différente enverra un ou plusieurs membres, la chose seroit impraticable. Les artisans & les manufacturiers seront presque toujours disposés à donner leur suffrage aux négocians, par préférence aux personnes de leur propre profession. Ces citoyens intelligens savent que les arts méchaniques, les manufactures, fournissent les matériaux des entreprises & de l'industrie mercantille. Plusieurs d'entr'eux sont familiarisés avec les opérations du commerce ; ils savent que le commerçant est leur appui & leur allié naturel ; ils savent, quelque confiance qu'ils aient dans leur propre bon sens, que leurs intérêts seront plus efficacement défendus par les Commerçans que par eux-mêmes. Ils sentent que leur manière de vivre ne leur a pas donné ces talens acquis sans lesquels les talens naturels les plus distingués sont presque toujours inutiles dans les délibérations d'une assemblée, & que l'influence & le poids des connoissances supérieures des Commerçans, doit les mettre plus en état de combattre avec succès toute disposition contraire aux intérêts du commerce & des manufactures, qui pourroit naître dans les conseils publics. Ces considérations & plusieurs autres, qu'on pourroit y ajouter, prouvent, & l'expérience atteste, que les artisans & les manufacturiers seront communément disposés à donner leurs suffrages aux Commerçans ou à ceux qui leur seront recommandés par eux. Nous devons donc considérer les Commerçans comme les représentans naturels de toutes les classes de la société.

Relativement aux professions savantes, il est peu d'observations à faire : elles ne forment réellement pas un intérêt à part dans la société, & par leur situation & leurs talens, elles seront indistinctement l'objet de la confiance & du choix des autres classes de la société.

Il ne reste que l'intérêt des propriétaires fonciers ; & je soutiens que politiquement, & surtout relativement aux impositions, leurs intérêts sont intimément unis, depuis le plus riche jusqu'au plus pauvre. On ne peut mettre d'impôt sur les terres qui n'affecte le propriétaire de plusieurs millions d'acres, comme celui qui n'en possède qu'un. Tous les propriétaires fonciers auront donc un intérêt commun à tenir les impôts sur les terres au plus foible taux possible, & un intérêt commun peut toujours être regardé comme le plus sûr lien de la sympathie. Mais quand nous supposerions une différence d'intérêt entre le propriétaire opulent & le fermier moins riche, quel motif nous porteroit à croire que le premier aura plus de chances pour être député à l'Assemblée Nationale Si nous prenons les faits pour guides, & que nous examinions la composition du Sénat & de l'assemblée des Représentans, nous trouverons que les propriétaires médiocres dominent dans tous les deux, & à un égal degré dans le Sénat, quoiqu'il soit composé d'un plus petit nombre de membres que l'Assemblée. Tant que les conditions requises dans la personne des Electeurs resteront les mêmes, qu'ils aient un plus grand ou un plus petit nombre de choix à faire, leurs suffrages tomberont toujours sur ceux en qui ils auront le plus de confiance, qu'ils soient riches, pauvres, ou même absolument sans propriété.

On dit qu'il est nécessaire que toutes les classes de Citoyens aient des individus pris parmi elles dans la chambre des Représentans, afin que leurs intérêts & leurs sentimens soient mieux connus & mieux défendus. Mais nous avons vu que cette condition n'étoit possible à remplir par aucun arrangement qui s'accordât avec la liberté des suffrages du Peuple. Tant que les suffrages seront libres, la chambre des Représentans sera composée de propriétaires fonciers, de commerçans & d'hommes de professions savantes : s'il s'y trouve des hommes d'une autre condition, ils y seront en trop petit nombre pour influer sur l'esprit du Gouvernement. Mais pouvons-nous craindre que les intérêts & les sentimens des differentes classes de Citoyens ne soient pas connus & défendus par des hommes de ces trois classes ? Le propriétaire foncier ne saura-t-il reconnoître & sentir tout ce qui pourra favoriser ou attaquer les intérêts de la propriété territoriale ? Et ne sera-t-il pas assez disposé par son intérêt personnel à résister à toute tentative pour nuire à ce genre de propriété, ou le surcharger ? Le Marchand ne saura-t-il pas reconnoître, & ne sera-t-il pas disposé à favoriser autant qu'il sera nécessaire, l'intérêt des arts méchaniques & des manufactures avec lesquels son commerce a de si grands rapports ? L'homme de lettres, neutre dans toutes les rivalités qui existent entre les différens genres d'industrie, sera entr'eux un arbitre impartial, prêt à les favoriser tour-à-tour, autant qu'il le croira utile pour l'intérêt de la société ?

Il est des sentimens & des dispositions qui dans de certains momens naissent & dominent dans differentes parties de la société, & sur lesquels une sage administration ne doit jamais fermer les yeux. L'homme que sa position mène à des recherches plus profondes, à des connoissances plus générales, ne sera-t-il pas meilleur juge de leur nature, de leur étendue & de leurs causes, que celui dont les observations n'ont jamais outrepassé le cercle de ses voisins & de ses amis ? N'est-il pas vraisemblable que l'homme qui desire la faveur du Peuple, & qui attend de ses suffrages la continuation des fonctions honorables qui lui sont confiées, prendra soin de s'instruire de ses dispositions, de ses sentimens, & y conformera toujours assez exactement sa conduite ? Cette dépendance & la nécessité d'obéir ainsi que ses descendans, aux loix auxquelles il aura donné son assentiment, sont les plus vrais & les plus puissans liens de la sympathie entre les Représentans & **les Constituans.**

Il n'eſt point de partie de l'adminiſtration, où une grande inſtruction & une connoiſſance approfondie des principes de l'économie politique ſoit plus néceſſaire qu'en matière d'impoſition. L'homme qui connoîtra le mieux ces principes, ſera toujours le plus éloigné d'employer ces moyens oppreſſifs, ou de ſacrifier aucune claſſe particulière de Citoyens au deſir d'augmenter les revenus publics. Il eſt aiſé de prouver que le ſyſtême des finances le plus productif eſt toujours le moins onéreux pour le Peuple. Il eſt certain que pour exercer avec prudence le pouvoir d'impoſer, ceux entre les mains de qui il réſide, doivent connoître l'eſprit général, les habitudes & les opinions de la totalité des Citoyens, & les reſſources du pays. C'eſt le ſeul ſens raiſonnable qu'on puiſſe attacher à cette expreſſion : la connoiſſance des intérêts & des ſentimens du Peuple. Autrement la propoſition n'a point de ſens ou n'en a qu'un abſurde ; & en l'interprétant ainſi, c'eſt à chaque Citoyen de juger pour ſon propre intérêt, de la perſonne qui lui ſemble réunir au plus haut degré les connoiſſances requiſes.

CHAPITRE

# CHAPITRE XXXVI.

*Continuation du même Sujet.*

IL résulte des observations auxquelles a été consacré le dernier chapitre, que, par l'effet naturel des différens intérêts & des vues des diverses classes de la société, soit que le corps des Représentans du Peuple soit plus ou moins nombreux, il sera presqu'entièrement composé de propriétaires fonciers, de marchands & d'hommes de professions savantes, dans lesquels se retrouveront ces intérêts & ces vues diverses. On observera peut-être que nous avons vu des hommes d'autres classes dans les Législatures particulières : je répondrai qu'il est des exceptions à la règle que nous avons établie, mais qu'elles ne seront jamais assez nombreuses pour influer sur les dispositions ou le caractère du Gouvernement. On trouve dans toutes les routes de la vie humaine, des esprits d'une trempe forte qui sont destinés à s'élever au-dessus des désavantages de leur situation & qui réclament impérieusement le prix dû à leur supériorité, non-seulement des classes particulières auxquelles ils appartiennent, mais de toute la société. La porte doit être également ouverte à tous, & j'espère, pour l'honneur de la nature humaine, que la législation fédérale n'offrira pas un sol moins favorable que celle des Etats au développement & au progrès de ces plantes vigoureuses. Mais quelques exemples de ce genre ne peuvent atténuer la force d'un raisonnement fondé sur le cours naturel des choses.

Le sujet peut être envisagé sous d'autres rapports qui meneront tous au même résultat. On peut demander en particulier quelle liaison, quels rapports d'intérêts on peut supposer entre le charpentier & le forgeron, l'ouvrier en linge & le bonnetier, qui n'existent au même degré entre le marchand & l'une ou l'autre de ces professions ? Il est certain qu'il s'élève souvent des rivalités aussi fortes entre les différentes branches de l'industrie appliquée aux arts méchaniques & aux manufactures, qu'entre tous les genres de travail & d'industrie, de sorte qu'à moins de porter le nombre des membres du Corps Législatif à un excès qui exclut toute idée d'ordre & de sagesse dans les délibérations, il est impossible de remplir la condition exigée par les auteurs de l'objection qui nous occupe; mais je ne veux pas m'arrêter plus long-temps à discuter une proposition qui a été jusqu'ici présentée avec trop peu de précision & de netteté, pour qu'on puisse même en examiner attentivement la forme & les conséquences.

Une autre objection, qui semble plus précise, réclame encore notre attention. On a assuré que la législature nationale ne pourroit jamais exercer avec succès le pouvoir qui lui est confié, relativement aux impôts intérieurs, parce qu'elle manqueroit de la connoissance nécessaire des circonstances locales, & que ses Loix bursales seroient en opposition avec celles des Etats particuliers. Quant au défaut de connoissance, c'est une supposition qui semble entièrement destituée de fondement. Si la législature d'un Etat a à prononcer sur une question relative à un des comtés qui le composent, & qui ne peut être décidée sans la connoissance des circonstances locales, comment l'acquerra-t-elle ? Ce sera sans doute par les rapports des membres du comté. La législature nationale ne pourra-t-elle obtenir les renseignemens du même genre, des représentans de chaque Etat ? Et ne doit-on pas présumer que ceux qui seront revêtus de ce titre, auront le degré d'intelligence nécessaire pour communiquer les renseignemens qui leur seront demandés ? L'instruction nécessaire aux circonstances locales, en matière d'impositions, est-elle la connoissance topographique exacte de toutes les montagnes, rivières, ruisseaux, routes & sentiers de chaque Etat ? N'est-ce pas plutôt la connoissance générale de sa situation & de ses ressources, de l'état où s'y trouvent l'agriculture, le commerce, les manufactures, de la nature de ses productions & de ses consommations, enfin de l'étendue & de la nature de ses richesses, des propriétés & de l'industrie qu'il renferme ?

Les Nations, en général, même sous les Gouvernemens les plus populaires, confient ordinairement l'administration de leurs finances, ou à un homme seul, ou à des conseils composés d'un petit nombre d'individus, qui forment & préparent des plans d'impositions; & leurs plans deviennent des Loix par l'autorité du Souverain ou de la législature qui les adopte. On regarde en général les hommes d'Etat, observateurs & éclairés, comme les meilleurs juges des objets sur lesquels doivent porter les impositions, ce qui indique clairement, si l'autorité de la raison générale peut avoir quelqu'influence sur la décision de cette question, quelle est l'espece de connoissance des circonstances locales requise en matière d'impositions.

Les impositions comprises sous la dénomination générale d'impôts intérieurs, se subdivisent en impôts directs & indirects. Quoiqu'on ait étendu à ces deux genres d'impositions l'objection dont il s'agit, elle semble ne pouvoir s'appliquer qu'au premier. Quant au dernier qui renferme les droits

& les taxes sur les consommations, on ne peut concevoir la nature des difficultés que nos adversaires semblent craindre. Les connoissances relatives à ces impositions, sont telles que la nature même de l'objet, qui y est soumis, les donne, ou qu'elles peuvent être aisément fournies par tout homme bien instruit, sur-tout s'il est de la classe des commerçans. Les circonstances qui peuvent établir quelque différence entre l'objet d'imposition situé dans un Etat, & le même objet situé dans un autre Etat, sont en petit nombre, simples & aisées à concevoir. Le principal soin doit être d'éviter d'imposer les denrées sur lesquelles les Etats particuliers auront déjà établi des droits pour leur usage, & il ne sera pas difficile de s'assurer du systême d'imposition de chacun d'entr'eux. On s'en instruira toujours par l'examen du code de leurs Loix, ou par le rapport des membres de chaque Etat.

La même objection, quand elle s'applique à la propriété réelle, aux terres ou aux maisons, paroît au premier coup d'œil appuyée sur des bases plus solides; mais, même à cet égard, elle ne peut soutenir l'examen. Les taxes sur les terres peuvent être réparties de deux manières, par des évaluations actuelles dont le résultat soit invariable, ou dont le renouvellement soit fixé à des époques certaines, ou bien d'après des taxes, faites suivant les besoins du moment, par l'autorité ou d'après l'estimation de certains officiers, chargés de cette fonction. Dans les deux cas, l'exécution qui seule exige la connoissance des circonstances locales, doit être confiée à des personnes sûres, sous le titre de commis ou assesseurs, choisis par le Peuple ou nommés par le Gouvernement à cet effet. Tout ce que la Loi doit faire est ou d'indiquer les personnes, ou de prescrire la forme de leur élection ou de leur nomination, de fixer leur nombre & les qualités en eux requises, & de tracer la ligne de démarcation de leurs pouvoirs & de leurs fonctions. Ces dispositions ne peuvent-elles pas être faites aussi-bien par la législature nationale que par celles des Etats ? Les soins de la première, comme des autres, ne peuvent s'étendre qu'aux principes généraux ; les détails de localités, comme on l'a déjà observé, seront toujours de nécessité abandonnés aux personnes chargées de l'exécution du plan.

Mais il est une manière bien plus satisfaisante d'envisager la question. La législature nationale pourra mettre en usage dans chaque Etat le système qu'elle y trouvera établi. La méthode de répartir & de percevoir les impôts reçue dans chaque Etat, pourra être, dans toutes ses parties, adoptée & employée par le Gouvernement fédéral.

Il faut se rappeler que la répartition de ces impôts entre les Etats ne doit pas être laissée à la discrétion de la législature nationale, mais doit être fixée par la population de chaque Etat, d'après les termes de la seconde section du premier article. La proportion entre les Etats sera déterminée par un cens ou dénombrement actuel du Peuple, qui écartera sans retour l'oppression & la partialité. L'abus du pouvoir d'imposer semble avoir par-tout été prévenu avec une scrupuleuse circonspection. Indépendamment de la précaution dont nous venons de parler, une clause particulière décide que tous droits, impôts, taxes seront uniformes dans toute l'étendue des Etats-Unis.

Plusieurs orateurs & écrivains, partisans de la Constitution, ont observé avec raison, que si une plus mûre réflexion ou l'expérience faisoient découvrir des inconvéniens réels dans l'exercice attribué à l'Union du pouvoir d'établir des impôts intérieurs, le Gouvernement fédéral pourroit s'abstenir d'en user, & lui substituer la méthode des réquisitions. Pour répondre à cette observation, on a demandé en triomphant, pourquoi ne pas commencer par abandonner ce pouvoir dont l'effet étoit reconnu douteux & adopter le dernier moyen ? On peut opposer deux solides réponses à cet argument ; d'abord il est possible que l'exercice de ce pouvoir devienne d'un moment à l'autre d'une utilité ou d'une nécessité actuelle. Il n'appartient qu'à l'expérience seule de prouver qu'il ne peut être exercé avec succès : l'apparence même est contraire à cette supposition. En second lieu, l'existence de ce pouvoir entre les mains de l'Union aura une influence puissante sur l'efficacité de ses requisitions. Quand les Etats sauront que l'Union peut pourvoir à ses besoins, sans leur participation, ce sera un pressant motif pour accélérer leurs efforts.

Quant à la contradiction supposée entre les Loix bursales de l'Union & celles des Etats, nous avons déjà vu qu'il n'y auroit ni choc ni conflit d'autorité. Les Loix qui en émaneront ne pourront se contredire dans leurs dispositions ; il n'est pas même impossible d'éviter les contradictions dans les actes d'administration particulière. Il existera un moyen sûr pour y parvenir ; il faudra pour cela que lorsqu'un objet aura été imposé par l'un de ces deux pouvoirs, le second s'abstienne de lui faire supporter une imposition nouvelle. Comme ils seront parfaitement indépendans l'un de l'autre, chacun des deux aura un intérêt sensible & évident à cette complaisance mutuelle, & par-tout où il existe un intérêt commun, nous pouvons compter sur son efficacité. Quand les dettes particulières des Etats seront acquittées, & que leurs dépenses seront rentrées dans leurs bornes naturelles, la possibilité même de conflit disparoîtra. Une légère imposition sur les terres suffira aux besoins des Etats, & deviendra leur plus simple & plus naturelle ressource.

On a créé mille fantômes sur ce pouvoir relatif aux impôts intérieurs, pour exciter les craintes du Peuple; double nombre de percepteurs; accroissement de fardeau causé par des impositions doubles; enfin les images effrayantes des odieuses & oppressives impositions personnelles, ont été présentés avec tout l'art de la subtilité politique.

Quant au premier article, il est deux cas où un double nombre de percepteurs ne seroit pas nécessaire; le premier est celui où le droit d'imposer appartiendroit exclusivement à l'Union, par exemple, les droits sur les importations. Le second, lorsque l'objet imposé par l'Union, n'auroit encore été compris dans aucune disposition ou réglement émanés des Etats, ce qui s'appliqueroit à une multitude d'objets. Dans les autres cas, il est probable que l'administration des Etats-Unis renonceroit entièrement aux objets déjà desfinés aux besoins de l'administration locale, ou feroit usage des officiers & de l'autorité des Etats pour percevoir l'imposition additionnelle. Ce seroit le moyen le plus favorable à ses intérêts en finance, parce qu'il sauveroit des dépenses dans la perception & feroit éviter des occasions de mécontentement pour les Etats & pour le peuple. Quoi qu'il en soit, c'est un moyen praticable pour prévenir l'inconvénient qu'on nous oppose, & l'on ne peut rien demander de plus que de démontrer que les maux que l'on nous prédit, ne feront pas la suite nécessaire du plan de la Convention.

C'est répondre assez à tout argument qui supposeroit dans l'Union le projet d'exercer une influence illicite, de dire qu'on ne doit pas supposer une intention semblable; mais on peut faire à cette supposition une réponse plus précise. Si un esprit aussi dangereux regnoit dans les conseils qui composent le Gouvernement de l'Union, la route la plus sûre pour arriver à son but feroit d'employer autant qu'il seroit possible, les préposés aux impositions établies par les Etats, & de les attacher à l'Union par l'augmentation de leurs émolumens. Cela contribueroit à diriger le cours de l'influence des Etats dans un sens favorable aux intérêts de l'Union, au lieu de détourner l'influence des Etats en sens contraire. Mais toutes les suppositions de ce genre sont odieuses, & doivent être bannies de l'examen de la grande question soumise au jugement du Peuple. Elles ne serviroient qu'à élever des nuages sur la vérité.

Quant au raisonnement qui fait craindre une double imposition, la réponse est simple : il faut subvenir aux besoins de l'Union de manière ou d'autre. Si ce soin est remis entre les mains du Gouvernement fédéral, les Gouvernemens des Etats en seront dispensés. La quotité des impôts payés par la Nation, sera la même dans les deux cas, avec cet avantage en faveur de l'Union, que la ressource précieuse des impôts sur le commerce, cette importante branche de revenu, pourra devenir plus productive sous l'administration fédérale, que sous celle des Etats, & par conséquent rendra plus rare la nécessité de recourir à des moyens qui auroient plus d'inconvénient.

Un nouvel avantage, c'est que toutes les fois qu'il s'élevera quelque difficulté réelle dans l'exercice du pouvoir de percevoir des impôts intérieurs, elle nécessitera plus d'attention dans le choix des moyens, & tendra naturellement à faire un principe invariable d'administration pour le Gouvernement National, de rendre autant qu'il sera possible le luxe du riche tributaire du Trésor public, afin de diminuer la nécessité de ces impositions, qui pourroient faire naître des mécontentemens dans les classes les plus pauvres & les plus nombreuses de la société. Heureux quand l'intérêt du Gouvernement à la conservation de son pouvoir s'accorde avec l'égalité dans la répartition du fardeau public, & tend à défendre de l'oppression la moins riche partie de la Nation.

Quant aux impositions personnelles, j'avoue sans scrupule que je les désapprouve, &, quoiqu'elles soient établies depuis long-temps dans les Etats qui ont toujours tenu à leurs droits avec plus de fermeté, je gémirois de les voir mises en usage par le Gouvernement National. Mais de ce qu'on lui accorde le pouvoir de les établir, résulte-t-il qu'elles vont l'être actuellement ? chacun des Etats qui composent l'Union a le même pouvoir, & cependant plusieurs d'entr'eux n'en ont jamais usé. Les Gouvernemens des Etats doivent-ils être regardés comme tyranniques, parce qu'ils sont investis de ce pouvoir ? s'ils sont à l'abri de cette accusation, comment un pouvoir de la même nature dans les mains du Gouvernement National pourroit-il autoriser contre lui une accusation semblable, ou paroître un obstacle à l'adoption du plan soumis à notre examen ? Quelqu'éloignement que j'aie pour ce genre d'impofitions, je fuis toujours intimement convaincu que le Gouvernement fédéral doit avoir le droit d'y recourir. Il eft pour les Nations des circonftances particulières, où des moyens dont on doit s'abftenir dans le cours ordinaire des chofes, deviennent effentiels au falut de l'Etat. Il faut donc que ces moyens foient à la difpofition du Gouvernement dans les dangers qui pourroient en amener la néceffité. Dans notre pays la rareté réelle des objets qui pourroient devenir pour le Gouvernement une fource féconde d'impôts, eft une raifon particulière à notre fituation, pour ne pas diminuer l'autorité des Confeils Nationaux à cet égard. L'Etat peut fe trouver dans des circonftances critiques & orageufes, où un impôt perfonnel deviendroit une ineftimable reffource; &, comme je ne fais rien qui puiffe mettre cette portion du globe à l'abri des calamités qui font le partage de l'autre hémifphère, j'avoue que je ne verrois pas fans peine ôter au Gouvernement la feule qu'il puiffe avec fuccès, dans les dangers, employer à la défenfe & à la fécurité générale.

J'ai examiné les pouvoirs que la Conftitution accorde au Gouvernement fédéral, & qui tiennent plus particulièrement à fon énergie, à fon efficacité pour remplir les importans & principaux objets de l'établissement de l'Union. Il en est d'autres dont nous n'avons pas parlé jusqu'ici, & que nous examinerons dans le Chapitre suivant, pour ne pas laisser notre discussion incomplete. Je me flatte que ces premières réflexions auront suffi pour convaincre la partie sincère & judicieuse de la Nation, que plusieurs des objections dirigées avec le plus de force contre la Constitution, & dont le premier aspect étoit le plus redoutable, non-seulement sont destituées de fondement, mais que si le plan aujourd'hui soumis à notre examen eût été formé d'après elles, il eût été sans force pour consommer l'important ouvrage de la prospérité publique. J'ose espérer encore qu'un examen nouveau & plus détaillé du système que je défends, contribuera à lui concilier encore plus sûrement l'approbation des partisans sincères & impartiaux d'un bon Gouvernement, & ne leur laissera aucun doute sur l'utilité de son adoption. Puissions-nous avoir assez de sagesse & de vertu, pour donner au genre humain le glorieux exemple d'une démarche si utile pour nous, si honorable pour la nature humaine!

*Fin du premier Volume.*

www.ingramcontent.com/pod-product-compliance
Lightning Source LLC
Chambersburg PA
CBHW072047240426
43671CB00030BA/1357